So könnt ihr mit „wortstark" arbeiten

① Schwarze Aufgaben behandeln alle wichtigen Inhalte eines Kapitels. Ihr solltet sie auf jeden Fall bearbeiten.

① Gelbe Aufgaben sind etwas schwieriger. Versucht auch sie zu lösen, wenn ihr mit den schwarzen Aufgaben gut klargekommen seid.

Wähle **A** oder **B**   Aufgaben mit A, B, C … sind **Wahlaufgaben**. Aus diesen Aufgaben könnt ihr auswählen. Gelbe Wahlaufgaben sind etwas schwieriger.

▶   Das **Dreieck** zeigt euch: So könnt ihr am Thema weiterarbeiten.

Hilfen und Tipps   Bei manchen Aufgaben bekommt ihr zusätzliche Hilfestellungen. Diese Hilfen sind grau gedruckt. Nutzt die Hilfen, wenn ihr sie braucht.

   **Grüne Zettel** helfen euch mit passenden Wörtern oder Satzanfängen. Seiten mit der Überschrift **Wörter sammeln und ordnen** trainieren euren Wortschatz zusätzlich – so werdet ihr **wortstark**!

→ Seite …   **Blaue Zettel** verweisen auf andere Seiten im Buch: Dort könnt ihr etwas nachlesen, was euch bei der Bearbeitung eurer Aufgabe hilft.

→ Medienpool   Blaue Zettel weisen auch auf Hörtexte, Filme oder Texte im Medienpool hin, die ihr für eine Aufgabe braucht. Im Internet findet ihr den Medienpool hier: **www.westermann.de/124702-medienpool**.

WISSEN UND KÖNNEN ▶   In den **Kästen mit dem roten Streifen** steht,
– was ihr euch merken sollt (Wissen und Können),
– wie ihr etwas machen könnt (Methode),
– worauf ihr beim Sprechen oder Schreiben achten müsst (Checkliste).
Am Ende des Buchs ist das Merkwissen noch einmal übersichtlich zusammengefasst (Seite 268 – 283).

    Wenn ihr das **Lautsprecher-Symbol** neben einem Lesetext im Buch seht, könnt ihr euch den Text mit der **wortstark Zoom Hör-App** anhören. Hier könnt ihr die App herunterladen: www.westermann.de/124702-medienpool.

westermann

wortstark 7

DEUTSCH

Erarbeitet von

August Busse
Jens-Olaf Carl
Irmgard Honnef-Becker
Peter Kühn
Torsten Löschmann
Magdalena Maria Nickoll
Mandy Röder
Fritz Wiesmann

wortstark 7
DEUTSCH

Zusatzmaterialien zu wortstark 7

Für Lehrerinnen und Lehrer:
Materialien für Lehrerinnen und Lehrer   978-3-14-124726-8
BiBox für Lehrer/-innen (Einzellizenz)   WEB-14-124732
BiBox für Lehrer/-innen (Kollegiumslizenz)   WEB-14-124744
Online-Diagnose zu wortstark 7   www.onlinediagnose.de
kapiert.de zu wortstark 7   www.kapiert.de/schule

Für Schülerinnen und Schüler:
Arbeitsheft   978-3-14-124708-4
Förderheft   978-3-14-124720-6
Interaktive Übungen   WEB-14-124714
Interaktive Übungen (Förderausgabe)   WEB-14-124774
BiBox (Einzellizenz für 1 Schuljahr)   WEB-14-124750

westermann GRUPPE

Druck A[1] / Jahr 2021
Alle Drucke der Serie A sind im Unterricht parallel verwendbar.

Redaktion: Stefan Bicker
Illustrationen: Danae Diaz, Thies Schwarz, Yaroslav Schwarzstein
Umschlaggestaltung: Janssen Kahlert Design & Kommunikation, Hannover
Layout: Independent Medien-Design, München
Druck und Bindung: Westermann Druck GmbH, Braunschweig

ISBN 978-3-14-**124702**-2

Dieses Symbol im Buch zeigt Kapitel oder Teilkapitel an, in denen Medienkompetenzen besonders gefördert werden.

Inhaltsverzeichnis

SPRECHEN UND ZUHÖREN

SCHREIBEN

TEXTE UND MEDIEN

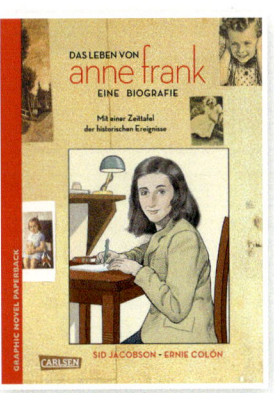

Woran erkenne ich, dass ein Wort ein Nomen ist?

Wie bildet man das Plusquamperfekt?

Im Nebensatz steht das konjugierte Verb immer ...

Wann steht zwischen zwei Hauptsätzen ein Komma?

Verlängern

Silbenprobe

Ableiten

Zerlegen

Erweitern

METHODEN

Miteinander diskutieren

In der Schule und im Alltag sind wir oft verschiedener Meinung, wenn wir über ein Thema sprechen. Dann diskutieren wir und tauschen unsere Meinungen aus. Wie verhalten wir uns in solchen Diskussionen? Was müssen wir beachten, wenn wir miteinander diskutieren? Damit beschäftigt ihr euch in diesem Kapitel.

SPRECHEN UND ZUHÖREN

1 Schülerinnen und Schüler der 7a sprechen darüber, ob an ihrer Schule der Unterricht morgens später beginnen sollte.

a) Schaut euch die Fotos an: Was haben sie mit dem Thema zu tun?

b) Lies, was die Schülerinnen und Schüler zu diesem Thema sagen (Seite 11): Wer ist für einen späteren Schulbeginn, wer ist dagegen?

c) Wer begründet seine Meinung? Warum sind die Schülerinnen und Schüler dafür oder dagegen?

2 Sprecht darüber, wie sich die Schülerinnen und Schüler im Gespräch verhalten.
   a. Wer eröffnet die Diskussion und fragt die Schülerinnen
      und Schüler um ihre Meinung?
   b. Wer findet einen späteren Unterrichtsbeginn sehr gut,
      sagt aber nicht, warum?
   c. Wer beleidigt eine Mitschülerin? Begründe.
   d. Wer findet den Vorschlag gut, weist aber auf ein Problem hin?
      Auf welches?
   e. Wer geht auf den Beitrag eines Mitschülers ein und widerspricht ihm?
   f. Welcher Schüler ist gegen einen späteren Unterrichtsbeginn?
      Welchen Grund nennt er?

Die Diskussionsregeln
könnt ihr während
der Arbeit an diesem
Kapitel immer wieder
ergänzen oder
verändern.

3 Wenn ihr in einem Gespräch miteinander diskutiert, dann sollt ihr
euch an bestimmte Regeln halten.
Entwerft gemeinsam ein Plakat, auf dem ihr wichtige
Diskussionsregeln notiert.

Diskussionsregeln
– Lasst die anderen
  ausreden.
– ...

Meinungen begründen und vortragen

In Gesprächen oder Diskussionen sollst du deine eigene Meinung zu einem Thema formulieren und begründen. So kannst du deine Gesprächspartner überzeugen ...

→ Medienpool:
*Darum sollte
die Schule später
anfangen (Video)*

❶ Schau dir das Video an.
Formuliere Begründungen, warum der Unterricht morgens später beginnen sollte.

Wenn die Schule zu früh/ später anfängt, ...

wortstark!
Verknüpfungswörter für Begründungen: weil, da, denn, dann, deshalb, daher, aber, wenn ..., dann ...

Die Schule sollte später beginnen, ...

Die Schule fängt zu früh an, ...

– Unterricht dauert dann bis weit in den Nachmittag
– ...

❷ Lies den folgenden Text aus einem Jugendmagazin.
a) Unterstreiche (Folientechnik) Gründe, die gegen eine Verlegung des Schulbeginns sprechen.
b) Notiere die Gründe stichwortartig.
c) Formuliere Begründungen, warum der Unterrichtsbeginn morgens so bleiben sollte.

→ Medienpool:
*Weitere Materialien,
um Begründungen
für die Verlegung des
Unterrichtsbeginns zu
erarbeiten:*
*– Müde im Unterricht
(Video)*
*– Sollte der Schulbeginn
verschoben werden?
(Schaubild)*
*– Stellungnahmen
von Eltern, Schülern,
Lehrern und Experten
(Text und Audio)*

Normalerweise beginnt der Unterricht morgens um Punkt 8 Uhr (oder sogar noch früher). Aus guten Gründen: Würde der Unterricht später beginnen, würde er auch oft bis weit in den Nachmittag dauern. Dann müssten sämtliche Schulen eine Mittagspause haben – und eine Kantine, in der sie Essen anbieten. 5
Außerdem: Mit einem späteren Unterrichtsbeginn plus Mittagspause endet die Schule am Nachmittag locker zwei Stunden später. Für die Schüler bleibt dann viel weniger Freizeit. Wie sollen sie es noch zum Fußballtraining oder zur Klavierstunde schaffen?
Die Mehrheit der Eltern ist ebenfalls dagegen: Wenn ihre Söhne und 10 Töchter den Schulweg noch nicht allein zurücklegen und sie die Kinder erst um 9 Uhr in die Schule bringen könnten, kämen sie nicht rechtzeitig zur Arbeit.

(verändert)

3 Welche Meinung hast du zu der Frage „Soll der Unterrichtsbeginn am Morgen verschoben werden?"
- Welche Begründungen überzeugen dich am meisten? Erstelle dazu Notizkärtchen.
- Entscheide, ob du dafür oder dagegen bist oder dich noch nicht eindeutig entschieden hast.
- Notiere zwei Gründe, die dich am meisten überzeugen.

<u>Ich bin für eine Verlegung des Unterrichtsbeginns</u>
- länger ausschlafen, ausgeruht sein
- …

<u>Ich finde den Vorschlag interessant, bin aber noch unentschlossen</u>
- ausgeruht, aber Unterricht über Mittag, Mittagessen in der Schule
- …

<u>Ich bin gegen eine Verlegung des Unterrichtsbeginns</u>
- kann morgens am besten lernen
- …

4 Formuliert eure Meinung in einer Blitzlicht-Runde. Nutzt die Hinweise im Kasten.

> **METHODE** ▸ **In einer Blitzlicht-Runde seine Meinung äußern**
>
> In einer **Blitzlicht-Runde** könnt ihr eure Meinung zu einem Thema oder einer strittigen Frage äußern. Ihr habt die Möglichkeit, eure Meinung den Gesprächsteilnehmern vorzustellen, ohne dass eure Äußerungen von anderen kommentiert werden.
> - Setzt euch in einem Sitzkreis zusammen.
> - Die Lehrperson oder ein Schüler/eine Schülerin liest die Fragestellung vor.
> - Ein Schüler/eine Schülerin beginnt, nennt seine/ihre Meinung und begründet sie. Dabei können die Notizkärtchen genutzt werden.
> - Die Beiträge bleiben immer unkommentiert und werden nicht diskutiert.

5 Tauscht euch nach der Blitzlicht-Runde aus und sprecht darüber:
- Habe ich laut und deutlich gesprochen?
- Wie habe ich mich in der Runde gefühlt? Warum?
- Wie fühle ich mich nach der Blitzlicht-Runde?
- Wie habe ich meine Mitschülerinnen und Mitschüler erlebt?

Auf Gesprächspartner reagieren

In Gesprächen und Diskussionen genügt es nicht, die eigene Meinung vorzubringen und zu begründen. Man muss auch auf die Meinung der anderen Gesprächsteilnehmer eingehen und reagieren.

Nutzt die Formulierungshilfen auf Seite 15.

❶ In Gesprächen und Diskussionen sollst du genau hinhören, was deine Gesprächspartner sagen. Du zeigst ihnen, dass du dich für ihre Gesprächsbeiträge interessierst, wenn du „ihre Meinung spiegelst":

> Mir bringt das gar nichts … Meine Mutter setzt mich morgens immer auf dem Weg zur Arbeit an der Schule ab.

> Du hast gesagt, dass dir das nichts bringt, weil …

Sprich deinen Gesprächsbeitrag spontan auf ein Smartphone. Höre deinen Beitrag ab:
– Bist du zufrieden?
– Was kannst du besser machen?
Wiederhole die Aufgabe so lange, bist du mit deinem Gesprächsbeitrag zufrieden bist.

a) Spiegele die Meinung in der blauen Sprechblase.
Ergänze dazu die grüne Sprechblase.

b) Hör dir die Meinungen der Schüler und Schülerinnen im Medienpool an.
Spiegele ihre Meinung.

→ Medienpool: Späterer Schulbeginn 1 (Audio)

❷ Reagiere auf Gesprächsbeiträge der Schüler und Schülerinnen.

a) Du bist der gleichen Meinung wie die Schülerinnen und Schüler.
   – Spiegele zuerst ihre Meinung.
   – Stimme ihrer Meinung zu. Denke an deine Begründung.

→ Medienpool: Späterer Schulbeginn 2 (Audio)

b) Du bist anderer Meinung als die Schülerinnen und Schüler.
   – Spiegele zuerst ihre Meinung.
   – Widersprich ihrer Meinung. Denke an deine Begründung.

→ Medienpool: Späterer Schulbeginn 3 (Audio)

c) Du bist dir nicht sicher, ob du deinen Gesprächspartner oder deine Gesprächspartnerin richtig verstanden hast.
Spiegele den Beitrag und stelle Nachfragen.

→ Medienpool: Späterer Schulbeginn 4 (Audio)

d) Du bist nicht ganz der Meinung deines Gesprächspartners oder deiner Gesprächspartnerin. Stimme ihr teilweise zu und formuliere dann deine Meinung. Denke an die Begründungen.

→ Medienpool: Späterer Schulbeginn 5 (Audio)

Formulierungshilfen zum Diskutieren

wortstark!

Diese Formulierungshilfen können dir helfen, auf die Meinung eines Gesprächspartners zu reagieren.

Meinung spiegeln
- Du hast gesagt, dass ...
- Du willst ...
- Du bist der Meinung ...

zustimmen
- Das finde ich auch, denn ...
- Ich gebe dir Recht: ...
- Ich kann noch weitere Gründe nennen: ...

begründen
- Experten/Expertinnen haben herausgefunden ...
- Die Zahlen zeigen, ...
- Ich selbst merke, ...
- Ich habe die Erfahrung gemacht/beobachtet ...

etwas betonen
- Das Wichtigste für mich ist: ...
- Entscheidend ist doch ...
- Ich möchte noch einmal hervorheben, ...

nachfragen
- Du hast gesagt, ... Ich habe nicht verstanden, ...
- Wie meinst du eigentlich ...
- Dazu habe ich eine Frage: ...
- Wie denkst du über ...

widersprechen
- Das sehe ich anders: ...
- Ich glaube nicht, dass ...
- Ich bin anderer Meinung, denn ...

auf etwas zurückkommen
- Ich möchte noch einmal etwas zu ... sagen: ...
- Ich habe eine Ergänzung zu ...
- Mir fällt gerade etwas Wichtiges ein: ...

einräumen
- Du hast gesagt, ... Ich meine aber ...
- Du willst ... Das stimmt, aber ...
- Ich finde gut, dass ... Aber ...

Miteinander diskutieren

**In einer Diskussion wollt ihr andere von eurer Meinung überzeugen.
Dazu braucht ihr gute Begründungen. Versucht aber auch, die Gesprächs-
partner zu verstehen und über ihre Meinung nachzudenken.
Vielleicht haben sie ja auch gute Ideen ...**

1 Diskutiert in Gruppen darüber, ob an eurer Schule der Unterricht später
beginnen sollte. Wendet die Fishbowl-Methode an (Seite 17).
- Nutzt für euer Gespräch die Ergebnisse der vorherigen Seiten und
die Formulierungshilfen von Seite 15.
- Ihr könnt die Diskussion auch aufzeichnen. Dann könnt ihr nachprüfen,
was gut gelungen ist und wo ihr euch verbessern müsst.

2 Sprecht über eure Diskussion und wertet sie aus.
Nutzt dazu den Feedback-Bogen auf Seite 17.

3 Führt eine Diskussion. Wählt ein Thema aus:
   a. **Homeschooling:** Soll Unterricht auch von Zuhause aus möglich sein?
   b. **Schule heute:** Lieber live in der Schule oder digital in Videokonferenzen?
- Recherchiert Informationen und Meinungen zu diesem Thema.
- Überlegt, welche Begründungen euch wichtig erscheinen.
Schreibt Notizkärtchen.
- Diskutiert mit Hilfe der Fishbowl-Methode.
Nutzt die Formulierungen auf Seite 15.

METHODE ▸ Eine Fishbowl-Diskussion durchführen

Fishbowl ist im Englischen ein rundes Glas mit einem Goldfisch.

1. Bei einer <u>Fishbowl</u>-Diskussion ist es wichtig, wie ihr sitzt:
   - In einem kleinen Innenkreis sitzen die Teilnehmer, die diskutieren. Ein Platz im Innenkreis bleibt frei.
   - Um sie herum sitzen in einem Außenkreis die Beobachter.
   - Eine Person im Innenkreis leitet als Moderator die Diskussion. Es diskutieren immer nur die, die im Innenkreis sitzen

2. Die Beobachter können mitdiskutieren, wenn ihnen etwas Wichtiges einfällt oder wenn die Diskussion ins Stocken gerät.
   - Wenn ein Beobachter etwas sagen will, kann er kurz an der Diskussion teilnehmen. Er verlässt dann seinen Platz im Außenkreis und setzt sich auf den freien Stuhl im Innenkreis.
   - Nach seinem Beitrag verlässt er den Innenkreis wieder, geht zurück auf seinen Beobachterplatz und gibt so einem anderen Beobachter die Möglichkeit, sich an der Diskussion zu beteiligen.

3. Nach der Diskussion werten die Beobachter mithilfe ihrer Aufzeichnungen oder eines Feedback-Bogens die Diskussion aus. Auch die Personen aus dem Innenkreis können eine Rückmeldung abgeben.

Feedback-Bogen
- Was hat eurer Meinung nach gut geklappt? Was könnt ihr beim nächsten Mal besser machen?
- Wie hast du dich in der Diskussion gefühlt? Warum?
- Was hat dich an der Diskussion gestört? Warum?
- Seid ihr auf die Meinungen der Gesprächsteilnehmer eingegangen?
- Habt ihr eure Meinungen auch begründet?
- Habt ihr die Diskussionsregeln eingehalten?

Von sich selbst erzählen

Es kann für deine Mitschülerinnen und Mitschüler interessant sein, etwas von deinen Wünschen, Interessen und Plänen zu erfahren. Wenn du anderen davon erzählst, wirst du dir selbst darüber klarer, was dir wichtig ist. In diesem Kapitel lernst du, wie du interessant und ansprechend erzählst und dabei auf die Zuhörenden eingehst.

SPRECHEN UND ZUHÖREN

1 Seht euch das Foto an und lest die Sprechblasen dazu. Stellt Vermutungen zu der abgebildeten Erzählsituation an:

– Wer erzählt?
– Wer hört zu?
– Worum könnte es gehen?

2 Sprecht auch darüber:

– In welchen Situationen habt ihr schon einmal von euch erzählt?
– Was war euch beim Erzählen wichtig?
– Was erwartet ihr als Erzählerin oder Erzähler von euren Zuhörern?
– Was erwartet ihr als Zuhörer von der Erzählerin oder dem Erzähler?

Weshalb hast du das Auto mitgebracht?

Ich habe schon immer gern ...

Es fing damit an, dass ...

Echt? Erzähl doch mal ...

Wie war das genau? Kannst du noch mehr dazu sagen?

Ins Erzählen und Zuhören kommen

In Erzählspielen könnt ihr das Erzählen von euch selbst und das aktive Zuhören ausprobieren. Anschließend tauscht ihr euch über den Verlauf der Gespräche aus.

1 Findet euch in kleinen Gruppen zusammen und führt miteinander eines der folgenden Erzählspiele durch: Einer erzählt, die anderen hören zu und können dabei auf das Gehörte reagieren und Rückfragen stellen.

A Von einem Erlebnis erzählen
Erzählt von etwas, das ihr als Kind erlebt habt, das euch wichtig ist und das auch für eure Zuhörerinnen und Zuhörer interessant sein könnte.

B Zu einem Gegenstand etwas von sich erzählen
Auf dem Tisch liegen Bilder und Gegenstände aus. Wählt davon etwas aus, womit ihr etwas verbinden könnt: eine Erinnerung, einen Wunsch, eine Abneigung oder Vorliebe ...
Erzählt dann etwas über euch und den Gegenstand oder das Bild.

C Meine drei „Geheimnisse"
Jeder schreibt drei Stichworte zu seiner Person auf einen Zettel, die auf etwas Besonderes hinweisen, das die anderen vielleicht noch nicht wissen.
Eine/Einer beginnt und liest ihren/seinen Zettel vor. Die anderen stellen Vermutungen an, was sich hinter den Stichworten verbirgt. Dann erzählt die Schülerin/der Schüler von ihren/seinen drei „Geheimnissen". So geht es rundherum weiter.

2 Gebt einander in der Gruppe nach dem Erzählspiel eine kurze Rückmeldung:
– Wie habt ihr euch beim Erzählen und Zuhören gefühlt?
– Wie habt ihr die anderen beim Erzählen und Zuhören erlebt?
– Habt ihr Tipps für das Erzählen und für das Zuhören?

3 Besprecht eure Beobachtungen in der Klasse:
– Worauf muss man beim Erzählen besonders achten?
– Wie verhält man sich als guter Zuhörer oder als gute Zuhörerin?

Mit Erzählmustern vertraut werden

Eine 7. Klasse hat aufgezeichnet, wie ein Schüler einer Gruppe etwas über sich selbst erzählt. Dieses Video wollen sie im Unterricht nutzen, um zu untersuchen, wie sie sich beim Erzählen und Zuhören verhalten.

→ Medienpool:
Von sich selbst
erzählen (Video)

1 Seht euch das Video an und haltet eure ersten Eindrücke fest:
Wovon erzählt der Junge? Wie erzählt er? Wie verhalten sich die Zuhörer?
Tauscht euch mit einem Partner oder in einer Kleingruppe darüber aus.

Ihr könnt zwischen-
durch „Klopf-Stopps"
machen, also das
Video anhalten, wenn
jemand klopft.
Dann sprecht ihr
über das Gesehene
und setzt das Video
danach fort.

2 Untersucht das Video mit Hilfe von Beobachtungsfragen genauer:
a) Nutzt die Angaben im Wissen-und-Können-Kasten (Seite 21) und
formuliert Beobachtungsfragen. Notiert sie auf Zetteln.

Mit dem Blick auf die Erzählerin/den Erzähler:

Wie fängt er/sie an?
Wodurch weckt er/
sie das Interesse?

...

Wie setzt er/sie die
Stimme ein?
Wie unterstützt er/
sie die Worte durch
Mimik und Gestik?

Mit dem Blick auf die Zuhörerinnen und Zuhörer:

Wie suchen sie
Kontakt zum Erzäh-
lenden?

...

b) Teilt die Beobachtungszettel untereinander auf.
Findet für euren Beobachtungsauftrag Beispiele im Video.

3 Tragt zusammen, was ihr herausgefunden habt.
Diskutiert, was nötig ist, damit das Erzählen gelingt.

WISSEN UND KÖNNEN ▶ **Von sich erzählen und anderen dabei zuhören**

Wenn du mündlich von dir erzählst, dann tust du das für Zuhörerinnen und Zuhörer, um sie zu unterhalten. Beide Seiten, Erzählende und Zuhörende, tragen dazu bei, dass das Erzählen gelingt.

Als Erzählerin oder Erzähler – damit man dir gern zuhört:
– Erzähle von einem Geschehen, das bei den Zuhörenden Freude, Erstaunen oder Anteilnahme auslösen kann.
– Erzähle in einer klaren zeitlichen Abfolge.
– Versuche von Beginn an, das Interesse der Zuhörenden zu wecken und aufrechtzuerhalten.
– Nutze Ausdrücke und Formulierungen, die gut verständlich sind, damit die Zuhörenden dir folgen können.
– Hebe durch Betonung, Gestik und Mimik hervor, was dir wichtig ist.

Als Zuhörerin oder Zuhörer – damit man dir gern erzählt:
– Suche von Anfang an Blickkontakt zum Erzählenden.
– Höre dem Erzählenden aufmerksam zu – und gib das auch zu erkennen: Frage nach, wenn du etwas nicht verstehst oder genauer wissen möchtest, oder kommentiere das Gesagte.

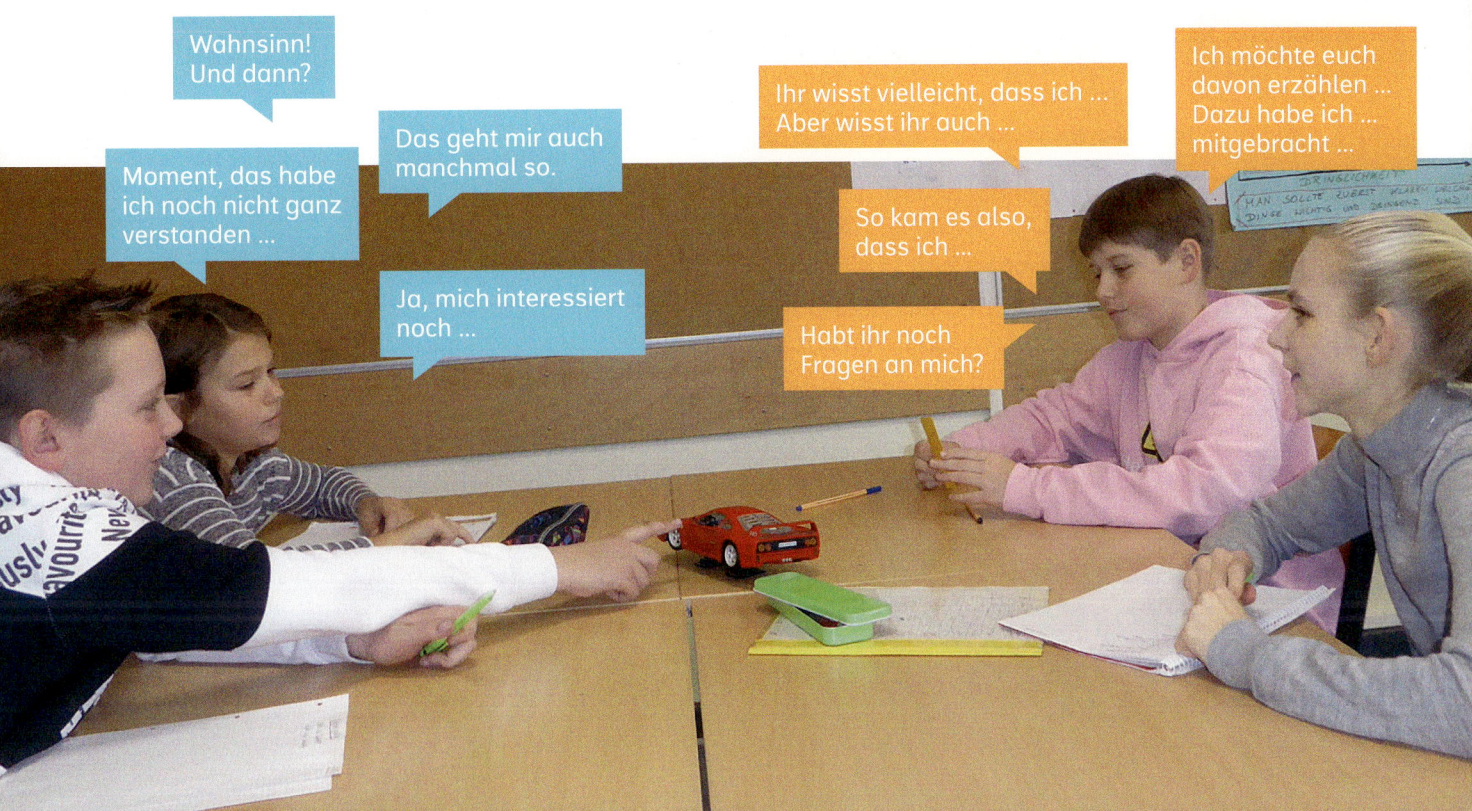

SPRACHE UNTERSUCHEN

Gesprochene und geschriebene Sprache unterscheiden

> Gerade ist was passiert, ich …

> Was hast du dann gemacht?

> Die hätte ich auch gern!

→ Medienpool:
Leni erzählt (Audio)

1 Schaut euch die Illustration an und hört, was Leni erzählt.
– Wie klingt sie: ruhig, aufgeregt, traurig, froh …? Warum wohl?
– Was würdest du Leni gerne sagen?

2 a) Das, was jemand spricht, hören wir normalerweise nur.
Hier ist einmal aufgeschrieben, was Leni erzählt. Lies es halblaut für dich.
b) Sprecht darüber, warum der Text nicht einfach zu lesen ist.
Nutzt die Hinweise im Wissen-und-Können-Kasten.

> So schreibt man eigentlich nicht: …

> Zuhören ist einfacher, weil …

„Gerade ist was passiert, ich … Nich' zu glauben! Echt eben gerade …
Bin total baff! Wollt' gerade raus und mach die Tür auf … da steht ne Katze
da, ne Katz', ganz klein. Miaut jämmerlich. Vor unserer Tür! Direkt an der Tür!
Ne kleine, grau getigerte Mietze … Ich schnall es nicht!" (Pause)

WISSEN UND KÖNNEN **Merkmale der gesprochenen Sprache entdecken**

Wir sprechen anders als wir schreiben. Beim Sprechen
– machen wir Redepausen und wiederholen Wörter: ne Katze, ne Katz.
– benutzen wir kürzere und verkürzte Sätze (Ellipsen): Vor unserer Tür!
– brechen wir Sätze ab: Gerade ist was passiert, ich … Nich' zu glauben!
– kürzen wir Wörter: ich mach' statt ich mache, 'ne statt eine …
– benutzen wir umgangssprachliche Ausdrücke: Ich schnall es nicht!
– verwenden wir Interjektionen wie ach, hm, aha, pfui, baff …
Trotzdem verstehen wir uns, denn aus der Situation wird klar,
was gemeint ist.

SPRACHE UNTERSUCHEN

3 Lies, was Leni weiter erzählt. Suche im ganzen Text Beispiele für
die gesprochene Sprache.

Ihr könnt die Merk-
male auch in einer
Tabelle zusammen-
stellen.

„... die läuft ratzfatz direkt bei uns rein. Kommt direkt wieder angerannt,
fängt an zu schnurren. Lässt sich streicheln. Will spielen, die ganze Zeit.
Und kann zubeißen! Autsch!!! (**Pause**) Die Tür steht immer noch auf.
Die will aber nich' raus. Die ist echt total süß!!!! Aber was mach ich jetzt?
Die wird bestimmt schon vermisst – Naja, vielleicht auch nicht?
Ich würd sie gern behalten, das wär supercool ...“

4 Später hat Leni das Erlebnis mit der Katze aufgeschrieben.
Vergleiche den Anfang ihrer Geschichte mit der mündlichen Erzählung.
Was fällt dir auf? Nutze die Hinweise im Wissen-und-Können-Kasten.

Eine überraschende Besucherin
Am letzten Mittwoch ist etwas Unglaubliches passiert. Ich wollte gerade
zum Sport gehen. Als ich die Tür aufmachte, fiel ich aus allen Wolken!
Da stand ein süßes, kleines Kätzchen, grau getigert mit großen grünen
Augen, vor mir und miaute jämmerlich. Es lief blitzschnell durch meine
Beine hindurch direkt ins Wohnzimmer und fing an, dort alles zu erkun-
den. Eine Katze hatte ich mir schon lange gewünscht, deshalb war ich
ganz aus dem Häuschen vor Freude. Aber trotzdem ging mir die ganze
Zeit durch den Kopf: „Irgendwer wird sie bestimmt vermissen" ...

WISSEN UND KÖNNEN | **Mündliche und schriftliche Sprache vergleichen**

Wir schreiben anders als wir sprechen. Beim **mündlichen Erzählen**
wird vieles durch die Situation klar: Sie will aber nich raus. Es ist klar,
wer hier gemeint ist und worum es geht.
Wenn wir **schreiben**, müssen wir genauer sein, damit der Leser
versteht, was wir meinen: Das Kätzchen machte keine Anstalten, unsere Wohnung wieder zu verlassen. Wir achten mehr auf Korrektheit (vollständige Sätze, Rechtschreibung, Zeit) und drücken uns anders aus als
beim Sprechen. Umgangssprachliche Wendungen vermeiden wir:
– mündlich/Umgangssprache: die läuft ratzfatz direkt bei uns rein
– schriftlich/Standardsprache: Sie läuft blitzschnell direkt ins Wohnzimmer.

Erzählrunden vorbereiten und durchführen

Erzählen lernt man durch Erzählen. Ihr könnt in wechselnden Erzählrunden üben, wie ihr als Erzählende und auch als Zuhörende immer erfolgreicher und besser werdet.

1 Bildet Vierergruppen, in denen ihr jeweils vier Erzählrunden durchführt.
  - Jeder soll einmal von sich erzählen und in einer der anderen Runden die Beobachterrolle übernehmen.
  - Eine Erzählrunde soll nicht länger als fünf Minuten dauern.

2 Bereitet die Erzählrunden vor:
  - Orientiert euch dabei als Erzählende an den Hinweisen im Methodenkasten.
  - Legt gemeinsam fest, worauf ihr als Beobachter besonders achten wollt. Nutzt dazu eure Beobachtungszettel von Seite 20.

METHODE **Sich auf das Erzählen vorbereiten**

1. Entscheide zunächst, was du von dir erzählen willst:
   von einem besonderen Erlebnis oder einer wichtigen Begegnung,
   von deinen Interessen, Wünschen und Plänen für die Zukunft, von …
2. Lege fest, was unbedingt vorkommen soll. Damit du nichts Wichtiges vergisst, hilft dir manchmal ein Stichwortzettel.
3. Überlege dir, wie du beginnen und wie du enden möchtest.
4. Lege alles bereit, was du beim Erzählen einsetzen möchtest.
5. Übe einmal für dich, was du wie sagen möchtest.

---

3 Führt nun die vier Erzählrunden durch.
  - Nach jeder Runde sagen zunächst Erzähler und Zuhörer, was ihnen aufgefallen ist und wie sie sich in ihrer Rolle gefühlt haben.
  - Anschließend gibt der Beobachter ein Feedback an Erzähler und Zuhörer.
  - In der Gruppe werden Tipps gesammelt, was man beim Erzählen oder Zuhören beim nächsten Mal besser machen könnten.

▶ Wenn alle einverstanden sind, könnt ihr Erzählrunden für die Verwendung im Klassenraum aufzeichnen und die Videos auswerten.

4 Bildet neue Gruppen und erzählt in weiteren Erzählrunden anderen Zuhörerinnen und Zuhörern von euch selbst. Nutzt dabei eure Erfahrungen aus den ersten Runden.

5 Findet euch im Plenum zusammen und artikuliert in einem Blitzlicht, was ihr in den Erzählrunden gelernt habt und was euch für das Erzählen wichtig ist.

6 a) Untersucht Erzählrunden, die ihr als Video aufgezeichnet habt, auf die Merkmale gesprochener Sprache. Nutzt dazu den Wissen-und-Können-Kasten auf Seite 22.

   b) „Man sollte möglichst wie gedruckt sprechen."
   Nehmt Stellung zu dieser Aussage. Lest dazu noch einmal den Wissen-und-Können-Kasten auf Seite 23.

▶ Führt solche Erzählrunden immer mal wieder durch. Ihr werdet feststellen, dass euch das Erzählen und Zuhören immer besser gelingt und dass es Spaß macht, von sich zu erzählen und anderen beim Erzählen zuzuhören.

Themenvorschläge:
– Das darf ruhig häufiger passieren
– Pech gehabt
– Das braucht man nicht jeden Tag
– Gut, dass ich mich das getraut habe
– So kam ich auf meinen Traumberuf
– Das ist gut gelaufen
– Glücklich und traurig zugleich

Videoreportagen bearbeiten

In den Videoreportagen „199 kleine Helden" lernt ihr Kinder und Jugendliche aus der ganzen Welt kennen. Es sind die Mädchen und Jungen selbst, die euch ihren Alltag vorstellen. Welche Informationen erhaltet ihr? Wie sehen die Kinder und Jugendlichen ihr Zuhause? Und wie erlebt ihr als Zuschauer die fremde Welt?

SPRECHEN UND ZUHÖREN

1 Lies die beiden Informationstexte über Mathis und Zozooloi.
- Informiere dich im Internet über die Orte, an denen Zozooloi und Mathis leben.
- Schlage die unterstrichenen Wörter nach und notiere dir, was sie bedeuten.

→ *Hier im Buch findest du Aufgaben zu Mathis. Die gleichen Aufgaben stehen im Medienpool auch für Zozooloi.*

2 Schreibe kleine Texte auf Karteikärtchen, die sich auf die Informationen aus Aufgabe 1 beziehen.

3 Über wen würdest du gern mehr erfahren? Warum?

Zozooloi

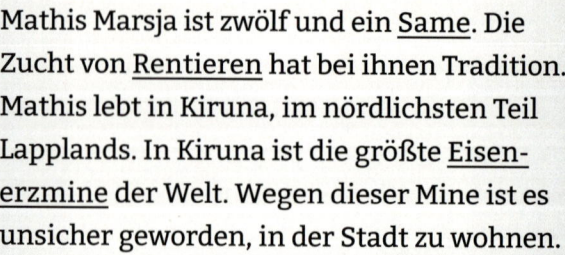

Name: Zozooloi
Alter: 12
Land: Mongolei
Wohnort: Altai-Gebirge (3400m Höhe)

Alle nennen sie Zozooloi, obwohl es nicht ihr richtiger Name ist. Ihre Eltern sind Nomaden. Zozooloi wohnt mit ihren Eltern und ihrer jüngeren Schwester in einer Jurte – allerdings nur noch während der Schulferien.

Mathis

Name: Mathis Marsja
Alter: 12
Land: Schweden
Wohnort: Kiruna, Nord-Lappland

Mathis Marsja ist zwölf und ein Same. Die Zucht von Rentieren hat bei ihnen Tradition. Mathis lebt in Kiruna, im nördlichsten Teil Lapplands. In Kiruna ist die größte Eisenerzmine der Welt. Wegen dieser Mine ist es unsicher geworden, in der Stadt zu wohnen.

Themen erkennen und einordnen

**Wenn ihr ein Video anschaut, müsst ihr euch erst einmal orientieren.
Ihr sollt dabei erkennen, um welche Themen es geht. Schaut euch dazu
zunächst einmal das ganze Video an.**

1 Seht euch das Video über Mathis an.
Sprecht anschließend über eure Eindrücke.
- Was findest du an Mathis besonders interessant?
- Wie findest du den Ort, an dem er lebt?
- Welche Bilder hast du noch im Kopf, weil sie dich beeindruckt haben?

→ Medienpool:
Video über Mathis

2 Ordne die Überschriften den Bildern unten auf der Seite zu.
Mathis hilft seinem Vater beim Einfangen der Rentiere
Die Kirche von Kaitum wird abgerissen
Mathis macht sich auf in die Schule
Mathis und seine besten Freunde
Mathis lebt bei seiner Mutter
Mathis ist ein begeisterter Skifahrer

3 Verfasse einen Steckbrief von Mathis.

4 Verfasse einen Steckbrief von dir.
- Stelle den Ort vor, an dem du lebst.
- Überlege dir, was du fotografieren würdest.
- Schreibe Überschriften zu den Fotos.

Steckbrief
Name: Mathis Marsja
Land:
Familie:
Wohnort:
Hobbys:
Berufswunsch:
Besonderheiten:

Meinungen erkennen und bewerten

In einer Videoreportage erleben wir die Welt so, wie die Person sie sieht. Das kann man an den Bildern, aber auch am Ton erkennen. Oft drücken Personen auch ihre Einstellung und Meinung direkt aus.

→ *Medienpool:*
Video über Mathis
Anfang–03:05

*Ihr könnt das Video
auch anhalten und
wichtige Stellen
mehrmals ansehen.*

1 Schaut euch noch einmal den Anfang der Videoreportage an.

a) Sprecht darüber, was Mathis über seine Familie sagt:

  – „In welchen Welten" lebt Mathis?

  – Was macht er bei seiner Mutter, was macht er bei seinem Vater?

  – Warum ist die Familie für Mathis so wichtig?

b) Welchen Eindruck hast du von Mathis? Ist Mathis zufrieden, glücklich, nachdenklich, besorgt, traurig, …? Begründe deine Meinung.

2 Schaut euch weitere Passagen aus dem Video an.
Erarbeitet, was Mathis über diese Themen denkt. Arbeitet in Gruppen.

→ *Medienpool:*
Video über Mathis
zu a: 03:21–04:18,
05:59–06:49
zu b: 04:20–05:58
zu c: 06:50–Ende

a. Was sagt Mathis über seine Stadt und die Umweltprobleme?

b. Was denkt Mathis über seine Freunde und über Freundschaft?

c. Was erlebt Mathis Besonderes mit seinem Vater? Was denkt er über die Samen und die Rentiere?

wortstark!
Für Mathis ist … wichtig.
Er findet es gut, dass …
Für ihn bedeutet …
Am besten gefällt ihm …
Die größte Gefahr sieht er …

3 Stellt die Ergebnisse in eurer Klasse vor.

  – Formuliert zunächst, was Mathis meint.

  – Gebt dann eure Meinung dazu wieder.

Ich finde gut,
wie Mathis …

> **METHODE** ▶ **Galeriegang: Sich gegenseitig informieren**
>
> 1. Nach einer Gruppenarbeit gibt jede Kleingruppe ihr Arbeitsergebnis nacheinander an die anderen Kleingruppen weiter. Dabei wandert jede Gruppe von Tisch zu Tisch.
> 2. Das Arbeitsergebnis wird von einem Mitglied der Gruppe in einem Kurzvortrag vorgestellt. Dabei kann eine Tabelle, eine Mindmap, ein Plakat oder ein Stichwortzettel helfen.
> 3. Nach jedem Vortrag übernimmt ein anderer die Aufgabe, das Arbeitsergebnis der nächsten Gruppe zu erläutern.
> 4. Die Zuhörer können Ergebnisse als Stichpunkte auf einem Stichwortzettel, geordnet in einer Mindmap oder in einer Tabelle, festhalten.

4 Schreibe einen Brief an Mathis. Wähle Aufgabe **A** oder **B** aus.

A Schreibe Mathis, was du an seinem Leben interessant findest.
Lieber Mathis,
das Video über dein Leben ist wirklich interessant. Ich finde es gut, ...
Besonders gefällt mir ... Gewundert hat mich ... Ich würde dich gern
kennenlernen, dann ...

B Vergleiche dein Leben mit dem Leben von Mathis.
   – Schreibe zunächst, ob du Gemeinsamkeiten entdecken kannst.
   – Gehe dann auf die Unterschiede ein und schreibe Mathis, wie du lebst.

Lieber Mathis,
es ist interessant zu erfahren, wie du lebst. Manche Situationen aus deinem
Leben sind so ähnlich wie bei mir, zum Beispiel ...
Es gibt aber auch Unterschiede: ...
Wir wohnen ... Meine Familie ...
Wenn ich aus dem Fenster schaue, sehe ich ...
Nun erzähle ich dir einmal, wie ich morgens zur Schule komme: ...

▶ Du willst deine Welt in einem Video vorstellen.
   – Erstelle eine Liste der Themen, die du zeigen möchtest.
   – Notiere, was zu den einzelnen Themen aufgenommen werden soll.
   – Erstelle Fotobeispiele.

SPRACHE UNTERSUCHEN

Mit Nebensätzen beschreiben

In Videos achtet man zunächst auf die Bilder. Wenn du über Videos sprichst, musst du beschreiben, was du auf den Bildern siehst.

1 Das Standbild stammt vom Anfang des Videos. Beschreibe, was du auf dem Bild siehst.

Das Standbild zeigt ...
Auf dem Standbild sieht man, wie ...
Auf dem Standbild ist zu sehen, w...
Man erkennt, ...

→ *Medienpool:*
Video über Mathis

2 Schau dir noch einmal das Video über Mathis an.
- Suche dir drei Standbilder heraus, die dir besonders gefallen.
- Halte das Video an der passenden Stelle an.
  Notiere Minute und Sekunde und schreibe Sätze zu dem Bild.
  Du kannst dir das Standbild auch ausdrucken und es beschriften.
- Heftet eure Fotos mit den Beschriftungen an eine Plakatwand.
  Ordnet sie nach den Themen des Videos (siehe Seite 27, Aufgabe 2).

3 Sprachforscheraufgabe: Schreibe die Sätze aus Aufgabe 1 ab und markiere das konjugierte Verb. Was fällt dir auf?

WISSEN UND KÖNNEN   **Nebensätze mit W-Wörtern bilden**

Wenn du Fotos oder Bilder beschreibst, gibst du an, was darauf zu sehen ist: Auf dem Bild sieht man das Schlafzimmer.
Du kannst das Bild genauer und anschaulicher beschreiben, wenn du einen **Nebensatz** mit einem W-Wort bildest.
Solche Sätze beginnen mit einem **W-Wort**: Wer? Was? Wo? Wann? Wie? Weshalb? Womit? Wie oft? ...
Auf dem Bild sieht man, was Mathis am Morgen macht.
Achte darauf, dass das Verb im Nebensatz am Ende steht.

Bild und Ton untersuchen

Die Wirkung der Videoreportage entsteht im Zusammenspiel aus Bild und Ton. Um die Stimmung einer Situation wiederzugeben, ist der Ton sehr wichtig.

1 Schau dir noch einmal einen Ausschnitt aus der Videoreportage genauer an. Arbeitet zu zweit. Klärt, wer Aufgabe a) und wer Aufgabe b) bearbeiten soll.

a) Beschreibe, was du auf dem Bild siehst.

Auf dem Bild sieht man, … Man erkennt …

b) Notiere, welche Informationen du über den Ton erhältst, wenn du das Bild siehst. Vergleicht eure Lösungen.

Wenn man dieses Bild sieht, hört man … / erzählt Mathis …

→ *Medienpool: Video über Mathis 03:01–03:43*

2 Was fällt dir auf, wenn du Bild und Ton miteinander vergleichst. Nutze die Hinweise im Merkkasten. Belege deine Ergebnisse an den Bildern.

> **WISSEN UND KÖNNEN** ▸ **Auf die Wirkung von Bild und Ton achten**
>
> Das Wort „Video" ist lateinisch und bedeutet „Ich sehe". In Videos achtet man zunächst vor allem auf die **Bilder**. Aber auch der **Ton** (Sprache, Musik, Geräusche) hat eine Wirkung auf die Zuschauer:
> - Bild und Ton vermitteln ähnliche Eindrücke: Wir hören, was wir sehen.
> - Bild und Ton ergänzen sich: Sie vermitteln unterschiedliche Eindrücke.

3 Schaut euch in Gruppen weitere Videosequenzen an und notiert, welche Eindrücke Bild und Ton vermitteln: Wie wirkt Mathis' Heimat auf euch? Warum? Stellt euch die Ergebnisse gegenseitig vor.

Aus Bildern und Texten erhält man oft unterschiedliche Informationen: So sieht man … Aber man hört …

Über die Wirkung von Bildern sprechen

Wenn du über ein Video sprichst, beschreibst du auch die Wirkung, die die Personen oder Orte auf dich haben.

1 Schau dir das Standbild an. Beschreibe, was du siehst. Nutze die Formulierungshilfen:

Das Standbild stammt vom Ende des Videos. Mathis …
Vater und Sohn befinden sich …
Ich kann erkennen, …
Zu sehen ist auch …
Besonders wichtig ist …

2 Wie wirkt das Standbild auf dich? Begründe deine Meinung.

Ich finde das Bild …, weil …
Auf mich wirkt …
Ich habe den Eindruck, dass Mathis …
Das Rentier finde ich …
Mir fällt besonders auf …

WISSEN UND KÖNNEN ▸ **Sachlich beschreiben und Eindrücke wiedergeben**

Wenn wir ein Bild oder Foto **sachlich beschreiben**, geben wir wieder, was wir sehen: Das Bild/Foto stammt … Man erkennt …
Die Personen befinden sich … Zu sehen ist auch …

Wenn wir dagegen unsere **Eindrücke wiedergeben**, bringen wir unsere eigene Meinung zum Ausdruck und bewerten:
Ich finde … Auf mich wirkt … Mir gefällt besonders …
Wichtig finde ich … Ich habe den Eindruck, dass …

Die Wirkung von Bildern untersuchen

1 Wähle Aufgabe **A** oder **B**.

A Schreibe einen kleinen Text zu diesem Standbild.

a) Beschreibe, was du auf dem Bild siehst.

Das Bild stammt vom Anfang/aus der Mitte/vom Ende des Videos.
Man sieht auf dem Bild, w...
Wir können erkennen, ...
Zu sehen ist auch ...
Besonders wichtig ist ...

b) Erläutere anschließend, wie das Standbild auf dich wirkt. Begründe.

Mir fällt auf, ...
Besonders deutlich wirkt ...
Ich habe den Eindruck, dass ...
Ich finde ...
Mir gefällt ..., weil ...

B Wie wirkt dieses Standbild auf dich? Schreibe einen kleinen Text.

a) Beschreibe zunächst, was du auf dem Standbild siehst.

b) Erläutere, wie das Standbild auf dich wirkt.

c) Hör dir auch an, was Mathis zum Bild erzählt.
Was fällt dir auf, wenn du Bild und Ton vergleichst?

Gemeinsam präsentieren

In diesem Kapitel lernt ihr am Beispiel „Schulhofgestaltung",
wie ihr gemeinsam als Gruppe einen Vortrag vorbereitet, mit einer
digitalen Präsentation unterstützt und durchführen könnt.
Dabei greift ihr auf euer Vorwissen zurück oder nutzt recherchierte
Materialien und wertet diese zielgerichtet aus.

SPRECHEN UND ZUHÖREN

**Die AG „Schönerer Schulhof" will sich den Mitschülerinnen und Mitschü-
lern vorstellen und sie zur Mitarbeit motivieren. Sie hat Folien für eine
Präsentation erstellt:**

So?

Oder so?

AG Schönerer Schulhof

Macht mit!

Wie können wir die freien Flächen nutzen?

Obst- und ten-Gemüse-garten

Insek-hotel

Hochbeete

Spielfeld für Sport

→ **Noch mehr Ideen?**

Was machen wir zusammen?

 Planen und einkaufen

 Bauen und basteln

 Graben und pflanzen

 Malen und streichen

1 Untersucht die Präsentationsfolien genauer:
- Was erfährt man über die AG „Schönerer Schulhof" und ihr Projekt?
- Wie findet ihr die Gestaltung der Folien? Begründet eure Einschätzung.

2 Berichtet von euren Erfahrungen mit digitalen Präsentationen:
Worauf achtet ihr bei der Gestaltung der Folien? Wie setzt ihr sie ein?

3 Nun seid ihr an der Reihe. Ihr sollt in Vierergruppen eine Kurzpräsentation zu einem Vorschlag für die Schulhofgestaltung ausarbeiten und halten. Es ist euer Ziel, eure Mitschülerinnen und Mitschüler von eurem Vorschlag zu überzeugen. Entscheidet euch für **A** oder **B**:

A Ihr wollt sie davon überzeugen, **Hochbeete** zu bauen und an geeigneter Stelle auf dem Schulhof aufzustellen. Orientiert euch bei der Gruppenarbeit am Methodenkasten unten und **bearbeitet** die Seiten 36 – 39. Danach geht es für alle auf Seite 40/41 weiter.

B Entwickelt einen **eigenen Vorschlag** zur Verschönerung bzw. Umgestaltung des Schulhofs. Orientiert euch bei der Gruppenarbeit am Methodenkasten unten und **nutzt** die Merkkästen auf den Seiten 36 – 39. Danach geht es für alle auf Seite 40/41 weiter.

METHODE ▶ **Eine Gruppenpräsentation vorbereiten und durchführen**

- Findet euch in Gruppen zusammen, um euer Thema auszuarbeiten.
- Legt fest, welches Ziel ihr mit eurer Präsentation verfolgt: Wollt ihr eure Zuhörer informieren, sie zum Mitmachen motivieren ...
- Verteilt die Aufgaben untereinander.
- Recherchiert, wenn nötig, Informationen zu eurem Thema.
- Wählt gezielt Informationen aus und bereitet sie für die Präsentation auf.
- Erstellt Präsentationsfolien und Redekarten.
- Übt die Präsentation im Rahmen eines Probelaufs.
- Führt eure Präsentation gemeinsam durch.
- Lasst euch anschließend ein Feedback von den Zuhörern geben.

▶ Wenn ihr **Präsentationen zu anderen Themen** erarbeiten wollt, könnt ihr die Merkkästen in diesem Kapitel als Hilfe nutzen.

Informationen auswählen und aufbereiten

Informationen, die ihr zu eurem Thema schon wisst oder recherchiert habt, müsst ihr gezielt auswählen und für die Präsentation aufbereiten. Das könnt ihr hier am Beispiel von Hochbeeten für den Schulhof üben.

→ Medienpool: Hochbeete (Audio)

1 Lies den folgenden Text über Hochbeete. Du kannst ihn dir auch anhören.

a) Ordne die Zwischenüberschriften den passenden Textabschnitten zu:

Ein besonderes Beet　　　　Startschuss im Herbst

b) Finde selbst Zwischenüberschriften für die anderen Abschnitte.

Im Internet könnt ihr weitere Informationen zu Hochbeeten recherchieren.

Hochbeete – die bequeme Art zu pflanzen und zu ernten

① Hochbeete sind erhöhte Gartenbeete. Das bedeutet, dass das lästige Bücken und Knien bei der Gartenarbeit mit Hochbeeten wegfällt.
5 Hochbeete haben aber noch viele weitere Vorteile. Praktisch ist auch, dass man sie leicht selbst bauen kann. Das geht schnell und kostet nicht viel.
② Gartenbeete können vielfältig be-
10 pflanzt und genutzt werden, so ist das bei Hochbeeten auch. Man kann viele Gemüse- und Obstsorten sowie Kräuter anbauen, die man direkt in der Küche weiterverarbeiten kann. Aber
15 auch mit Blumenbeeten bzw. kleinen Blumenwiesen im Hochbeet hat man etwas Hübsches zum Anschauen geschaffen und etwas Gutes für die Insekten getan. Die Pflanzen sollten
20 aber nicht zu hoch wachsen, sonst kommt man nicht mehr gut an sie heran. Vorteilhaft ist auch, dass Hochbeete besonders gut vor Bodenfrost geschützt sind; dadurch ist eine gute

Ernte sicherer. Außerdem können sie 30 nicht zertrampelt werden und auch Nacktschnecken können mit wenigen Handgriffen „ausgesperrt" werden.
③ Bevor man mit dem Bau der Hochbeete und ihrer Bepflanzung anfängt, 35 sollte geklärt werden, wo sie stehen sollen. Da sie unabhängig von der Bodenbeschaffenheit überall aufgestellt werden können, lohnt es sich zu schauen, wo das beste Verhältnis 40 von Sonnen- und Schattenstunden ist. Denn schließlich will man nach der ganzen Arbeit auch eine erfolgreiche Ernte erzielen bzw. sich an blühenden Blumen erfreuen. 45
④ Im Herbst fallen viele Gartenabfälle an, die als Grundlage für die verschiedenen Schichten im Hochbeet sehr gut geeignet sind. Aus diesem Kompost bilden sich dann im Winter die ersten 50 nützlichen Mikroorganismen.
Im Frühling kann es dann mit dem Pflanzen losgehen.

2 Markiere Informationen (Folientechnik),
- die aus deiner Sicht unbedingt in der Präsentation vorkommen sollten,
- die für die Zuhörer interessant sein könnten,
- mit denen ihr die Zuhörer für euren Vorschlag gewinnen könnt.

3 Vergleicht eure Markierungen und wählt gemeinsam die Informationen aus, die ihr für die Präsentation verwenden wollt. Schreibt sie nach Leitfragen geordnet auf: Was ist ein Hochbeet? Welche Vorteile hat es? ...

METHODE ▸ **Recherchierte Materialien für eine Präsentation auswerten**

1. Überlegt euch Leitfragen zu eurem Thema, die ihr in eurer Präsentation beantworten wollt, zum Beispiel Fragen, die euch selbst in der Gruppe besonders interessieren: Was ist ein Hochbeet? Welche Vorteile hat es? Womit kann man es bepflanzen? ...
2. Recherchiert passende Materialien und wertet sie aus, wie ihr es gelernt habt. Achtet auf die Beantwortung eurer Fragen und macht euch Notizen. Wenn ihr dabei auf interessante Aspekte stoßt, an die ihr vorher nicht gedacht habt, dann ergänzt eure Leitfragen und Notizen entsprechend.
3. Geht eure Notizen abschließend noch einmal durch:
   - Sind die gesammelten Informationen für euer Publikum verständlich?
   - Passen sie zu eurem Präsentationsziel?
   - Sind sie interessant und motivierend?

→ *Wissen und Können:*
- *Sachtexte lesen und verstehen (Seite 275)*
- *Im Internet recherchieren (Seite 275)*

---

4 Setzt euch mit der Abbildung zum Aufbau eines Hochbeets auseinander:
a) Lest die Beschriftung. Entscheidet, ob ihr daran etwas verändern wollt: Was kann man eventuell weglassen? Gibt es Fachausdrücke (Häckselgut, Grassoden ...), die ihr euren Zuhörern erklären solltet?
b) Notiert eine angepasste Beschriftung für eure Präsentation.

Schichten im Hochbeet

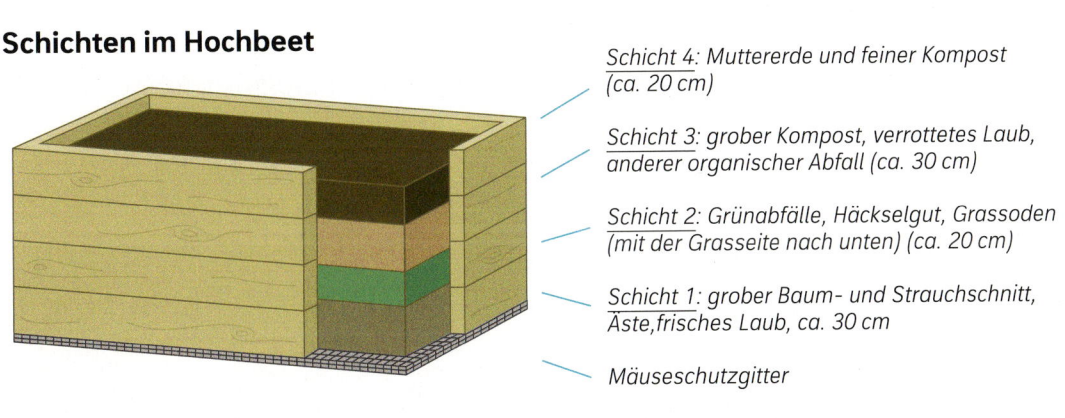

Schicht 4: Muttererde und feiner Kompost (ca. 20 cm)

Schicht 3: grober Kompost, verrottetes Laub, anderer organischer Abfall (ca. 30 cm)

Schicht 2: Grünabfälle, Häckselgut, Grassoden (mit der Grasseite nach unten) (ca. 20 cm)

Schicht 1: grober Baum- und Strauchschnitt, Äste, frisches Laub, ca. 30 cm

Mäuseschutzgitter

Präsentationsfolien und Redekarten erstellen

Die Informationen, die ihr für die Präsentation ausgewählt und aufbereitet habt, nutzt ihr für die Folien, die ihr den Zuhörern zeigt, und für die Redekarten, auf denen ihr notiert, was ihr zu den Folien sagen wollt.

1 Schaut euch den Stichwortzettel an und vergleicht ihn mit der Präsentationsfolie: Welche Informationen findet ihr auf der Folie wieder?
Sprecht darüber, warum nicht alle Informationen verwendet wurden.

2 Was hat sich noch verändert? Wie wurden aus den Notizen auf dem Zettel die Angaben auf der Folie?

Stichwortzettel   *Präsentationsfolie*

Welche Vorteile hat ein Hochbeet
- Arbeiten im Stehen, weil Beete hoch sind
- Schnecken kommen nicht so leicht dran
- Pflanzen nicht im Boden, daher keine Schäden durch Frost
- keiner kann aus Versehen ins Beet laufen
- kann überall aufgebaut werden
- leicht selbst zu bauen
- Pflanzen, die angebaut werden, sollten nicht zu hoch wachsen

③ **Das Hochbeet – wenig Arbeit, gute Ernte**

1. kein lästiges Knien bzw. Bücken

2. keine Frostbeulen für die Pflanzen

3. schlechte Karten für Schnecken

4. vor unvorsichtigen Füßen geschützt

5. kein fester Standort nötig

WISSEN UND KÖNNEN   **Präsentationsfolien erstellen und gestalten**

Präsentationsfolien sollten so gestaltet sein, dass das Publikum die dargestellten Informationen verstehen und gut aufnehmen kann:
- Jede Folie hat eine Überschrift.
- Es stehen kurze Sätze oder Stichworte auf den Folien.
- Sätze und Stichworte sind sachlich richtig und verständlich formuliert.
- Die Schrift ist gut lesbar.
- Die Folien sind nummeriert, damit man auf sie Bezug nehmen kann.
- Zur Übersichtlichkeit werden Aufzählungszeichen verwendet.
- Zur Veranschaulichung dienen Symbole, Grafiken, Bilder und Videos.

3 Haltet ihr die auf Seite 38 abgebildete Präsentationsfolie für gelungen? Überprüft dies mit Hilfe des Wissen-und-Können-Kastens.

4 Betrachtet die abgebildete Redekarte:
- Wie unterscheidet sie sich von der Präsentationsfolie?
- Wie können Redekarten die Vortragenden unterstützen?

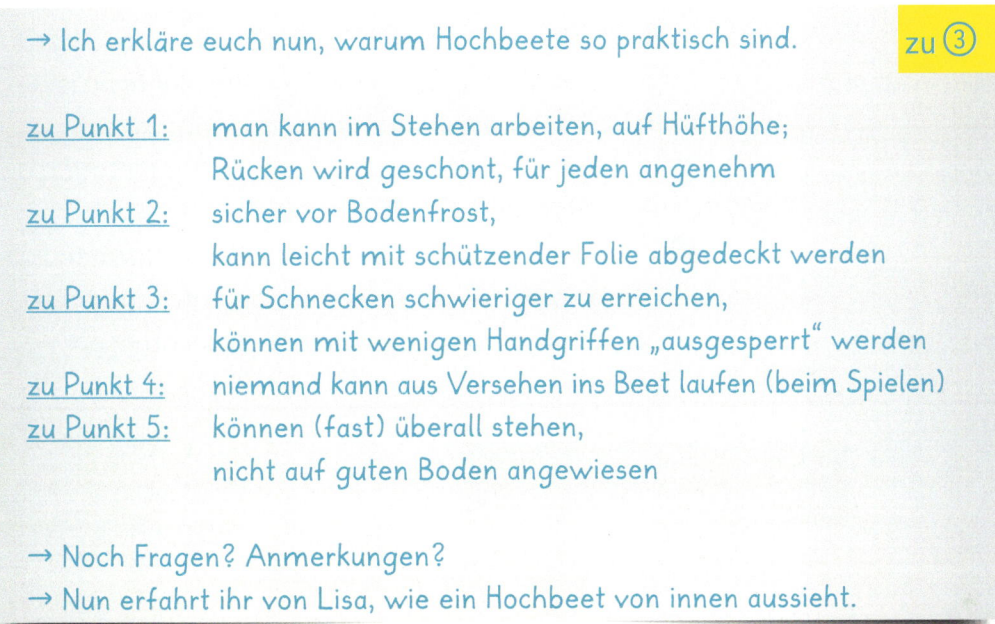

→ Ich erkläre euch nun, warum Hochbeete so praktisch sind.   zu ③

zu Punkt 1:   man kann im Stehen arbeiten, auf Hüfthöhe;
              Rücken wird geschont, für jeden angenehm
zu Punkt 2:   sicher vor Bodenfrost,
              kann leicht mit schützender Folie abgedeckt werden
zu Punkt 3:   für Schnecken schwieriger zu erreichen,
              können mit wenigen Handgriffen „ausgesperrt" werden
zu Punkt 4:   niemand kann aus Versehen ins Beet laufen (beim Spielen)
zu Punkt 5:   können (fast) überall stehen,
              nicht auf guten Boden angewiesen

→ Noch Fragen? Anmerkungen?
→ Nun erfahrt ihr von Lisa, wie ein Hochbeet von innen aussieht.

Redekarte

5 a) Probiert die Redekarte aus und präsentiert mit ihr die abgebildete Folie.
b) Wie hat es funktioniert? Was würdet ihr an der Redekarte verändern?

WISSEN UND KÖNNEN ▸ **Redekarten anlegen**

Redekarten sind wie ein Spickzettel. Sie helfen dir, beim Erklären einer Folie den Überblick zu behalten und nichts Wichtiges zu vergessen.
- Redekarten müssen gut lesbar sein, sonst nützen sie dir nichts.
- Du kannst Stichworte, Sätze oder Satzanfänge aufschreiben.
- Die Informationen auf der Redekarte ergänzen die Stichpunkte auf den Präsentationsfolien.

---

6 a) Plant weitere Folien zum Thema „Hochbeet" für eure Präsentation.
b) Teilt die Arbeit unter euch auf: Jeder erstellt eine Folie und legt sich für die Präsentation eine Redekarte dazu an.

Eine Gruppenpräsentation halten

Um erfolgreich zu präsentieren und darin immer sicherer zu werden, übt ihr die Präsentation zunächst in einem Probelauf, führt sie anschließend durch und wertet sie gemeinsam mit eurem Publikum aus.

0. Vorbereitung und Prüfung
   der Technik: gemeinsam
1. Begrüßung und kurze Einleitung:
   Katerina
2. Präsentation der Folien 1 + 2: Elias
3. Präsentation der Folien 3 + 4: Leon
4. Schluss: Sara

Technik: Sara, Katerina

1 a) Schaut euch den Ablaufplan zur Präsentation der AG „Schönerer Schulhof" von Seite 34 an.
– Besprecht, warum so ein Plan sinnvoll ist.
– Was würdet ihr ändern oder ergänzen?
b) Legt einen Ablaufplan für eure Präsentation an.

2 Sprecht darüber, warum es sinnvoll ist, einen Probelauf zu einer Präsentation durchzuführen. Ihr könnt die Aussagen in den Sprechblasen nutzen.

So merke ich, ob ich wirklich schon …

Ich finde, so kann man prüfen, ob wir als Gruppe …

Mir hilft das Üben, um mich sicherer …

Ich bin der Meinung, dass …

Dann merke ich, ob meine Redekarten …

3 Führt den Probelauf für eure Präsentation durch. Orientiert euch dabei am Methodenkasten. Wenn ihr etwas ändern wollt, probiert es aus.

METHODE **Die Gruppenpräsentation ausprobieren**

1. Den Ablauf festlegen und einen Probelauf durchführen
– Wer übernimmt die einzelnen Teile: Begrüßung, Einleitung …?
– Wer bedient die Technik?

2. Den Probelauf auswerten und Änderungen vornehmen
– Funktionieren der geplante Ablauf und der Einsatz der Technik?
– Wie ist es als Gruppe gelaufen? Einleitung, Überleitungen, Schluss …
– Haben die einzelnen Gruppenmitglieder ihren Teil gut gemeistert? Worauf sollten sie bei der Präsentation besonders achten?
– Waren die Redekarten nützlich und sinnvoll?
– Wurde die Zeitvorgabe eingehalten? (Zeit stoppen)

4 Haltet nun eure Präsentationen. Die Zuhörerinnen und Zuhörer geben euch anschließend ein Feedback.

Nutzt dazu die Checkliste.

- Sprecht vorher ab, worauf sich das Feedback beziehen soll.
- Überlegt auch, ob ihr die Beobachtungsaufträge aufteilen wollt.
- Ihr könnt euch außerdem einen Rückmeldebogen aus dem Medienpool herunterladen und ihn für eure Feedbackschwerpunkte anpassen.

→ *Medienpool: Rückmeldebogen für Präsentationen*

CHECKLISTE ▸ Eine Rückmeldung zu einer Gruppenpräsentation geben

Wie haben die einzelnen Gruppenmitglieder ihren Teil gemeistert?
- Standen sie aufrecht, locker und zugewandt vor dem Publikum?
- Haben sie das Publikum zwischendurch angeschaut?
- Haben sie deutlich, laut genug und in ruhigem Tempo gesprochen?
- Wurde möglichst frei vorgetragen?
- Wurden die Folien erläutert und zum Lesen lange genug gezeigt?
- Haben sie sich am Ende nach Fragen oder Anmerkungen erkundigt?

Wie ist es als Gruppe gelaufen?
- Liefen die Überleitungen störungsfrei und zügig?
- Ist die Technik ohne Verzögerung bedient worden?
- Wurde die Zeitvorgabe eingehalten?

Ist das Präsentationsziel erreicht worden?
- Fühlen sich die Zuhörer gut und nachhaltig informiert?
- War die Vortragsweise ansprechend und unterhaltsam?
- Gibt es Anmerkungen/Wünsche für nachfolgende Präsentationen?

Ein Interview planen und durchführen

Ihr möchtet mehr über ein bestimmtes Thema erfahren, das euch interessiert? Dann könnt ihr eine Expertin oder einen Experten in einem Interview befragen.

SPRECHEN UND ZUHÖREN

1 Lest die Ankündigung über ein Experteninterview und schaut euch das Foto an. Sprecht darüber:

– Wer sind die Interviewer?
– Wer ist die interviewte Person?
– Was wollen die Fragesteller mit ihrem Interview erreichen?
– Warum wenden sich die Fragesteller gerade an Kristina Calvert?

Was ist „Forschendes Lernen"?
Ein Interview mit der Kinderphilosophin Kristina Calvert

An vielen Schulen wird gerade das „Forschende Lernen" ausprobiert. Ein halbes Jahr lang beschäftigen sich Kinder mit einer kniffligen Frage, die sie sich selber ausdenken. Dabei darf ihnen kein Erwachsener reinreden! Kristina Calvert ist Expertin für „Forschendes Lernen". Die Schülerinnen und Schüler wollen in diesem Interview mal ganz genau von ihr wissen, was das Besondere daran ist. Die „Radiofüchse" haben ein Interview mit der Expertin geführt.   5

10

→ Medienpool:
Was ist „Forschendes Lernen"? (Audio)

2 Hört das Interview der „Radiofüchse" einmal. Hört entspannt zu. Was macht eine Kinderphilosophin?
Eine Kinderphilosophin beschäftigt sich mit ...

3 Hört das Interview noch einmal. Sprecht nach dem Hören darüber, worum es in dem Interview geht.
  – Formuliert das Thema mit eigenen Worten in zwei bis drei Sätzen.
  – Welche Kerninformationen erhaltet ihr zu diesem Thema?

4 Warum stellen die „Radiofüchse" ihre Fragen?
  a. Sie wollen etwas Besonderes über die interviewte Person erfahren.
  b. Sie wollen die interviewte Person besser kennenlernen.
  c. Sie suchen Informationen über ein bestimmtes Thema.

> Die Interviewer beginnen ihr Interview mit ...

5 Was machen die Kinderreporter zu Beginn des Interviews? Was machen sie am Ende? Hört noch einmal in die Abschnitte hinein.

> Am Endes des Interviews ...

6 Lies die Fragen, die die Reporter der Expertin gestellt haben.
Sie sind durcheinandergeraten:
  a. Was ist überhaupt „forschendes Lernen"?
  b. Wie viele Schulen machen dort mit?
  c. Wie sind Sie überhaupt auf forschendes Lernen gekommen?
  d. Wie finden Sie, hat unsere Schule geforscht?
  e. Was war die lustigste Forscherfrage, die Sie je gehört haben?
  f. Was macht man genau beim forschenden Lernen?
  g. Was macht das forschende Lernen für Sie so besonders?

  a) Bringe die Fragen in eine sinnvolle Reihenfolge.
  b) Höre noch einmal das Interview und vergleiche die Reihenfolge der Fragen mit deiner Liste.
  c) Sprecht darüber, ob auch eine andere Reihenfolge der Fragen möglich wäre. Begründet eure Meinung.

7 a) Wähle eine Interviewfrage a–g aus.
  b) Mache dir zur Antwort auf die ausgewählte Interviewfrage Notizen.
  c) Stelle die Interviewfrage und -antwort deinen Mitschülerinnen und Mitschülern vor. Sie können deine Expertenantwort noch ergänzen.

Ein Interview planen

Die erste Frage ist noch nicht die beste. Lasst euch daher Zeit, um Fragen zu finden und zu formulieren …

Neugierig sein und Fragen stellen – das sind die Voraussetzungen für forschendes Lernen. Zu einem selbstgewählten Thema (Berufe, Fliegen, Umwelt …) formuliert ihr Fragen, die euch interessieren.

1 Ihr sucht Fragen zum Thema „Schule früher". Gute Forscherfragen zu finden ist aber nicht so einfach. Nutzt die Hinweise im Kasten.

METHODE   **Fragen finden und notieren**

1. Bildet Vierergruppen.
2. In eine Placemat-Vorlage schreibt jeder eine Frage in sein Feld.
3. Dreht die Vorlage im Uhrzeigersinn, sodass jeder die Fragen der anderen lesen kann.
4. Sprecht anschließend darüber, welche Fragen euch wichtig sind.
5. Einigt euch auf wichtige Fragen und tragt diese in das mittlere Feld der Placemat ein.

Placemat-Vorlage:
- Was machten die Kinder in der großen Pause?
- Welche Fächer gab es?
- Wie lief der Unterricht ab?
- Wie sah eigentlich das Klassenzimmer aus?

---

2 Sprecht darüber und einigt euch:
  – Wer könnte euch als Experte eure Fragen wohl beantworten?
  – Entscheidet, wer von euch mit dem Experten Kontakt aufnimmt.

A Schreibe eine **E-Mail** an den Experten/die Expertin:
  Sehr geehrte Frau/Herr …
  Wir sind Schülerinnen und Schüler der Klasse … und interessieren uns für …
  Wir würden Ihnen zum Thema „…" gern ein paar Fragen stellen.
  Wann und wo können wir mit Ihnen ein Interview …
  Herzliche Grüße …

B Schreibe einen **Brief** an den Experten/die Expertin, in dem du euer Anliegen selbstständig formulierst.

▶ Ihr könnt die Expertin oder den Experten auch **anrufen**.
  – Macht euch Stichwörter, was ihr am Telefon sagen wollt.
  – Beachtet die Regeln für ein Telefongespräch: Begrüßung, Vorstellung, Anliegen, Vorschlag, Verabschiedung.

SPRACHE UNTERSUCHEN

Interviewfragen formulieren

1 Marius will seine Großeltern über ihre Schulzeit interviewen.
Er hat zunächst seinem Großvater Fragen gestellt.
Was fällt euch an den Fragen und Antworten auf?

   a. Bist du gern in die Schule gegangen? Na ja, es ging …

   b. Was war schön? Die Pausen.

   c. Was hat dir nicht gefallen? Die Lehrer.

   d. Welches Fach war dein Lieblingsfach? Musik.

> Kannst du mir einmal genauer erklären, warum …

2 Überlege dir, wie du die Fragen besser formulieren kannst und wo
du Nachfragen stellen musst. Nutze die Hinweise im Merkkasten.

WISSEN UND KÖNNEN   **Interviewfragen formulieren**

1. **Geschlossene Fragen** können nur mit „Ja" oder „Nein"
   beantwortet werden: Sind Sie gern in die Schule gegangen?

2. **Offene Fragen** ergeben interessante Antworten.
   Sie beginnen mit W-Wörtern (Was? Wie? Warum? …):
   Warum mochten Sie das Fach so gern?

3. Wenn du eine Antwort nicht ganz verstanden hast oder mit der
   Antwort unzufrieden bist, kannst du **nachfragen**: Können Sie mir
   das noch einmal ausführlicher oder genauer erklären?

4. Überlege dir **Zusatzfragen**, die du nur dann stellst, wenn eine Frage
   zu kurz beantwortet wurde: Können Sie mir ein Beispiel nennen?

---

3 Marius hat auch seine Großmutter zu ihrer Schulzeit interviewt.
Lies ihre Antworten. Marius findet die Antworten zu kurz.
Formuliere jeweils Nachfragen oder Zusatzfragen.

   a. Manche Fächer mochte ich überhaupt nicht.

> Welche waren das denn? Warum …?

   b. Unser Lehrer war ein bisschen seltsam.

   c. Ich hatte auch ein absolutes Lieblingsfach.

   d. Im Sport war ich die beste Schülerin der Klasse.

   e. Ich war lieber in der Schule als zu Hause.

Eine Frageliste erstellen

Vor einem Experteninterview musst du darüber nachdenken, was du alles erfahren willst. Dazu musst du dir passende Fragen überlegen.

1 Du willst deine Mitschülerinnen und Mitschülern über den Beruf der Polizistin informieren und hast dir schon einige Fragen notiert. Bringe sie in eine sinnvolle Reihenfolge. Nutze die Hinweise im Merkkasten.

> a. Wie oft haben Sie schon geschossen?
> b. Was bedeuten die Sterne auf den Schultern?
> c. Wie sind Sie auf die Idee gekommen, Polizistin zu werden?
> d. Was machen Polizisten, wenn der Räuber wegläuft?
> e. Was war ihr lustigster Einsatz?
> f. Was gehört zu einer Polizeiausrüstung?
> g. Was macht Ihnen bei Ihrer Arbeit am meisten Spaß?
> h. Wie kann man sich Ihren Tagesablauf vorstellen?

WISSEN UND KÖNNEN   **Interviewfragen zusammenstellen**

Wenn du ein Interview führst, musst du genau überlegen, welche Fragen du in welcher Reihenfolge stellst.

1. Notiere keine Fragen, die man nur mit „Ja" oder „Nein" beantworten kann.
2. Überlege dir die genaue Reihenfolge deiner Fragen. Sie sollen aufeinander aufbauen.
3. Stelle zunächst allgemeinere Fragen, speziellere später.
4. Stelle dich darauf ein, dass du nicht immer die Antwort bekommst, die du erwartest. Überlege dir Zusatzfragen.

Erstellt einen Interviewbogen:
- Nummeriere deine Fragen und schreibe sie untereinander.
- Lasse unter den Fragen Platz, damit du dir zu den Antworten Stichpunkte machen kannst.

2 Vergleicht eure Fragelisten miteinander.
- Erklärt zunächst, warum ihr diese Reihenfolge gewählt habt.
- Wo gibt es Unterschiede in euren Listen? Welche Reihenfolge ist am sinnvollsten? Warum?

3 Welche Fragen würdest du ergänzen? Wo gehören sie hin?

Über ein Interview sprechen

wortstark!

1 Wie läuft ein Interview ab?
  – Vervollständige die Erklärung und schreibe sie ab.
  – Nutze dazu die Wörter und Formulierungen aus der Randspalte.

Vor dem Interview musst du dir gut überlegen, welche ░░░░░ du stellst. Bereite einen ░░░░░ vor. Darauf schreibst du die Fragen auf und lässt darunter Platz zum Notieren der ░░░░░. Willst du das Interview ░░░░░? Dann muss dein ░░░░░ damit einverstanden sein. Zu Beginn des Interviews musst du deinen Gesprächspartner ░░░░░.   5
Verhalte dich während des Interviews ░░░░░. Stelle immer nur eine einzelne Frage und lasse deinen Interviewpartner ░░░░░. Stelle ░░░░░, auf die der Interviewpartner ░░░░░ geben muss. Bei ░░░░░ bekommst du meist nur eine kurze Antwort. Wenn du eine Antwort nicht verstanden hast, kannst du ░░░░░. Zum Schluss des Interviews   10
sollst du dich bei deinem Gesprächspartner für das Gespräch ░░░░░.

Fragen
bedanken
längere Antworten
begrüßen
ausreden
nachfragen
Antworten
Interviewpartner
aufnehmen
geschlossenen
  Fragen
höflich und
  freundlich
offene Fragen
Interviewbogen

2 Lies die Antworten aus einem Interview mit der Kriminalkommissarin Birgit Spier. Formuliere danach zu den Antworten die passende Interviewfrage.

  a. Als ich 14 war, habe ich zu meinen Eltern gesagt: Ich will zur Kripo! Woher diese Idee stammt, weiß ich selber nicht. Ich hab immer Krimis gelesen und mir den Beruf spannend und aufregend vorgestellt.
  b. Er hat schon sehr reizvolle Seiten. Weniger spannend ist die Schreibtischarbeit.
  c. In Berlin erstaunlicherweise ja. Ich schätze, dass ihr Anteil bei 50 Prozent liegt. Es gibt allerdings nicht viele Frauen in Führungspositionen, so wie ich. Ich bin Chefin.
  d. Es werden relativ wenig Täter gefasst, leider.
  e. Meistens arbeiten sie zu zweit. Einer rempelt an und der Komplize nutzt die Gelegenheit aus, um sich ans Werk beim Opfer zu machen. Es gibt unzählige Tricks, einer besteht darin, das Opfer mit Senf oder Ketchup zu beschmutzen, und es zu beklauen, während es abgelenkt ist.   *(verändert)*

Kriminalkommissarin Birgit Spier

3 Vergleicht eure Fragen: Welche Frageformulierung erlaubt es dem Interviewten, eine längere und interessante Antwort zu geben?
Begründe deine Meinung.

Regeln für ein Interview zusammenstellen

Wenn ihr ein Interview führt, müsst ihr bestimmte Regeln beachten.

→ Medienpool:
Interview mit dem
Polizisten Sven Blau-
licht (Audio)

1 Hört euch das Interview an. Sprecht nach dem Hören darüber:
  – Welchen ersten Eindruck habt ihr? Was fällt euch auf?
  – Seid ihr mit den Informationen des Interviews zufrieden? Begründet.

2 Hört euch das Interview noch einmal an. Achtet besonders auf die Fragen des Reporters und der Reporterin.
  a) Wie beginnt und wie endet das Interview?
  b) Warum fallen einige Antworten des Polizisten so kurz aus?
  c) Wie findet ihr die Reihenfolge der Fragen? Ordnet neu.
  d) Welche Frage gehört nicht in das Interview? Warum?
  e) Formuliert die ersten beiden Fragen so um, dass der Polizist ausführlicher antworten muss.

Ihr könnt zwischen-
durch auch stoppen
und euch einzelne
Fragen und
Antworten mehr-
mals anhören.

3 Hört euch noch einmal die Interviewfragen genauer an.
  a) Sprecht darüber, ob die Reporter auf den Gesprächspartner eingehen? Nutzt dazu die Hinweise im Merkkasten.
  b) Wie könnte man die Fragen besser formulieren? Macht Vorschläge.

Regeln für ein Interview

1. Wir stellen uns zu Beginn des Interviews vor.
2. Wir begrüßen die Expertin/den Experten.
3. ...

WISSEN UND KÖNNEN ▶ Auf den Gesprächspartner eingehen

- Begrüße deinen Interviewpartner und verhalte dich während des ganzen Interviews höflich und freundlich.
- Deine Fragen klingen höflicher, wenn du die Wörtchen (ein)mal, bitte, denn oder eigentlich verwendest:
  Können Sie uns bitte mal ein Beispiel nennen.
- Stelle immer nur eine einzelne Frage und lasse deinen Interviewpartner aussprechen.
- Zeige, dass du dich für die Antworten interessierst:
  Das klingt ja interessant! Oh, das hätten wir nicht vermutet. Ich würde gern mehr dazu wissen.

4 Stellt auf einem Plakat „Regeln für ein Interview" zusammen.

Ein Interview durchführen und beobachten

Sicherlich habt ihr Lust bekommen, selbst Interviews durchzuführen. Ihr könnt das am Thema „Berufe" ausprobieren: Interviewt zum Beispiel einen Hufschmied, eine Binnenschifferin, eine Geldzählerin ...

1 Ihr sollt nun selbst ein Interview führen.
a) Einigt euch über das Thema und überlegt, wen ihr befragen wollt.
b) Plant das Interview, formuliert Fragen und bringt sie in eine sinnvolle Reihenfolge. Erstellt einen Interviewbogen.
c) Überlegt, ob ihr das Interview aufnehmen möchtet, um Antworten noch einmal hören zu können. Dann müsst ihr den Interviewpartner fragen, ob das auch für ihn/sie in Ordnung ist.
c) Führt das Interview durch. Beachtet die Regeln für ein Interview.

2 Legt nach dem Interview der interviewten Person noch einmal die Fragen und ihre Antworten vor. Klärt mit ihr,
– ob die Informationen und Angaben im Interview stimmen.
– ob sie mit einer Veröffentlichung des Interviews unter ihrem Namen einverstanden ist.
– ob ihr ein Foto von ihr machen und benutzen könnt.

> Falls ihr das Interview aufgenommen habt, könnt ihr die Antworten mit euren Gesprächsnotizen vergleichen.

3 Arbeitet mit den Ergebnissen weiter. Wählt Aufgabe **A** oder **B** aus.

A Erstellt eine schriftliche Version des Interviews mit dem Computer.
– Gebt die Fragen und Antworten ein. Nutzt dazu verschiedene Farben oder Schriftarten.
– Gliedert das Interview so, dass man sofort erkennt, welche Fragen und Antworten zusammengehören.
– Kontrolliert noch einmal die Rechtschreibung.
– Fügt ein Foto der Reporter und der interviewten Person ein.

B Präsentiert die Ergebnisse aus eurem Interview.
Nutzt dazu die Hinweise im Kapitel zum Präsentieren (Seite 34 – 41).

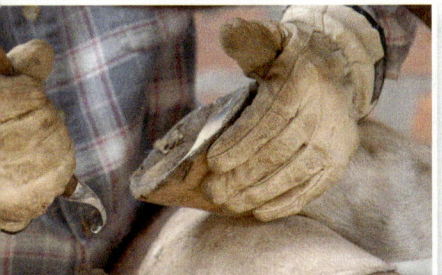

Dialogische Texte szenisch spielen

Theatertexte sind immer für eine Aufführung auf einer Bühne geschrieben. In diesem Kapitel könnt ihr die Inszenierung anhand von Ausschnitten aus einem Kinder- und Jugendtheaterstück einmal selbst ausprobieren. Ihr schlüpft dabei in verschiedene Rollen, gestaltet die Bühne und führt kleine Szenen auf.

SPRECHEN UND ZUHÖREN

Den Text, um den es in diesem Kapitel geht, gibt es
– unter dem Titel „**Füchse lügen nicht**" als **Buch** zum Lesen und Vorlesen,
– unter demselben Titel als **Hörbuch**, gelesen vom Autor Ulrich Hub
– und als **Theaterstück** unter dem Titel „**Animal Lounge**".

1 Schaut euch das Cover des Buchs „Füchse lügen nicht" an und überlegt, wo die Geschichte spielen könnte.

2 a) Bildet Gruppen.
– Sammelt Personen und Situationen, die für diesen Ort typisch sind.
– Stellt sie als Gruppe in einer Pantomime (also ohne zu sprechen) dar.

3 Spielt die Szenen euren Mitschülerinnen und Mitschülern vor. Sie versuchen, die dargestellten Situationen zu erraten.

4 Wie könnt ihr in einer Pantomime andere Orte darstellen, sodass diese von euren Zuschauerinnen und Zuschauern erkannt werden?
im Fußballstadion, in der Schule, an der Bushaltestelle, im Kaufhaus …
Probiert es aus, stellt die Orte dar und lasst die anderen raten.

5 Lest den **Klappentext** des Buchs:

„Alle Flüge sind ersatzlos gestrichen!", verkündet der Hund
vom Sicherheitsdienst. Und so sitzen der Panda, der Affe,
die Gans, der Tiger und die beiden Schafe am Flughafen fest.
Aber wieso ist eigentlich das ganze Gebäude verlassen?
Nicht nur auf diese Frage hat der Hund keine Antwort.
Dann taucht ein feuerrotes Tier auf und stellt sich als Fuchs vor.
Mit diesem neuen Freund erleben die Tiere endlich mal was …

a) Welche Figuren kommen im Buch und im Theaterstück vor?

b) In welcher Situation befinden sie sich?

c) „Alle Flüge sind ersatzlos gestrichen!" – Zeigt mimisch, wie
   die Figuren auf diese Nachricht des Hundes reagieren könnten.

d) Wie würdest du dich in dieser Situation fühlen?
   Zeige deine Gefühle in deiner Körperhaltung.

6 a) Hört euch einen Abschnitt des **Hörbuchs** ein- oder mehrmals
   gemeinsam an.

b) Geht nach dem Hören in einen Doppelkreis:
   – Der Außenkreis erzählt dem Innenkreis,
     was in dieser Szene passiert:
     Wo spielt die Szene genau?
     Wer spielt mit?
     Was geschieht?
   – Anschließend wechselt der Außenkreis drei Plätze nach links.
     Nun erzählt der Innenkreis.
   – Wiederholt dies noch ein-, zweimal. Wechselt jeweils den
     Erzählerkreis.

→ *Medienpool:*
Füchse lügen nicht
(Audio)

7 a) Wie verhalten sich die Tiere? Was hat euch überrascht?

b) Ordnet den Tieren passende Adjektive zu:

aufbrausend   aufgeregt   autoritär   besserwisserisch
cholerisch   eingebildet   eitel   gelangweilt   geschwätzig
grimmig   laut   lustlos   nervös   schlau   selbstverliebt
tablettengläubig   träge   überheblich

Die Figuren kennenlernen

Als Schauspieler schlüpft ihr in unterschiedliche Rollen. Dazu müsst ihr die Figuren des Stücks kennenlernen, euch mit ihnen auseinandersetzen und euch in sie hineinversetzen, um sie gut darstellen zu können.

→ Medienpool:
Füchse lügen nicht
(Audio)

1 Hört euch nochmals den Auszug aus dem **Hörbuch** an.

a) Ordnet die Aussagen in den Sprechblasen dem jeweiligen Tier zu.

Ich krieg´ noch die Krise!

Wir sind hoch intelligent.

Ihr kennt mich aus dem Fernsehen!

Ich bitte um Verständnis.

Boah, ist das hier langweilig!

b) Ein Tier wird nicht mit wörtlicher Rede vorgestellt, sondern nur durch sein Verhalten:

– Welches Tier ist das?

– Was sagt das Verhalten über den Charakter des Tiers aus?

– Was könnte das Tier in dieser Situation sagen?

2 a) Bildet Gruppen. Jede Gruppe sucht sich ein Tier aus dem Stück aus.
   Achtet darauf, dass alle Tiere verteilt werden.

   b) Erstellt für euer Tier gemeinsam einen **Rollensteckbrief**:

Rollensteckbrief:	...
Wie sieht das Tier aus?	
Wie fühlt es sich?	
Wie könnte es sich bewegen?	
Wie spricht es?	
Wie klingt seine Stimme?	
Was könnte es denken?	
Warum ist es am Flughafen?	
Wie kann man es gut darstellen?	

   c) Übt in eurer Gruppe, das Tier zu spielen.
   – Stellt euch mit dem Gesicht nach außen in einen Kreis.
   – Auf ein Zeichen dreht ihr euch um und zeigt mit Mimik und Gestik,
     wie ihr das Tier darstellen würdet.

   d) Stellt euch in eurer Rolle kurz den anderen Tieren vor.
   Wer bist du? Warum bist du am Flughafen? Woher kommst du?
   Wo willst du hin?

3 Findet euch in neuen Gruppen zusammen: Jedes Tier muss vertreten sein.
   Überlegt, wie die Tiere im Warteraum (der „Animal Lounge") zusammen sind:
   Wo befinden sich die einzelnen Tiere? Wer sitzt? Wer steht? ...

   a) Stellt ein Standbild zu der Situation im Warteraum auf.
   Man soll erkennen, wer welches Tier darstellt.

   b) Präsentiert das Standbild den anderen Gruppen.

   c) Gebt euch kurz eine Rückmeldung.

4 Hört euch nochmals den Ausschnitt aus dem **Hörbuch** an und merkt euch
   einen Satz, der typisch für eure Rolle ist.

   → *Medienpool:*
   Füchse lügen nicht
   (Audio)

   a) Sprecht den Satz so, dass er gut zu der Rolle passt.

   b) Stellt nochmals das Standbild und präsentiert nacheinander euren Satz.

   c) Schaut euch die anderen Gruppen an:
   Welche Sätze wurden gewählt?
   Sind sie typisch für die Rollen?
   Sprecht darüber im Plenum.

Spielszenen verstehen

Ihr lest nun einen Auszug aus dem Theaterstück, setzt euch mit dem Thema auseinander und beginnt den Text in ein Spiel zu überführen.

1 Lest eine Szene aus dem zweiten Akt des **Theaterstücks** „Animal Lounge". Darin kommt der Fuchs erstmalig mit den anderen Tieren in Kontakt.
  – Wie verhält sich der Fuchs in dieser Szene?
  – Was erzählt er den Tieren?
  – Was erfahrt ihr über den Fuchs?

Der Fuchs schlägt die Augen auf und gähnt.

FUCHS   Wo bin ich?
GANS   In der Animal Lounge.
HUND   Name?
5 FUCHS Mein Name ist Fuchs.
HUND   Papiere?
FUCHS   Und mit wem habe ich das Vergnügen?
TIGER   Mich kennen Sie sicher aus dem Fernsehen.
10 HUND Wie sind Sie überhaupt herein gekommen? Wohin geht Ihre Reise? Wo ist ihr Gepäck?
FUCHS   Das sind aber viele Fragen auf einmal. Mir schwirrt schon der Kopf. Sind
15   Sie überhaupt berechtigt, mir derart persönliche Fragen zu stellen?
        Der Fuchs beißt herzhaft in einen Apfel – und spuckt den Bissen unauffällig wieder aus.

HUND   Ich bin für die Sicherheit auf dem ganzen Flughafen verantwortlich. Erst einmal Ihren Reisepass, bitte. 20
FUCHS   Haben hier alle einen Reisepass?

Tiger, Affe, Panda und die beiden Schafe zücken ihre Pässe. 25

FUCHS   So viele, schöne Reisepässe –
PANDA   Sogar mit Artenschutzstempel.
[...]

Der Fuchs fängt leise zu weinen an.

FUCHS   O, ich kenne das schon. Nur wegen 30 meines Aussehens hält mich jeder für kriminell. Kann ich was für mein feuerrotes Fell? So bin ich geboren –
HUND   Kommen Sie mit!
AFFE   Der Fuchs hat Tränen in den Augen. 35
FUCHS   Niemand kann sich seine Fellfarbe aussuchen. Dabei helfe ich, wo ich nur kann. Gerade erst heute habe ich ein paar Hühner aus einer brennenden Scheune gerettet, aber das interessiert 40 hier wahrscheinlich sowieso keinen –
SCHAFE Doch!

FUCHS Lodernde Flammen schlagen aus der Scheune, ganz oben gucken drei Hühner aus der Dachluke heraus und flattern aufgeregt mit ihren Flügeln, es kann sich nur noch um Sekunden handeln, bis das Feuer das Dach erreicht hat und die armen Hühner lebendig gebraten werden –

GANS Ich mache mir vor Aufregung gleich in die Hose!

FUCHS Ohne nachzudenken stürze ich mich in die Funken und den Rauch, wetze unters Dach hinauf, schnappe mir die kreischenden Hühner, aber das Treppenhaus steht schon in hellen Flammen –

TIGER Nein!

FUCHS Mit den Hühnern unterm Arm springe ich aus der Dachluke in einen Teich, der zufällig neben der Scheune liegt, keine Sekunde zu früh, denn hinter uns kracht schon die ganze Scheune mit Donnergetöse im Flammenmeer zusammen.

Applaus!

2 Wie reagieren die anderen Tiere auf den Fuchs?

a) Denkt euch in eurer Rolle als Tier einen Satz aus, der ausdrückt, wie ihr den Fuchs empfindet. Nutzt dazu auch die Rollensteckbriefe.

b) Bewegt euch in eurer Rolle im Raum und experimentiert mit eurem Satz: Sprecht ihn laut oder leise, schnell oder langsam, wütend oder ängstlich ...

c) Stellt in Gruppen ein Standbild zur gelesenen Szene. Einer geht herum und tippt euch auf die Schulter. Dann sprecht ihr euren Satz, wie er für euch am besten zur Rolle und zur Situation passt.

d) Gebt den anderen eine kurze Rückmeldung.
   – Hat das Standbild die Situation wiedergespiegelt?
   – Konnte man die Rollen erkennen?
   – War der Satz gut gewählt?

→ Prolog: Einleitung, Vorgeschichte

3 Im Prolog zum **Theaterstück** erklärt der Fuchs:
In dem Stück [...] geht es um eine wichtige Frage: Können Tiere lügen? Schwer vorstellbar, nicht wahr? Wenn dich ein Tier anschaut mit großen, glänzenden Augen, einem so treuherzigen Blick, kann man kaum glauben, dass es irgendwelche miesen Hintergedanken hat. Aber wer weiß schon, was Tiere in Wirklichkeit denken? Mein Name ist Fuchs, und ich sage euch: Natürlich können Tiere lügen, sogar mehrmals am Tag.

a) Glaubt ihr, dass der Fuchs lügt? Erklärt eure Einschätzung.

b) Körpersprache kann Lügen enttarnen. Überlegt euch eine Geste, einen Gesichtsausdruck oder eine Körperhaltung, an der man erkennt, dass jemand lügt. Zeigt euch gegenseitig die Ergebnisse.

Spielszenen einstudieren und aufführen

Der (Bühnen-)Raum ist für jede Darstellung von entscheidender Bedeutung. Ihr überlegt euch einen Aufbau der Bühne, nutzt verschiedene Requisiten und bringt ein kleines Stück zur Aufführung.

Requisiten: Gegenstände, die für die Aufführung benutzt werden.

1 Neben den Rollen müssen auch die Spielfläche (Bühne) und die Kostüme/ <u>Requisiten</u> gestaltet werden. Bildet Gruppen und wählt **A** oder **B** aus:

A Wie stellt ihr euch die **Bühne** vor?
 – Baut ein Bühnenbild für die Spielfläche auf. Nutzt dazu auch die Illustration von Seite 52.
 – Erklärt, wie ein Regisseur, den anderen euren Aufbau.

B Wie stellt ihr euch die **Kostüme** und **Requisiten** für die Schauspieler vor?
 – Zeichnet einige Kostüme als Skizze und erstellt eine Liste der Requisiten. Nutzt dazu auch die Illustration von Seite 52.
 – Stellt diese, wie ein Regisseur, den anderen vor.

→ *Medienpool:*
  Füchse lügen nicht
 – *Ende des zweiten Akts*
 – *Beginn des dritten Akts*
 – *Aus dem vierten Akt*

2 a) Bespielt nun die Bühne, indem ihr den Text auf Seite 54/55 darstellt oder euch einen anderen Textauszug aus dem Medienpool holt.
 b) Besprecht, wer wo auf der Spielfläche sitzt oder steht.
 c) Nehmt die Rolle eines Tiers ein und spielt den Text als szenische Lesung vor.

3 Übt eure Szene nun ohne Textvorlage.
 a) Spielt die Szene mehrmals auswendig durch und überlegt, was ihr möglicherweise an eurer Spielweise ändern könnt.
 b) Seid ihr bereit für eine Aufführung? Dann führt die gewählte Szene der Klasse vor und lasst euch anschließend ein Feedback geben.

Feedback geben und erhalten

Auf jede Präsentation erfolgt eine konstruktive Rückmeldung der Zuschauer. Ihr lernt, wie ihr sinnvoll und nachhaltig Rückmeldung geben könnt, um die Ergebnisse wertzuschätzen und zu verbessern.

1 Als Zuschauer einer Aufführung beobachtest du die ganze Zeit, was auf der Bühne geschieht.
a) Was kannst du alles beobachten? Mache dir dazu Notizen.
b) Besprich deine Ergebnisse mit einem Partner/einer Partnerin.

2 Lest den angefangenen Beobachtungsbogen.
– Besprecht und ergänzt diesen im Plenum.
– Nutzt den Beobachtungsbogen für die Rückmeldung zu einer Aufführung.

	☺	☺	☹
Die Mimik war ausdrucksstark und passte zur Rolle.			
Die Körperhaltung wurde durchgehalten und passte zur Rolle.			
Es wurde deutlich und passend zur Rolle gesprochen.			
Die Bühne wurde ausgenutzt.			
Die Requisiten wurden passend ausgesucht und eingesetzt.			
...			

3 Als Schauspielerin oder Schauspieler bekommt man sicherlich gern Applaus. Konstruktive Rückmeldungen helfen dir, dich weiter zu verbessern.
– Stellt euch nach dem Spiel als Gruppe zusammen und hört euch die Rückmeldungen eurer Mitschülerinnen und Mitschüler gemeinsam an.
– Reagiert nicht sofort auf kritische Kommentare, sondern stellt Nachfragen.
– Fasst zusammen, was ihr von der Rückmeldung behalten habt, und schildert eure eigenen Eindrücke.

Von eigenen Erfahrungen berichten

Ein Praktikumstag bietet eine gute Möglichkeit, in unterschiedliche Berufe hineinzuschnuppern. Da jeder nur einen Beruf ausprobieren kann, ist es für eure Mitschülerinnen und Mitschüler interessant, wenn ihr ihnen von euren Erlebnissen und Erfahrungen berichtet. Das könnt ihr auf unterschiedliche Weise tun.

SCHREIBEN

1 Schaut euch die Berichtswand auf dieser Doppelseite an.
a) Über welchen besonderen Tag berichten die Mädchen und Jungen?
b) Zu welchem Zweck könnte die Berichtswand gestaltet worden sein?

Boys'Day im Pflegeheim   (Maleek)

7:00 Uhr	Begrüßung durch die Heimleitung und kurzer Rundgang
7:30 Uhr	Tabletten verteilen, Blutzucker messen, beim Insulinspritzen zuschauen
8:00 Uhr	Frühstück verteilen
9:00 Uhr	Waschen und Körperpflege
12:00 Uhr	Mittagessen austeilen
13:00 Uhr	im Gemeinschaftsraum helfen (Gespräche und Bewegungsspiele)
15:00 Uhr	Verabschiedung

Carlos Praktikumstag

Praktikumsort: KITA Zwergenvilla

Praktikumstag: 16. März

Praktikumszeit: 8:00 Uhr – 14:30 Uhr

Tätigkeiten:
- Morgenkreis: Singen und Tag besprechen
- gemeinsames Frühstück
- freie Spiel- und Bastelzeit
- Turnen
- Mittagessen
- Gartenzeit

Pro und Kontra:
- ☺ sehr abwechslungsreich
- ☺ nettes Team
- ☺ konnte viele Aufgaben übernehmen
- ☹ sehr anstrengend
- ☹ Lautstärke
- ☹ viel Verantwortung

Während des GirlsDays bei VDE konnte ich viele praktische Erfahrungen sammeln. Auf dem Bild siehst du, wie wir mit einem Lötkolben an einer Schaltung arbeiten. Das hat mir sehr viel Spaß gemacht! (Selina)

2 Lest die Beiträge und gebt wieder, was die einzelnen Jungen und Mädchen von dem besonderen Tag berichten.

3 Habt ihr auch schon mal an diesem Aktionstag teilgenommen? Berichtet von euren Erfahrungen.

4 Vergleicht die verschiedenen Berichte miteinander.
a) Was haben sie gemeinsam? Was unterscheidet sie voneinander?
b) Sammelt Vor- und Nachteile der unterschiedlichen Darstellungsweisen.

Mein Girls'Day im Schülerlabor   (Alija)

 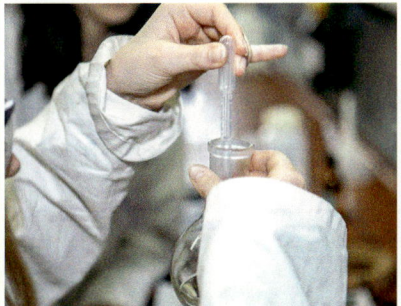 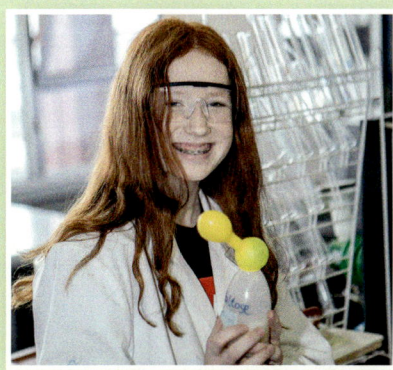

Das Schülerlabor gehört zur Universität Bielefeld und ist ein Experimentierlabor für Schülerinnen und Schüler. Dieses Jahr habe ich den Girls'Day dort verbracht.

Den ganzen Tag hatten wir die Möglichkeit, Experimente zum Thema „Energie der Zukunft" durchzuführen. Das hat sehr viel Spaß gemacht, weil wir alles allein machen und ausprobieren durften! Wir haben zum Beispiel aus Wasserstoff und Sauerstoff ein Knallgas hergestellt.

Der Tag hat mir sehr gut gefallen. Besonders cool fand ich auch, dass wir die Originalausrüstung anziehen durften. Ich habe mich wie eine richtige Wissenschaftlerin gefühlt!

Ein Tag im Café Goldener Kranz   (Malte)

Um einen Job in der Gastronomie kennenzulernen, war ich zum Praktikumstag in einem Café mit Konditorei, das auch Kaffee selbst röstet und verkauft. Ich durfte mir alle Arbeitsschritte genau anschauen und teilweise auch mithelfen. Wir haben in der Küche Frühstück vorbereitet und beim Rösten und Abfüllen des Kaffees mitgeholfen. Ich habe ihn selbst abgewogen und verpackt. Anschließend durfte ich schauen, welche Arbeiten im Büro anfallen. Das war sehr spannend, denn ich hätte nicht gedacht, dass es überhaupt ein Büro gibt. Als Kunde sieht man das ja nicht.
Besonders hat mir das Backen mit dem Konditor gefallen, weil es eine sehr kreative Arbeit ist und ich anschließend das Gebäck verzieren durfte.

Ich hätte allerdings nicht gedacht, dass der Tag so anstrengend wird. Auch wenn wenige Kunden im Laden sind, gibt es immer viel zu tun und man hat kaum eine Pause.
Obwohl mir der Tag Spaß gemacht hat, kann ich mir nicht vorstellen, eine Ausbildung in diesem Bereich zu machen.

Erfahrungsberichte untersuchen

1 Lest Ipeks Erfahrungsbericht über ihren Girls'Day.

🔊 Mein Girls'Day bei Werk & Bau

① Für den Praktikumsplatz als Mechatronikerin bei Werk & Bau in Kreisberg habe ich mich entschieden, weil ich mich in Richtung eines technischen Berufs orientieren möchte. Ich bin schon lange in der Roboter-AG und interessiere mich für technische Abläufe.

5 ② Am Girls'Day habe ich einen umfangreichen Einblick in die Arbeit bei Werk & Bau bekommen. In den Gesprächen mit Ausbildern und Auszubildenden habe ich viele interessante Informationen zum Beruf erhalten. Außerdem hatten wir die Möglichkeit, ein kleines Werkstück selbst herzustellen: eine Uhr mit toller Beleuchtung. Ich durfte bohren, drehen, löten, kleben 10 und am Ende sogar die Uhr montieren. Alle Schritte wurden von den Mitarbeitern sehr gut erklärt. Nach der Mittagspause wurden wir durch die Firma geführt, sodass wir die verschiedenen Bereiche sehen konnten, die man als Azubi durchläuft.

15 ③ Am interessantesten war für mich die Montage mit dem Verlöten der einzelnen Komponenten. Das hat wirklich Spaß gemacht und ich war am Ende sehr stolz auf meine Uhr! Die Begrüßung durch den Werksleiter war allerdings etwas langweilig.

④ Durch den Praktikumstag habe ich erfahren, dass die Tätigkeiten in diesem 20 Beruf abwechslungsreich sind und es einem niemals langweilig wird. Ein Vorteil ist beispielsweise, dass der Beruf der Mechatronikerin zwei verschiedene Berufsrichtungen umfasst, nämlich die der Mechanikerin und die der Elektronikerin. Man ist also fachlich breit aufgestellt und universell einsetzbar. Einen Nachteil sehe ich im Moment nicht. Aber es wird natürlich immer wieder eine Herausfor-25 derung sein, sich das nötigte Wissen in kurzer Zeit anzueignen. Ich würde sehr gern eine Ausbildung in diesem Bereich machen und hoffe, dass es klappt.

2 Tauscht euch zu zweit darüber aus, was ihr über Ipeks Girls'Days erfahrt.

3 In welchen Abschnitten stehen diese Informationen?

a. Ipek durfte viele verschiedene Tätigkeiten ausprobieren.

b. Sie kann sich vorstellen, eine Ausbildung in diesem Beruf zu machen.

c. Ipek sieht in diesem Beruf eher Vor- als Nachteile.

d. Das Verlöten der einzelnen Teile war für sie am interessantesten.

e. Sie durfte eine Uhr mit Beleuchtung herstellen.

f. Ipek hat den Girls'Day bei Werk & Bau absolviert.

g. Das Mädchen hat sich für den Praktikumsplatz entschieden, weil sie eventuell einen technischen Beruf erlernen möchte.

> Information a steht im zweiten Abschnitt.

4 Wie kann man den Aufbau des Erfahrungsberichts beschreiben? Ergänzt folgende Aussagen passend zum Text.

> Im zweiten Abschnitt erfährt der Leser …

> Zum Schluss …

> Im ersten Abschnitt wird berichtet …

> In Abschnitt drei …

5 Wie hat Ipek ihren Praktikumstag erlebt? Gib die Einschätzungen und Gefühle wieder, die in ihrem Erlebnisbericht deutlich werden.

WISSEN UND KÖNNEN ▸ **Von eigenen Erfahrungen berichten**

Der **Erfahrungsbericht** ist eine Mischung aus Erzählen und Berichten. Die Verfasserin oder der Verfasser möchte eigene Erfahrungen wahrheitsgetreu mitteilen und den Leserinnen und Lesern interessante Informationen weitergeben.

Ein Erfahrungsbericht
- hat eine Überschrift, die deutlich macht, worum es geht,
- ist in sinnvolle Abschnitte gegliedert,
- gibt die Ereignisse und Erfahrungen in sinnvoller Ordnung wieder,
- ist eher sachlich und wahrheitsgetreu formuliert,
- enthält nur Informationen, die für die Leser interessant sind,
- gibt auch Meinungen, Einschätzungen und Gefühle des Verfassers wieder.

---

6 Überprüft die Merkmale eines Erfahrungsberichts an Ipeks Text.

Erfahrungsberichte überarbeiten

1 Lies, was Konstantin von seinem Praktikumstag berichtet:

Mein Praktikumstag im Krankenhaus-Bistro

Mein Name ist Konstantin. Ich bin 12 Jahre alt und habe den Boys'Day im Bistro
eines Krankenhauses verbracht.
Um 5:00 Uhr klingelte mein Wecker. Weil ich am Abend zuvor spät schlafen
5 gegangen war, musste meine Mutter mich jedoch zum Aufstehen zwingen.
Müde bereitete ich mich auf den Tag vor. Nachdem ich gefrühstückt hatte,
fuhr mich meine Mutter in das Krankenhaus der Stadt. Am Bistro der Klinik
angekommen, nahmen mich die freundlichen Mitarbeiterinnen um 6:00 Uhr in
Empfang. Bevor ich die riesige Küche betreten durfte, musste ich meine Hände
10 waschen und desinfizieren. Um 6:15 Uhr ging es mit Aufbacken von Brötchen,
Brezeln und Laugenstangen los, die wir im Anschluss mit Käse und Wurst
belegten. Die sahen wirklich sehr lecker aus und ich bekam Hunger.
Neben dem normalen Bistrobetrieb hatten wir auch noch eine Veranstaltung
mit Essen und Getränken zu beliefern. Zwischendurch waren leider auch immer
15 wieder Gläser und Geschirr zu spülen. Das hat mir nur wenig Spaß gemacht und
meine Arme taten schnell weh. Auch eine Lieferung mit Lebensmitteln musste
angenommen und die Ware eingeräumt werden.
Durch die viele Arbeit verging die Zeit wie im Flug. Von 11:00-
11:30 Uhr hatte ich meine Pause, in der ich mich mit Essen und
20 Trinken stärken konnte. Danach bereiteten wir die Speisen für
das Mittagessen vor. Auch ich durfte ein paar Speisen servieren.
Nach dem Mittagessen wurde es etwas ruhiger. Diese Zeit nutz-
te ich, um mich mit den Mitarbeiterinnen zu unterhalten. Ich habe da wirklich
ganz tolle Leute kennengelernt, mit denen das Arbeiten richtig Spaß gemacht
25 hat. Am Ende meines Tages belohnten mich die Mitarbeiterinnen mit einer Tasse
als Geschenk.
Mir hat der Boys'Day sehr gefallen und ich könnte mir vorstellen, später in
diesem Bereich zu arbeiten. Fröhlich, aber müde ging ich dann nach Hause.

2 a) Streiche Informationen, die du überflüssig findest (Folientechnik).
  b) Stelle deine Ergebnisse einem Partner vor. Begründe deine Streichungen.
  c) Seid ihr zu unterschiedlichen Ergebnissen gekommen? Woran liegt das?
     Und was bedeutet das für das Schreiben eines Erfahrungsberichts?

3 Lies den Erfahrungsbericht von Flora.

<u>Imkerpraktikum in der Landwirtschaftskammer</u>

Ich war für einen Tag in der Landwirtschaftskammer und habe dort den
Arbeitstag eines Imkers nachvollziehen können.
Das Anschauen und sogar Berühren der Bienen waren ungemein interessant.
Zuerst musste ich mich überwinden, aber dann hatte ich keine Angst mehr.
Als Erinnerung habe ich Präsente, die uns übergeben wurden, mitgenom-
men. Ich bekam einen lohnenden Einblick und nehme eine tolle Erfahrung
mit. Ich denke aber nicht, dass ich Imkerin werden will.

4 Flora hatte sich für ihren Bericht noch einige interessante Informationen
notiert. Nutze ihre Stichpunkte und ergänze den Bericht:
- Interesse an Naturschutz
- Imker bei Rundgang begleitet
- Verhaltensregeln und Schutzausrüstung kennengelernt
- Holzrahmen mit Honigwaben entnommen
- Honig geschleudert

5 Melvin hat seinen Bericht etwas anders strukturiert.
Sprecht darüber, welche Vor- und Nachteile dies bietet.

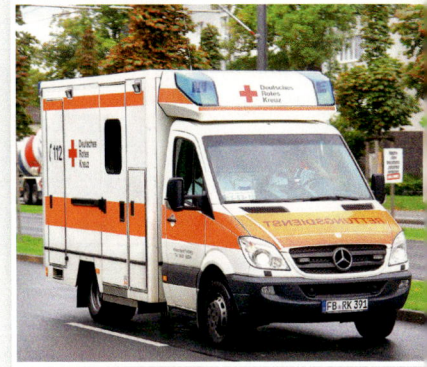

<u>Mein Boys'Day beim DRK im Rettungsdienst</u>
08:00 Uhr	Treffen mit Wachleiter und Begrüßung
08:20 Uhr	Rundgang durch die Wache
08:50 Uhr	Routinekontrolle des Autos und der Einsatzmaterialien
09:50 Uhr	Übungen mit der Fahrtrage
11:25 Uhr	Teilnahme am Erste-Hilfe-Kurs
12:30 Uhr	Pause
14:00 Uhr	kurze Einweisung in die medizinischen Geräte
15:00 Uhr	Verabschiedung

6 Hör dir das Gespräch zwischen Melvin und Melissa an.
a) Notiere Informationen, die in Melvins Bericht nicht auftauchen.
b) Formuliere Melvins Stichpunkte in einen ausformulierten Erfahrungsbericht um. Dabei soll auch deutlich wird, wie ihm der Tag gefallen hat
und ob er den Beruf eventuell ausüben möchte.

→ Medienpool:
Gespräch zwischen
Melvin und Melissa

wortstark!

Beim Schreiben treffende Wörter verwenden

1 Lies, wozu ein Praktikumstag dient.
  – Welches grau markierte Wort passt jeweils besser? Warum?
  – Nutze die Hinweise im Merkkasten.

Bei einem Praktikumstag (zum Beispiel am Girls'- oder Boys'Day) schnupperst du bereits während deiner Schulzeit ins Arbeitsleben/wahre Leben hinein. Du nimmst zum Beispiel an einem Verkaufsgespräch/Plauderstündchen teil, erledigst einfache Sachen/Aufgaben und kannst dich bei den anderen/den Mitarbeitern über deinen Wunschberuf/Job ganz nebenbei erkundigen. Vielleicht lernst du schon deine künftigen Kumpel/Kollegen kennen …

WISSEN UND KÖNNEN ▶ **Treffende Wörter verwenden**

Beim Formulieren und Überarbeiten eines Berichts musst du dich angemessen ausdrücken und treffende Wörter gebrauchen.
Du solltest keine Wörter verwenden, die du im Alltag, meist im Mündlichen, benutzt. Treffende Wörter sind:
– **Fachwörter**, die in einem bestimmten Fachgebiet verwendet werden, um sich genau auszudrücken: Arbeitgeber, Praktikumstag …,
– Wörter, die **sachlich** sind und keine Wertung enthalten, zum Beispiel Kollege und nicht Kumpel.
– Achte auf **typische Wortverbindungen**, besonders in formellen Briefen: zum Beispiel nicht ein Zeugnis kriegen, sondern ein Zeugnis bekommen.

---

2 Marie hat aufgeschrieben, warum sie im nächsten Jahr ein Praktikum machen will. Überarbeite ihre Text und setze treffende Verben ein.

absolvieren
bekommen
erleichtern
hinterlassen
liegen
einschätzen

Ich möchte im nächsten Jahr ein Praktikum machen, damit ich rausfinden kann, welcher Beruf wirklich zu mir passt. Vielleicht kann das Praktikum sogar die Suche nach einem Ausbildungsplatz einfacher machen.
Ich will auf jeden Fall versuchen, einen tollen ersten Eindruck beim Arbeitgeber zu machen. Ich krieg hoffentlich ein gutes Praktikumszeugnis.
Ich möchte dem Ausbildungsbetrieb zeigen, wo meine Stärken sind und dass ich mir die Berufswahl gut überlegt habe.

Einen zusammenhängenden Text formulieren

1 Carl hat den Anfang seines Berichts über den Praktikumstag entworfen und überarbeitet. Was fällt dir auf?

Die Überarbeitung lässt sich besser verstehen, weil ...

Entwurf	Überarbeitung
Ich habe mein Schulpraktikum auf einem Bauern-hof gemacht. Ich habe auf dem Bauernhof bei den Kühen mitgeholfen. Ich musste um 7 Uhr im Stall sein. Um 7 Uhr wurden die 40 Kühe gemolken. Ich erlebte etwas sehr Spannendes.	Ich habe meinen Praktikumstag auf einem Bau-ernhof gemacht. Dort habe ich bei den Kühen mitgeholfen. Ich musste um 7 Uhr im Stall sein, denn dann wurden die 40 Kühe gemolken. Am Nachmittag erlebte ich etwas Spannendes.

2 Markiere (Folientechnik) in der Überarbeitung die Wörter, die den Textzusammenhang herstellen. Nutze die Hinweise im Merkkasten.

3 Benenne die sprachlichen Mittel, die Carl beim Überarbeiten verwendet hat.

> **WISSEN UND KÖNNEN** ▸ **Mittel der Textverknüpfung verwenden**
>
> **Berichte** bestehen nicht einfach aus aneinandergereihten Sätzen, sondern die Sätze sind miteinander verknüpft:
> - **Pronomen** verweisen auf Personen und Dinge: Mit Hofhund Benny habe ich mich gut verstanden. Er war den ganzen Tag bei mir.
> - **Orts- und Zeitadverbien** (dort, hier ...; zunächst, dann ...) und **adverbiale Bestimmungen** (am Nachmittag, im Stall ...) stellen räumliche und zeitliche Bezüge her: Zunächst habe ich im Stall mitgeholfen. Dort gab es viel zu tun.
> - **Konjunktionen** verbinden Haupt- und Nebensätze miteinander: Der Praktikumstag hat mir gut gefallen, weil er abwechslungsreich war.

4 Überarbeite den folgenden Abschnitt von Carls Bericht. Verwende dabei die in Klammern angegebenen Mittel der Textverknüpfung.

Ich wurde gerufen. Die Geburt eines Kälbchens stand bevor. (als)
Die Geburt war vorbei. Ich gab dem Kälbchen den Namen „Larry". (nachdem)
Wir trieben mit dem Hofhund Benny die Kühe auf die Weide (anschließend).
Ich fegte die Tröge im Stall sauber (gegen 10 Uhr).
Die Tröge (sie) wurden maschinell mit Kraftfutter gefüllt (danach).
Es gab zur Stärkung eine kurze Kaffeepause (zwischendurch).

Eigene Erfahrungsberichte schreiben

Auf einer Informationswand könnt ihr von Erfahrungen berichten, die ihr selbst oder andere an Praktikumstagen gemacht haben. So bekommt ihr einen guten ersten Einblick in unterschiedliche Berufe und Arbeitsfelder.

1 Berichte deinen Mitschülerinnen und Mitschülern von Erfahrungen an einem Praktikumstag. Wähle je nach Situation Aufgabe **A** oder **B** aus.

A Vielleicht habt ihr gerade einen Praktikumstag durchgeführt.
Dann schreibe einen Erfahrungsbericht zu deinem Praktikumstag.

B Recherchiere im Internet zu Erfahrungen, die andere an ihrem Praktikumstag gemacht haben. Vielleicht stößt du auf interessante Videos dazu. Entscheide dich für einen der dargestellten Praktikumstage und schreibe aus der Ich-Perspektive einen fiktiven Erfahrungsbericht.

Gehe so vor:

a) Lege einen Stichwortzettel mit wichtigen Informationen an.
  – Wo hast du den Praktikumstag durchgeführt und warum?
  – Was hast du erlebt? Welche Tätigkeiten hast du ausprobiert?
  – Was hat dir gefallen und was nicht?
  – Würdest du den Beruf gern ausüben und warum?

b) Schreibe den Erfahrungsbericht auf. Nutze die Formulierungshilfen.
  Mein Tag bei ...
  Ich habe meinen Praktikumstag ..., weil ...
  Zunächst ... Anschließend ...
  Es hat Spaß gemacht, dass ... Leider ...
  Besonders interessant war, dass ...
  Insgesamt ... Ich könnte mir (nicht) vorstellen ...

c) Überarbeitet eure Texte in Partnerarbeit anhand folgender Checkliste.

CHECKLISTE ▶ Einen Erfahrungsbericht schreiben

✓ Ich habe dem Bericht eine aussagekräftige Überschrift gegeben.
✓ Ich habe den Arbeitsplatz vorgestellt.
✓ Ich habe den Ablauf des Tages in richtiger Reihenfolge geschildert.
✓ Ich habe den Lesern einen guten Einblick in den Praktikumstag gegeben.
✓ Ich habe meine Eindrücke wiedergegeben und aufgeschrieben,
  ob ich mir diesen Beruf für mich vorstellen könnte.

ZEIGE, WAS DU KANNST

Einen Erfahrungsbericht überarbeiten

1 Lies Marios Erfahrungsbericht von seinem Praktikumstag.
Welche Teile des Erfahrungsberichts sind Mario bereits gut gelungen?
Welche Mängel fallen dir auf? Begründe deine Einschätzung.

Das ist gut gelungen: ...
Das sollte man verbessern: ...
Mein Vorschlag: ...

① Den Boys'Day habe ich im Frisörsalon En-
hairgy verbracht, da meine Tante auch Frisörin
ist und ich viel Wert auf gut gestylte Haare lege.
② Eine freundliche Mitarbeiterin nahm mich
5 um 8:00 Uhr in Empfang und führte mich
durch den Salon. Wir verschafften uns einen
Überblick über die anstehenden Termine und
es wurde besprochen, welche Aufgaben ich
übernehmen könnte. Zuerst durfte ich unter
10 Anleitung einer Kundin die Haare waschen.
Es war ein komisches Gefühl und gar nicht so
leicht, wie es aussieht. Anschließend schaute
ich zu, wie der Kundin die Spitzen geschnitten
wurden. Natürlich musste danach der Boden
15 gefegt und der Arbeitsplatz wieder aufge-
räumt werden. Das hat mir eher wenig Spaß
gemacht, weil ich auch zu Hause nicht gern
aufräume. Zu den weiteren Aufgaben gehörte
es, die Kunden zu empfangen, Getränke anzubieten (z. B. Kaffee, Tee, Wasser mit und ohne   20
Kohlensäure) und die Produkte (Shampoo,
Haarfärbemittel) zu sortieren.
③ Am interessantesten waren für mich die
Kontakte zu den Kunden und die netten
kurzen Gespräche. Ein älterer Herr fragte   25
mich zum Beispiel viel über die Schule und die
Lehrer. Man muss wirklich gut zuhören, damit
man nichts falsch macht. Nur das lange
Stehen machte mir Probleme, weil ich das
nicht gewohnt bin.   30
④ Insgesamt habe ich einen guten Einblick in
den Beruf bekommen.

2 Einige Informationen sind für Marios Mitschülerinnen und Mitschüler eher
nicht von Bedeutung. Streiche sie (Folientechnik).

3 a) Auf den drei Abbildungen siehst du Mario bei seinem Praktikumstag.
   – Welche Tätigkeit hat er in seinem Erfahrungsbericht erwähnt?
   – Benenne die beiden Tätigkeiten, die er nicht beschrieben hat.
   – An welcher Stelle könnte man diese Informationen einfügen?
b) Schreibe den Erfahrungsbericht überarbeitet auf.

Das ist ja richtig
schief geworden. Gar
nicht so leicht ...

4 Stell dir vor, der Erfahrungsbericht wäre nicht für die Klassenwand,
sondern für die öffentliche Schulhomepage gedacht.
a) Was würdest du am Text verändern? Begründe deine Entscheidung.
b) Schreibe den Text überarbeitet auf.

Hier muss ich
sehr vorsichtig
sein.

Zielgerichtet beschreiben

Wenn man etwas beschreibt, verfolgt man damit ein bestimmtes Ziel:
Man möchte zum Beispiel etwas wiederfinden oder etwas verkaufen.
Wie man so beschreibt, dass man sein Ziel erreicht, lernt ihr in diesem
Kapitel.

SCHREIBEN

Um die Zeit genau zu
stoppen, könnt ihr die
Stoppuhr in eurem
Handy nutzen.

1 a) Lisa hat am schwarzen Brett im Supermarkt einen Zettel ausgehängt.
Lies ihn dir einmal durch. Schlage danach das Buch zu.

b) Notiere in 30 Sekunden, was du dir merken konntest.

c) Bildet Partnergruppen und vergleicht eure Notizen:
Was konntet ihr euch gut merken? Überlegt, woran das liegen könnte.

2 Schaut euch Lisas Zettel noch einmal an und sprecht darüber:

– Warum hat Lisa den Zettel angeheftet? Was will sie damit erreichen?

– Sind alle Angaben sinnvoll oder kann man etwas weglassen?

– Fehlt etwas Wichtiges, was man ergänzen könnte?

GESUCHT. GEFUNDEN!

Hilfe! Handy verloren!

Ich suche mein Handy!
Wahrscheinlich habe ich es am 10. August um
ca. 16:30 Uhr auf dem Weg zur Bushaltestelle
Rathausplatz verloren.
Es ist ein schwarzes Powerphone 2.0, hat einen
Kratzer quer über dem Display und steckt in einer
grünen Handyhülle aus Plastik.

Wer mein Handy findet, kann mich unter
folgender Telefonnummer erreichen:
0202/3536.

Natürlich gibt es auch einen Finderlohn.
Vielen Dank im Voraus!

Lisa

3 Lisa hat ihr Smartphone wiederbekommen und möchte es nun verkaufen. Deshalb hat sie am schwarzen Brett einen weiteren Zettel ausgehängt. Tauscht euch zu zweit aus: Wird Lisa mit dieser Anzeige Erfolg haben? Begründet eure Einschätzung.

4 Schaut euch die technischen Daten zu Lisas Smartphone an. ⟶
Sprecht darüber:
- Welche Informationen hat Lisa in ihren Aushang aufgenommen?
- Was hätte sie noch erwähnen können?
- Warum hat Lisa nicht alle Daten für ihren Aushang verwendet?

5 Sprecht über eure Erfahrungen mit solchen Aushängen am schwarzen Brett:
- Wo sind sie euch begegnet?
- Wart ihr mit eigenen Zetteln erfolgreich?

6 Beschreibe einen Gegenstand, den du gern hättest – aber ohne ihn zu benennen! Die anderen sollen raten, was du dir wünschst.

Powerphone 2.0
Batterie: Lithium-Ionen
Farbe: Schwarz
Verbindungstechnik:
4G; Bluetooth; USB
Anzeigegröße: 6.4 Zoll
Technologie der Anzeige:
LCD
Abmessungen:
7,46 x 0,76 x 15,84 cm
Gewicht: 166 g
Arbeitsspeicher: 128 GB

GESUCHT. GEFUNDEN!

Super Handy zu verkaufen!

Ich verkaufe mein ein Jahr altes Powerphone 2.0
in Schwarz für nur 150 €.
Es hat ein neues 6.4 Zoll Display und einen
128 GB Arbeitsspeicher.
Die 25-Megapixel-Kamera macht großartige Fotos.
Außerdem liefere ich das Aufladekabel und
die Kopfhörer dazu.

Interessiert?

Dann melde dich/melden Sie sich bei mir unter 0202/3536.

Lisa

Werkzeuge des Beschreibens kennenlernen

Lisa hat zwei unterschiedliche Aushänge zum selben Gegenstand formuliert (Seite 68/69). Wie sie dabei vorgegangen ist und worauf es beim Beschreiben ankommt, erfahrt ihr hier.

Hilfe! Handy verloren!

Ich suche mein Handy!
Wahrscheinlich habe ich es am 10. August um ca. 16:30 Uhr
auf dem Weg zur Bushaltestelle Rathausplatz verloren.
Es ist ein schwarzes Powerphone 2.0, hat einen Kratzer quer über
dem Display und steckt in einer grünen Handyhülle aus Plastik.

Wer mein Handy findet, kann mich unter folgender Telefonnummer
erreichen: 0202/3536. Natürlich gibt es auch einen Finderlohn.
Vielen Dank im Voraus!

Lisa

1 Untersuche die beiden Aushänge genauer. Arbeite mit der Folie:
- Markiere Angaben, die mit dem Anlass des Aushangs zu tun haben, <u>rot</u>:
  Hilfe! Handy verloren! ...
- Markiere Angaben, die den Gegenstand beschreiben, <u>blau</u>:
  ein schwarzes Powerphone 2.0 ...

2 a) Nutzt eure Ergebnisse aus Aufgabe 1 und vergleicht die blau markierten Beschreibungen des Smartphones. Ergänzt die angefangene Tabelle:

Das steht nur im Aushang für die Suche:	Das steht in beiden Aushängen:	Das steht nur im Aushang für den Verkauf:
Kratzer quer über dem Display	schwarzes Powerphone 2.0	6.4 Zoll Display

b) Besprecht, warum es bei den Beschreibungen Gemeinsamkeiten und Unterschiede gibt.

3 Lisa hat sich über den Aufbau ihrer Aushänge viele Gedanken gemacht.
Vor allem den Textteil zum Finderlohn hat sie im Aushang für die Suche
immer wieder verändert und verschoben.
a) Probiere aus, an welche andere Stelle im Text man den Satz zum
   Finderlohn sinnvoll verschieben könnte.
b) Gibt es noch weitere Textteile, die du verschieben, kürzen, ergänzen
   oder umschreiben würdest? Probiere es aus.

> *Du kannst dir die Aushänge aus dem Medienpool herunterladen und am Bildschirm bearbeiten.*

4 Überarbeite auch Lisas Aushang für den Verkauf: Welche Textteile willst du
verschieben, kürzen, ergänzen oder umschreiben?

5 Stellt euch die überarbeiteten Texte vor: Was habt ihr verändert?
Welche Folgen hat das?

WISSEN UND KÖNNEN **Zielgerichtet beschreiben**

Wenn du einen Gegenstand, ein Gerät, eine Person oder ein Tier
beschreibst, dann tust du dabei Unterschiedliches:
– Du benennst das Objekt, um das es geht.
– Du beschreibst das Aussehen (Details und Besonderheiten).
– Du beschreibst besondere Eigenschaften oder Fähigkeiten.
– Du ordnest die Textteile in einer sinnvollen Reihenfolge an.

Was du im Einzelnen beschreibst und wie du deinen Text aufbaust, hängt
davon ab, was du erreichen willst: Wenn du zum Beispiel etwas wiederhaben willst, dann hebst du besondere Merkmale hervor, an denen man
das Objekt erkennen kann. Wenn du etwas verkaufen willst, dann be-
tonst du seine besonderen Eigenschaften und Vorteile. Wenn …, dann …

---

6 Hier siehst du ein etwas älteres Handy. Man konnte damit nur telefonieren
und SMS verschicken. Wähle dazu Aufgabe **A**, **B** oder **C** aus.
   A Schreibe eine sachliche Informationskarte für ein Technikmuseum:
   Handy, gebaut um 1990. Mit diesem Gerät konnte man … Dazu musste man …
   B Du hast das Handy verloren und willst es wiederbekommen. Verfasse
   einen Aushang: *Wer hat mein antikes Handy gefunden? Es ist silbergrau …*
   C Du willst das Handy an Sammler verkaufen. Preise aus der Sicht des Han-
   dys deine unglaublichen Vorteile an: *Mich wolltest du schon immer haben …*

Anlass- und adressatengerecht beschreiben

Eine Beschreibung richtet sich danach, für wen und mit welchem Ziel ihr etwas beschreibt. Wie ihr eure Texte auf den Schreibanlass und den Adressaten abstimmt, darum geht es auf diesen Seiten.

– braune Augen
– kinnlange, braune Haare
– hat eine Zahnspange
– kleiner als ich
– trug immer grüne Ohrringe
– hat eine kleine Narbe auf der rechten Hand
– trug oft weiße Polohemden
– war beim Klettern die Schnellste
– kann gut Fußball spielen
– hat zwei kleine Schwestern
– lacht sehr laut
– isst kein Fleisch
– isst gern Müsli
– hat Angst vor Spinnen
– kann nicht gut verlieren
– freundlich

1 Tim hat im Jugendcamp das Mädchen kennengelernt, das im Bild ganz rechts sitzt. Allerdings hat er ihren Namen vergessen und beschreibt sie deshalb seinem Freund Dimitri, der im Camp dabei war.

a) Vergleiche die Abbildung des Mädchens mit Tims Notizen. Notiere Merkmale des Mädchens, die du ergänzen willst.

b) Setze die Beschreibung mit Hilfe der Notizen fort. Überlege vorher: Sollte man alle Angaben verwenden? Sollte man die Reihenfolge beibehalten?

Hallo Dimitri,
ich brauche deine Hilfe. Ich weiß nicht mehr, wie das Mädchen heißt, das im Jugendcamp im Nachbarzimmer gewohnt hat. Erinnerst du dich an ihren Namen? Sie hat ...

c) Besprecht eure Texte in Partnergruppen:
– Welche Notizen wurden verwendet?
– In welcher Reihenfolge wurde beschrieben?

2 Tim will sich ein Jahr später mit Luca, dem anderen Jungen auf der Abbildung, treffen. Luca hat sich seitdem äußerlich sehr verändert. In einer Textnachricht beschreibt er sich selbst, damit Tim ihn am Bahnhof wiedererkennt.
Setze die Beschreibung fort. Gehe dabei besonders auf die Unterschiede zwischen damals und heute ein.

Hi Tim,
cool, dass du mich vom Bahnhof abholst.
Allerdings wirst du mich kaum wiedererkennen, denn ...

3 Katja, das Mädchen in der Mitte der Abbildung, hat ihre Sporttasche im Feriencamp vergessen. Schreibe für sie eine E-Mail an die Camp-Leitung:

Liebe Frau Koch,
in den Sommerferien ... Leider habe ich ...
Ich habe in Haus A ...
Die Sporttasche ist handgemacht von ...
Sie hat ...

4 Beschreibe eine weitere Person von der Abbildung.
– Überlege dir Anlass und Adressat/-in für deine Beschreibung.
– Plane deinen Text entsprechend und schreibe ihn auf.

5 Prüft eure Beschreibungstexte mit Hilfe der Checkliste.

CHECKLISTE ▷ **Anlass- und adressatengerecht beschreiben**

✓ Ich habe die Merkmale der Person oder des Gegenstands beschrieben, die für den Anlass wichtig sind.
✓ Ich habe die Beschreibung in einer sinnvollen Reihenfolge verfasst.
✓ Ich habe den Adressat/die Adressatin angemessen angesprochen.

Mit Adjektiven beschreiben und bewerten

1 Schau dir die Comicfiguren an. Wer sind die beiden?

– Beschreibe die Comicfiguren. Er hat … Er trägt …
– Wie findest du die beiden? Suche passende Adjektive.
  Ich finde, dass … lustig aussieht: Er …

2 a) Lies, wie Mira Obelix beschrieben hat. Was fällt dir auf?

Obelix wohnt in Gallien. Meistens trägt er eine Hose mit einem Gürtel.
Er hat einen Bauch, eine Nase und einen Schnauzbart. Seine Schläfenhaare
trägt er zu Zöpfen geflochten, die von Schleifen zusammengehalten
werden. Oben auf seinem Kopf sitzt ein Helm.

b) Überlege, zu welchen Nomen du genauere Informationen geben kannst.

– Schau dir dazu die Abbildung noch einmal genau an.
– Schreibe den Text ab und setze die Adjektive vor die passenden Nomen:
  sehr große   kleiner   blau-weiß gestreifte   roten   schwarzen
  dicken runden   breiten grünen   langen roten

3 Lies, was Mario über Obelix geschrieben hat:

Obelix ist mutig und bärenstark. Mit seinem Freund Asterix besteht er die
größten und gefährlichsten Abenteuer. Wenn er mit den römischen Soldaten
rauft, benutzt er schwere Hinkelsteine als Wurfgeschosse.
Obelix ist übrigens nicht gerade schlank, was daran liegt, dass er so gern
fetten Wildschweinbraten futtert. Idefix, der kluge und geschickte Jagdhund,
ist bei seinen Abenteuern auch immer dabei.

Ich erkenne
das an den
Adjektiven …

– Wie findet Mario Obelix und Idefix?
– Woran erkennst du das?

> **WISSEN UND KÖNNEN**   **Mit Adjektiven beschreiben und bewerten**
>
> Mit Adjektiven kannst du Größe, Form, Farbe und Aussehen von Perso-
> nen oder Dingen beschreiben: klein, …; rund, …; weiß, …; schlank, …
> Mit bewertenden Adjektiven drückst du aus, wie du Personen, Tiere
> oder Sachen findest: stark – schwach, klug – dumm, schön – hässlich …
> Beachte: Wenn Adjektive zwischen Artikel und Nomen stehen,
> werden sie verändert: mit einem breiten Gürtel …

Mit Attributen genauer erklären

SPRACHE UNTERSUCHEN

1 Vergleiche die beiden Sätze:
Welcher Satz ist genauer? Warum?

a. Eine Radtour auf einer Bahn
   aus Steinen

b. Eine nächtliche Radtour
   auf einer leuchtenden Bahn
   aus funkelnden Steinen

2 Unterstreiche diejenigen Wörter, die zu
den Nomen nähere Informationen geben
(Folientechnik). Nutze die Hinweise im
Merkkasten.

3 Ein Zeitungsreporter macht in seinem
Bericht „Der Himmel auf Erden" auf einen
besonderen Radweg aufmerksam.

– Markiere im ersten Abschnitt
  des Textes alle Adjektivattribute
  (Folientechnik). Nutze die Hinweise
  im Merkkasten.

– Was will der Reporter mit seiner Beschreibung bei den Lesern erreichen?

4 Bestimme im zweiten Textabschnitt
die unterstrichenen Attribute genauer.
Nutze dazu die Hinweise im Merkkasten.

Der Himmel auf Erden

Heimwege auf düsteren Straßen können
unheimlich sein. Das hat der niederländische
Künstler Daan Roosegaarde auf einem Weg bei
Eindhoven geändert. Dort wird nun selbst die
5 schwärzeste Nacht zu einem märchenhaften
Erlebnis. Der Künstler hat einen Radweg in
eine leuchtende Fahrbahn verwandelt. Es sieht
aus, als würden Abertausende kleine Steinchen
bunt erstrahlen.
10 Der <u>märchenhafte</u> Fahrradweg soll an das
Gemälde „Sternennacht" <u>des Malers Vincent
van Gogh</u> erinnern. Dieses <u>berühmte</u> Werk zeigt
einen <u>hellen</u> Himmel <u>mit vielen Sternen</u>.
Radfahren <u>auf einem leuchtenden Weg</u>, das ist
15 in der Umgebung <u>der niederländischen Stadt
Eindhoven</u> auf dem Van-Gogh-Roosegaarde-
Fahrradweg möglich. Bei einer Fahrradtour
<u>in den Abendstunden</u> kann jeder die <u>magische</u>
Wirkung <u>des Radwegs</u> erleben.   *(verändert)*

Recherchiere
im Internet über
den Maler Vincent
van Gogh und zu
seinem Bild.

WISSEN UND KÖNNEN ▶ **Attribute bestimmen und gebrauchen**

Ein Text ist informativer, wenn wichtige Nomen näher erläutert werden.
Solche Erklärungen nennt man **Attribute**. Attribute erklären Nomen
genauer. Wichtige Attribute sind:

– **Adjektivattribute**: eine <u>nächtliche</u> Radtour
– **Ausdrücke mit Präpositionen**: ein Radweg <u>aus funkelnden Steinen</u>
– **Genitivattribute**: Ein Foto <u>des Künstlers</u> zeigt den Radweg.

Beim Beschreiben Gefühle ausdrücken

An guten Tagen mag man sich und das, was man im Spiegel sieht.
An schlechten Tagen ist man mit seinem Aussehen eher unzufrieden.
Stimmungen und Gefühle können sich auf eine Beschreibung auswirken.

O Mann, ich hasse diese Zahnspange! Wie sieht das denn aus?! Und wie ich heute Fußball gespielt habe, so was von lahm. So kann ich Alisa bestimmt nicht beeindrucken. Für sie bin ich eh nur so ein Mathe-Freak. Ach, überhaupt, wer will schon einen haben, der so kleine, stechende Augen hat. Und diese Sommersprossen ... Obwohl, Sara sagt immer, dass sie die irgendwie süß findet ...

1 Sieh dir das Bild an und lies die Gedankenblase. In welcher Stimmung war Oliver wohl, als ihm diese Gedanken durch den Kopf gegangen sind?

2 Untersuche Olivers Gedanken genauer:
   a) Welche äußeren Merkmale gehen ihm durch den Kopf?
      Welche kommen nicht vor? Woran liegt das wohl?
   b) An welchen Formulierungen merkt man, dass Olivers Stimmung schlecht ist? Nennt Beispiele.

wortstark!
kleine, strahlende Augen
Sommersprossen sind
    was Besonderes
coole Frisur

3 Verfasse eine Gedankenblase für einen Tag, an dem Oliver gute Laune hat. Er hat nämlich im Sportunterricht geglänzt und Alisa hat ihn um Mathe-Nachhilfe gebeten.
   a) Schau dir noch einmal die Abbildung an: Welche Merkmale willst du aufgreifen und positiv beschreiben?
   b) Überlege, ob man einige der negativen Beschreibungen positiv darstellen kann.

4 Vergleicht eure Texte zu zweit: Was ist ähnlich? Was ist anders?
   Wollt ihr an euren Texten noch etwas verändern?

Anlass- und adressatengerecht beschreiben

ZEIGE, WAS DU KANNST

Hier siehst du eine Figurengruppe, wie sie die Künstlerin Christel Lechner aus Beton herstellt und im Rahmen von Kunstprojekten in Parks oder an anderen öffentlichen Orten ausstellt. Sie zeigen alltägliche Menschen, aber oft an ungewöhnlichen Orten (zum Beispiel diese älteren Menschen beim Tanzen in der Fußgängerzone), sodass man sie sich vielleicht etwas genauer anschaut und dabei ins Nachdenken kommt. Diese Figurengruppe trägt den Titel **„Die Tänzer"**.

1 Wähle Aufgabe **A** oder **B**.

A a) Lies die Notizen am Rand: Zu welchen Figuren passen sie?
b) Entscheide dich für eine Figur und ergänze weitere Einzelheiten, mit denen man ihr Äußeres, ihren Gesichtsausdruck und ihre Körperhaltung beschreiben kann.
c) Verfasse mit Hilfe deiner Notizen aus Aufgabe b) eine Beschreibung der Figur für eine virtuelle Stadtführung. Dein Text soll verdeutlichen, dass es sich um Tanzende handelt, die mit Spaß dabei sind und sich für diesen Anlass auch besonders gekleidet haben. So kannst du beginnen:

– braune Haare
– zufriedener, entspannter Gesichtsausdruck
– steht in den Knien leicht gebeugt
– zweifarbige Schuhe
– ...

Dieser Figurengruppe hat die Künstlerin den Titel „Die Tänzer" gegeben. Dass es sich hier um Tanzende handelt, erkennt man sehr gut an der Frau/ dem Mann im Vordergrund. Sie/Er hat sich für diesen Anlass besonders ... Auch die Körperhaltung und der Gesichtsausdruck zeigen ...

B Entscheide dich für eine der beiden Figuren im Vordergrund. Beschreibe in der Ichform aus der Sicht der Figur, was sie gerade tut, wie sie sich fühlt und wie sie sich angezogen hat. So kannst du beginnen:

Auf diesen Tanznachmittag habe ich mich schon lange gefreut. Deshalb habe ich mir auch etwas ganz Besonderes angezogen: ... Wenn die Musik anfängt ...

Als Leser schriftlich Stellung nehmen

Oft liest oder hört man etwas, worüber man ganz unterschiedlicher Meinung sein kann. Wie man seinen Standpunkt zu einer strittigen Frage schriftlich darlegen kann und worauf es dabei ankommt, darum geht es in diesem Kapitel.

SCHREIBEN

1 Schaut euch die Abbildungen auf dieser Seite an und sprecht darüber:
- Was erfahrt ihr?
- Worüber kann man unterschiedlicher Meinung sein?
- Wie denkt ihr darüber?

2 Findet ähnliche Beispiele, worüber man unterschiedlicher Meinung sein kann.

DEINE **MEINUNG** IST GEFRAGT

Auf eure **Wunschzettel** zum Geburtstag gehören **nur Bücher, keine Handys oder Tablets**!

SV-Umfrage:
Jeder Schultag sollte mit einer Sportstunde beginnen.

Wäre das nicht auch ein **Freizeitvergnügen** für dich?

Der Expertentipp:
Während eines Gesprächs das Handy immer abschalten und in die Tasche damit!

3 Nehmt in einem Schreibspiel Stellung zu einigen Beispielen von Seite 78 oder zu eigenen Beispielen aus Aufgabe 2. Wählt **A** oder **B** aus:

A Ein Schreibspiel in kleinen Gruppen

– Jedes Gruppenmitglied formuliert auf einem Zettel seine Meinung.
  Ich bin dafür/dagegen …
  Mir gefällt/gefällt nicht ..

– Die Zettel werden danach im Uhrzeigersinn weitergereicht.

– Jeder fügt der Meinungsäußerung eine Begründung hinzu.
  .., weil/da/denn …

– Zum Schluss bekommt jeder seinen Zettel mit den Begründungen zu seiner Meinungsäußerung zurück.

Ich bin dafür, morgens immer mit der Sportstunde anzufangen …

…, weil man danach richtig wach ist und gut lernen kann.

B Ein Schreibspiel zu zweit

– Jeder formuliert seine Meinung auf einem Zettel und begründet sie.
  Ich bin dafür/dagegen …, weil/da/denn …
  Mir gefällt/gefällt nicht …, weil/da/denn …

– Danach tauscht ihr die Zettel und antwortet dem Partner schriftlich, indem ihr die geäußerte Meinung unterstützt oder ihr widersprecht.
  Ich sehe das auch so, weil/da/denn …
  Ich sehe das anders, weil/da/denn …

… Ich sehe das anders, denn nach dem Sport braucht man eine ganze Zeit, um ruhig zu werden und sich wieder konzentrieren zu können.

4 Lasst das Schreibspiel mit einem Auswertungsgespräch enden:
  – Welche Begründungen überzeugen? Welche eher nicht?
  – Woran könnte das liegen?

▶ Ihr könnt den Spielablauf der Schreibspiele verändern oder ein ganz neues Schreibspiel erfinden und ausprobieren. Es soll aber immer darum gehen, eine Meinung zu äußern und zu begründen.

Textbausteine in einer Stellungnahme erkennen

An einem gelungenen Beispieltext kann man entdecken, was der Schreiber tun muss, wenn er einen Standpunkt für oder gegen etwas bezieht.

Ein Bürgermeister in Indonesien verschenkte 2000 Küken an Kinder. Mit dieser lustigen Aktion will er erreichen, dass die Kinder nicht so viel Zeit am Handy verbringen.

1 a) Lies die Meldung aus einer Kinder- und Jugendzeitschrift und sieh dir das Bild an.

b) Tausche dich mit anderen aus:
 – Was erfährt man aus Text und Bild?
 – Worüber kann man uneinig sein?
 – Was spricht für oder gegen die Aktion des Bürgermeisters?

2 Lies die einzelnen Teile von Arnos Stellungnahme zu der Meldung:

Ich bin dafür, weil man so seine Zeit vernünftig nutzt. Ich habe zum Beispiel auch schon mal ein Küken großgezogen. Und da hatte ich keine Zeit für Spielereien mit dem Handy. Natürlich ist es so, dass man mit dem Handy Kontakt zu Freunden halten kann, aber ich kann mit meinen drei Freunden auch ohne Handy viel unternehmen. Außerdem wird man durch die Aktion darauf gestoßen, dass es noch was anderes gibt als nur Handys. Ich beobachte zum Beispiel in der Schule, dass in den Pausen alle nur noch über ihren Handys hängen. **A**

Aus diesen Gründen sollten also alle diese Aktion begrüßen. **B**

Freundliche Grüße

Arno Schmied, Klasse 7b

Hannover, …

Sehr geehrte Damen und Herren der Zeitungsredaktion,

ich persönlich bin für die Aktion mit den Küken, über die Sie berichten. **C**

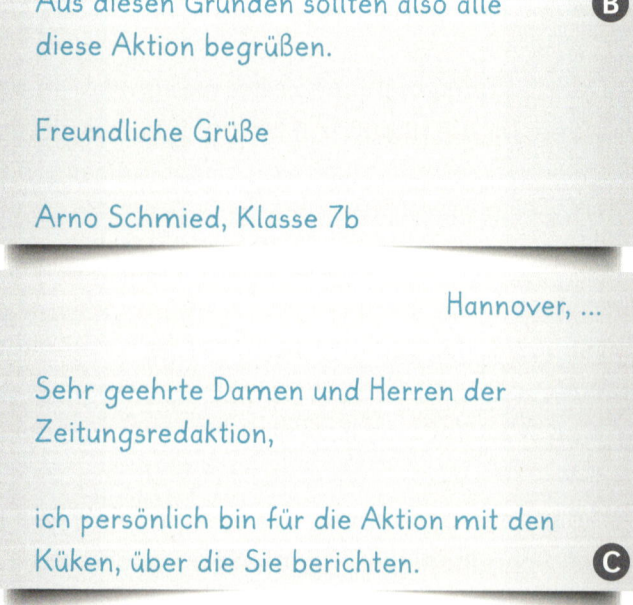

3 Finde in Arnos Text typische Bausteine einer Stellungnahme. Bearbeite dazu
a) – c). Vergleiche deine Ergebnisse anschließend mit anderen.

a) Was tut Arno beim Schreiben?
Ordne die Stichpunkte passenden Stellen in den Textteilen zu:
- einen Standpunkt beziehen
- den Standpunkt mit Argumenten begründen
- ein Argument der Gegenseite aufgreifen und entkräften
- für den eigenen Standpunkt werben
- die Form des Briefes verwenden

b) Welche Formulierungen verwendet Arno dabei?
Nenne entsprechende Stellen in den Textabschnitten.

c) Wie müssen die Textteile A – C angeordnet werden?
Nenne die Reihenfolge und erkläre, woran du das erkannt hast.

4 Haltet als Schreibhilfe fest, was ihr herausgefunden habt. Ordnet den
Bausteinen passende Formulierungen zu. Ergänzt dazu die Tabelle:

Die Schreibhilfe könnt ihr beim Erstellen von Schreibplänen und Checklisten nutzen. Lasst genügend Platz zum Ergänzen von weiteren Formulierungen.

Was du tun musst:	Wie du formulieren musst:
den Standpunkt beziehen	Ich bin für .../Ich bin gegen ...
den Standpunkt mit Argumenten begründen	...
...	...

5 a) Charlotte ist anderer Meinung als Arno und findet die Aktion des Bürgermeisters nicht gut. Schreibe Arnos Stellungnahme entsprechend um.

Du kannst Charlottes Stichpunkte nutzen:
- finde die Idee mit den Küken nicht gut
- spiele lieber draußen, als Küken zu versorgen
- Handy ist wichtig für Kontakte zu Freunden
- in den Pausen kann jeder sein Handy nutzen, wie er will
- Kükenaktion ist überflüssig

b) Stellt eure Texte vor. Sprecht darüber, was beim Umschreiben gleich geblieben ist und was sich geändert hat. Warum ist das so?

SPRACHE UNTERSUCHEN

Seine Meinung mit Argumenten begründen

1 **„Jeder Schultag sollte mit einer Sportstunde beginnen!"**
- Lies die Meinungen der Schülerinnen und Schüler zu dieser Forderung.
- Markiere in den Sprechblasen ihre Begründungen (Folientechnik).
- Unterstreiche die Wörter, an denen du die Begründungen erkannt hast.
- Nutze die Hinweise im Merkkasten.

> Ich bin für eine Fitness-stunde am Morgen, weil man danach fitter und konzentrierter ist.

> Mediziner sagen, dass Frühsport gesund ist. Deshalb sollte jeder Schultag mit einer Sportstunde beginnen.

> Morgens bin ich immer müde. Aus diesem Grund bin ich für Frühsport.

WISSEN UND KÖNNEN   **Begründungen formulieren**

In einem Argument sollst du eine Meinung oder eine Behauptung begründen. **Begründungen** kannst du unterschiedlich formulieren:
- mit einem Nebensatz mit weil, da:
  Ich bin für Frühsport, weil Sport fit macht.
- mit deshalb, darum, denn:
  Sport macht fit. Deshalb bin ich für Frühsport.
- mit Formeln wie: Aus diesem Grunde ... Ich möchte das begründen: ...
  Ein Grund dafür ist ...:
  Sport macht fit. Aus diesem Grunde bin ich für Frühsport.

2 Nicht alle sind der Meinung, dass jeder Schultag mit einer Sportstunde beginnen sollte.
- Formuliere aus den Statements a-e entsprechende Begründungen.
- Nutze unterschiedliche Formulierungen für Begründungen.

a. Nach dem Sport kommt man immer verschwitzt in den Unterricht.

b. Ich muss jeden Tag meine Sportsachen mitschleppen!

c. Unsportlichen Mitschülerinnen und Mitschülern gefällt das nicht.

d. Nach einer Stunde Frühsport bin ich total erschöpft und brauche eine Pause.

e. Viele mögen keinen Sport und schwänzen dann die erste Stunde.

Argumentationswörter verwenden

1 Wenn wir argumentieren, benutzen wir häufig typische Verben.
  - Was bedeuten diese Verben? Ordne sie den passenden Bedeutungen zu.
  - Bilde auch wenn-dann-Sätze:
    Wenn du etwas einwendest, dann nennst du ...

typische Verben	... das bedeuten sie:
ablehnen	dieselbe Meinung haben wie ein anderer
begründen	mit der Meinung des anderen einverstanden sein
bewerten	den Grund für etwas angeben
einwenden	etwas zusätzlich nennen
ergänzen	einen Gegengrund nennen
hervorheben	mit der Meinung des anderen nicht einverstanden sein
übereinstimmen	etwas gut oder schlecht finden
überzeugen	etwas betonen
zustimmen	jemandem klar machen, dass du recht hast

2 Beim Argumentieren verwendest du typische Wortverbindungen.
  - Welche Verben passen zu den Nomen?
  - Zu einigen Nomen passen mehrere Verben.

Zu „Argumente" passt „nennen": Argumente nennen

Nomen	Verben
Argumente Fakten eine Meinung Begründungen Belege (mit) Beispiele(n) eine Behauptung Tatsachen einen Standpunkt (von einer) Ansicht	anführen nennen äußern angeben bilden gegenüberstellen entkräften vorbringen abwägen widerlegen begründen erklären vertreten überzeugen aufstellen aufzählen

3 Lies die Tipps zum Argumentieren. Setze die passenden Verben ein:

Du kannst die Wortverbindungen aus Aufgabe 2 nutzen.

Beim Argumentieren musst du dir zunächst einmal eine Meinung ⬚.
Anschließend ist es wichtig, dass du deine Meinung gut ⬚. Überlege dir
also, welche Begründungen du ⬚ willst. Du solltest auch Beispiele ⬚,
die Situationen aus dem Alltag veranschaulichen. Hat sich etwas ereignet,
das für deine Behauptung spricht? Dann ⬚ diese Tatsachen.
Vielleicht kannst du auch Zahlen ⬚. ⬚ deinen Standpunkt möglichst
sachlich. Dann kannst du andere leichter von deiner Ansicht ⬚.

Argumente ausbauen

Um Leser vom eigenen Standpunkt zu überzeugen, muss man gute Argumente formulieren. Wie man das macht, kannst du hier üben.

1 a) Schau dir das Bild mit der Zeitungsmeldung an.
   b) Was spricht für einen Mountainbike-Park, was dagegen?
      Tauscht euch untereinander aus.

Im Jugendhaus haben etwa 20 Jugendliche dieses Modell eines Mountainbike-Parks gebaut. Jetzt stellten sie es den Politikern im Familienausschuss vor. Die Politiker waren von der Präsentation begeistert, versprochen wurde den Jugendlichen aber nichts.

2 Liam hat zwei Argumente für eine Stellungnahme formuliert.
   a) Sucht nach Gemeinsamkeiten und Unterschieden.
   b) Begründet, welches der beiden Argumente für seine Stellungnahme
      besser geeignet ist.

A

Ich bin für den Bau eines Mountainbike-Parks, weil bestimmt viele Leute diese Angebot nutzen werden.

B

Ich bin für den Bau eines Mountainbike-Parks, weil bestimmt viele Leute dieses Angebot nutzen werden. Denn es gibt weit und breit keine Möglichkeit für Mountainbiker, so vielfältig zu trainieren.

3 Überarbeite die folgenden Argumente für eine Stellungnahme, indem du sie mit den Stichpunkten, die darunter stehen, ausbaust. Das kannst du auch am Bildschirm tun.

→ Medienpool: Argumente für eine Stellungnahme

- Formuliere mit den Stichpunkten Sätze.
- Füge diese Sätze in die Argumente ein. Nutze dazu die Angaben im Wissen-und-Können-Kasten.

Ich bin für einen Mountainbike-Park, weil wir für unseren Sportunterricht ein weiteres attraktives Angebot bekommen.

- mehr Abwechslung, unterschiedliche Interessen

Ich bin dafür, weil der eine oder andere seinen Sport aus dem Naturschutzgebiet in den Mountainbike-Park verlegen wird.

- unterschiedlich gestaltete Strecken und Rampen für Tricksprünge

WISSEN UND KÖNNEN ▸ Ein Argument ausbauen

Ein Argument wird für Leserinnen und Leser glaubhafter und überzeugender, wenn du es ausbaust:
- mit einem **Beispiel** aus deiner eigenen Erfahrung:
  Ich denke da z. B. an ...   Ich habe zum Beispiel ...
  Beispiele dafür sind ...   denn ...
- mit **Belegen**, die du recherchiert hast:
  Es ist erwiesen, dass ...   denn Experten sagen ...

4 Lies die beiden folgenden Argumente. Irgendetwas ist hier durcheinandergeraten und vertauscht worden:

Weil es meine Meinung ist, dass die Tricksprünge in einem solchen Park zu schweren Unfällen führen können, sollte ein solcher Park nicht gebaut werden.

Damit ich der Meinung bin, dass der Mountainbike-Park vom Anfänger bis zum Profi genutzt werden kann, sollte die Anlage gebaut werden.

a) Berichtige die Argumente, indem du den richtigen Satz formulierst.
b) Versuche im Gespräch den Fehler zu beschreiben.
c) Wähle ein Argument aus und baue es weiter aus.

In einem Brief schriftlich Stellung nehmen

Wenn man als Leser seinen Standpunkt zu einem Artikel einer Zeitung oder Zeitschrift zum Ausdruck bringen möchte, dann kann man das in einem Brief an die Redaktion oder an den Verfasser des Artikels tun.

→ Medienpool:
*Zeitungsbericht
„Jugendliche bauen
Miniatur-Bike-Park"*

1 Zu dem Modell des Mountainbike-Parks (Seite 84) gibt es einen ausführlichen Zeitungsbericht. Lade ihn aus dem Medienpool herunter und lies ihn.

2 Liam will in einem Brief an die Zeitungsredaktion deutlich machen, dass sich die Verantwortlichen für den Bau des Mountainbike-Parks einsetzen sollen. Interesse allein genügt ihm nicht.
Markiere im Text, welcher Satz ihn wohl geärgert hat.

Ihr könnt dazu auch eure Schreibhilfe von Seite 81 nutzen.

3 Was hat Liam für das Schreiben seiner Stellungnahme geplant, was fehlt noch? Lies seinen Schreibplan genau und nenne Einzelheiten im Gespräch mit anderen.

Standpunkt:	Verantwortliche sollen sich für den Bau einsetzen
1. Argument:	Mountainbike-Park vom Anfänger bis zum Profi nutzbar
Beispiel/Beleg:	...
Argument der Gegenseite:	Sicherheit nicht gewährleistet
Entkräftung:	Rindenmulch statt Asphaltierung, Helmpflicht
2. Argument:	ein Schmuckstück für die Stadt
Beispiel/Beleg:	...
Bekräftigung:	Bike-Park im Interesse aller Mountainbiker

4 Mit welchen Beispielen und Belegen kann Liam seine Argumente ausbauen?
a) Suche im Zeitungsbericht danach und markiere geeignete Stellen.
b) Wähle aus den markierten Stellen aus, notiere Stichworte und ergänze damit den Schreibplan. Das kannst du auch am Bildschirm tun.

→ Medienpool:
Liams Schreibplan

5 Formuliere mithilfe des Schreibplans Liams Stellungnahme an die Zeitungsredaktion.

→ Hinweise zu Briefen findest du auf Seite 93.

Münster, ...

Sehr geehrte Damen und Herren der Redaktion,

Sie berichten darüber, dass ...
– ... gefällt mir/ Ich finde ...
– denn/weil/da ...
– einige könnten einwenden, dass ..., aber ...
– außerdem/auch/...
– also/aus diesen Gründen/...

Mit freundlichen Grüßen
Liam, Klasse 7b

Hole dir während des Schreibens Anregungen in Zwischendurch-Gesprächen.

6 Ergänze Fragen, mit denen du überprüfen kannst, was du beim Schreiben beachtet hast oder noch ändern musst:
– Habe ich den persönlichen Standpunkt formuliert?
– Habe ich den Standpunkt mit Argumenten begründet?
– Habe ich die Argumente ...

Ihr könnt dazu eure Schreibhilfe von Seite 81 nutzen.

7 a) Überprüfe nun die Stellungnahme mit den Fragen.
　　Nenne, was gelungen ist und was noch überarbeitet werden muss.
b) Überprüft im Gespräch, ob der Text überzeugend wirkt.
　　Nennt Formulierungen, durch die das deutlich wird.

8 Du hast gelesen, dass der Mountainbike-Park auf dem Bolzplatz gebaut werden soll, auf dem du dich mit deinen Freunden regelmäßig zum Fußballspielen triffst. Als begeisterter Mountainbiker möchtest du den Bike-Park, aber auf gar keinen Fall auf eurem Bolzplatz.
– Bereite das Schreiben vor. Halte deine Schreibideen in einem Schreibplan fest.
– Formuliere und begründe deinen Standpunkt in einem Brief an die Zeitungsredaktion:

Sehr geehrte Damen und Herren der Redaktion,

ich finde ... zwar gut, möchte aber ...

Eine Gegenmeinung formulieren

Wenn man mit dem Standpunkt eines anderen oder mit einzelnen Äußerungen nicht einverstanden ist, kann man ihm die eigene Meinung dazu mitteilen und versuchen, ihn oder andere Leser zu überzeugen.

1 Finnja hat sich zu einer Umfrage in einer Jugendzeitschrift geäußert. Lies ihren Text.

> Ich mag keine Chatgruppen. Im Klassenchat und im Fußballchat bin ich nur, weil ich sonst zu viel verpassen würde. Aber gern mache ich da nicht mit.
>
> Es stört mich, dass ich da so viele Nachrichten und Fotos bekomme, die mich gar nicht interessieren. Ich lösche zum Beispiel ständig zwischendurch, aber in einer Stunde kommen schon wieder hundert neue.
>
> Ärgerlich finde ich auch, wenn Privates in der Gruppe landet. Denn das geht ja sonst niemanden etwas an. Einmal hatte ich einem Freund etwas Persönliches geschrieben. Gleich danach stand es im Chat. Da hab ich mich echt schlecht gefühlt.
>
> Finnja, Klasse 7b

2 Tauscht euch über Finnjas Text aus:
     a) Welchen Standpunkt nimmt sie ein?
     b) Welche Argumente nutzt sie für ihren Standpunkt und wie baut sie sie aus?

3 Als begeisterter Nutzer von Chatgruppen bist du mit manchen Äußerungen von Finnja nicht einverstanden.
Antworte ihr und mache deutlich, wo du zustimmst und wo du anderer Meinung bist.
     a) Bereite das Schreiben vor:
         – Markiere in Finnjas Brief, worauf du antworten willst. (Folientechnik)
         – Wähle Formulierungen aus, die du nutzen willst.
     b) Formuliere nun deine Antwort.
     c) Lass dir eine Rückmeldung zu deinem Text geben.

wortstark!

Du meinst ... / Du findest ...
Das sehe ich ganz anders ...
Natürlich kann man sagen ...
Aber ...
Ich kann verstehen ...
Andererseits ...
Für mich ...
Bei mir zum Beispiel ...

Schriftlich Stellung nehmen

1 Du hast in diesem Kapitel Meinungen formuliert und begründet, Argumente ausgebaut und Schreibpläne erstellt

Wähle aus, was dir besonders gelungen ist. Begründe die Auswahl mündlich.

Besonders gelungen ist mir …

Gelernt habe ich dabei …

Spaß gemacht hat mir besonders …

Ich fand interessant …

„Zur Schule nur mit Helm!"
Nimm Stellung zu unserer Aktion!

Die AG Sicherer Schulweg

2 Deine Schule wirbt für das Tragen von Fahrradhelmen auf dem Schulweg und bittet die Schülerinnen und Schüler um ihre Stellungnahme.
Entscheide dich für Aufgabe **A** oder **B**. Löse sie, wie du es im Unterricht gelernt hast.

A Du fährst täglich mit dem Fahrrad zur Schule und begrüßt diese Aktion der Schule ausdrücklich.
Schreibe eine Stellungnahme und mache darin deinen Standpunkt deutlich. Recherchiere auch im Internet nach passenden Argumenten.

B Du kannst dem Tragen eines Fahrradhelms viel Positives abgewinnen, bist aber dagegen, dass das Tragen des Helms verpflichtend sein soll.
Verdeutliche deinen Standpunkt in einer Stellungnahme.
Ich finde … zwar gut, möchte aber …

Offizielle Briefe schreiben

An Erwachsene, die du nicht persönlich kennst und mit „Sie" anredest, schreibst du einen offiziellen Brief, zum Beispiel, um dich zu bedanken, Informationen zu bekommen oder etwas zu reklamieren.
Auch eine E-Mail kann solch ein offizieller Brief sein. Worauf du beim Schreiben besonders achten musst, lernst du in diesem Kapitel.

SCHREIBEN

1 Schaut euch die Abbildungen und die Briefauszüge und Mitteilungen an. Sprecht darüber:
- Was fällt euch an den Briefauszügen auf?
- Was haben sie mit dem Thema des Kapitels zu tun?

A
... stell dir vor, unser Lastenfahrrad ist endlich fertig geworden. Wurde aber auch Zeit! Du hättest mal sehen sollen, was für eine Stimmung wir bei der „Taufe" hatten ...

B

POSTEINGANG
Von: Malea11@abc.de
An: tageblatt@def.de
Betreff: Ausgabe vom 3.4.20..., Ihr Bericht auf S. 12

... Sie haben in Ihrer Meldung vergessen zu erwähnen, dass unsere Klasse den Lastenrad-Mietservice natürlich nur außerhalb der Unterrichtszeit anbieten kann. Vielleicht können Sie das in der nächsten Ausgabe richtigstellen ...

2 Vergleiche die Briefauszüge und Mitteilungen miteinander.

– An wen richten die Schreiberinnen und Schreiber sich?

– Welche Absicht verfolgen sie?

– Worin unterscheiden sich die Briefauszüge und warum ist das so?

3 Welche Anrede passt zu den Briefauszügen und Mitteilungen?
Wähle aus den folgenden Möglichkeiten aus und ordne sie den Texten zu.
Begründe deine Entscheidung.

Hallo ...　　　Hi/Hey ...　　　Guten Tag/Guten Morgen ...

Liebe/lieber ...　　　Sehr geehrte Frau ..., sehr geehrter Herr ...

Sehr geehrte Damen und Herren

4 Welche weiteren Schreibanlässe für einen offiziellen Brief fallen dir
noch ein?

a) Setze die Reihe damit fort:

– sich als Mitglied in einem Verein anmelden

– sich über gefährliche Stellen auf einem Fahrradweg beschweren

– ...

b) Formuliere auch dazu eine passende Anrede.

C
... wir sind die Klasse 7b der Sebastianschule Hannover und würden in unserer Projektwoche gern eine Führung in Ihrer Glockengießerei mitmachen. Wir würden uns freuen ...

D
... wir haben bei der Betriebsführung gesehen, dass in eurem Handwerk hart gearbeitet wird. Ich kann mir jetzt gut vorstellen, warum du nach Feierabend immer so müde warst. Viel von dem, was du mir erzählt hast, konnte ich jetzt selbst sehen. Danke für den Tipp! ...

Aufbau und Merkmale offizieller Briefe erkennen

Beim Schreiben offizieller Briefe muss man einige Vorgaben beachten. Die Leser als Adressaten erwarten das von den Absendern.

1 Lies den Briefentwurf. Sprich anschließend mit einem Partner darüber:
- Was erfahren die Leserinnen und Leser des Briefs?
- Wie wirkt der Text wohl auf sie?
- Was machen die Schreiber, um diese Wirkung zu erreichen?

Dank für die Betriebserkundung
Sehr geehrte Damen und Herren,
in unserer Projektwoche „Alte Berufe" hat unsere Klasse einen sehr interessanten Einblick in die Glockengießerei bekommen. Dafür, dass Sie uns das ermöglicht haben, möchten wir uns noch einmal ganz herzlich bei Ihnen bedanken. Besonders aufregend fanden wir es, dass Sie uns in die Glockengrube gelassen haben und Sie uns die fertigen Lehmformen aus nächster Nähe gezeigt haben. Ein ganz besonderes Dankeschön auch noch für Ihr Geschenk, das wir zum Abschied von Ihrem Mitarbeiter bekamen: Die kleine Handglocke wird jetzt in unserer Klasse als „Stillezeichen" benutzt.
Herzliche Grüße
Klasse 7b

2 a) Lies den Text noch einmal. Markiere dabei Ausdrücke, mit denen die Klasse 7b die Bedeutung der Betriebsbesichtigung zum Ausdruck bringt.
  b) Wie ändert sich die Wirkung bei den Lesern, wenn man einige markierte Ausdrücke verändert? Probiere das aus und sprich mit anderen darüber.

> In dem Briefentwurf kann die Grußformel schon direkt nach dem zweiten Satz stehen.

  statt: einen sehr interessanten Einblick → einen Einblick
  statt: noch einmal ganz herzlich (...) bedanken → bedanken
  statt: besonders aufregend → gut
  statt: ein ganz besonderes Dankeschön → Danke

  c) Wie beurteilst du den Kürzungsvorschlag in der Sprechblase:
   - Bleibt das Anliegen deutlich?
   - Wofür ist der Rest des Brieftextes wichtig?

3 Lies die Hinweise im Wissen-und-Können-Kasten. Welche der dort genannten Merkmale hält die Klasse 7b beim Schreiben des Brieftextes ein? Nenne Beispiele im Gespräch mit anderen.

4 a) Recherchiert zu zweit an dem Musterbrief im Medienpool, welche Schriftgröße, Zeilenabstände, Abstände unten und oben üblich sind und wie breit der Rand sein soll. Notiert alles, was dazu wichtig ist.

→ *Medienpool: Muster eines offiziellen Briefs*

b) Schreibt jetzt den Brief, wie ihr ihn abschicken würdet. Nutzt, was ihr herausgefunden habt. Eine vollständige Adresse des Absenders und des Adressaten, die Orts- und Datumsangabe sollt ihr euch selbst ausdenken.

→ *Medienpool: Brief der Klasse 7b*

c) Vergleicht euer Ergebnis mit anderen Partnergruppen. Sprecht auch darüber, was sich ändert, wenn ihr die E-Mail als Briefform benutzt.

5 a) Entwirf einen Brief an den Bürgermeister (Brieftext mit Betreffzeile und passender Anrede). Du willst dich in dem Brief über den gefährlichen Zustand eines Fahrradweges beschweren.

b) Vergleicht eure Brieftexte miteinander:
– Wie deutlich kommt euer Ärger zum Ausdruck?
– Wie höflich oder unhöflich sind eure Briefe?

WISSEN UND KÖNNEN ▸ **Einen offiziellen Brief schreiben**

Wenn du einen offiziellen Brief an eine wichtige Person schreibst, dann achte auf Folgendes:
– Sprich den Empfänger freundlich und höflich in der Sie-Form an.
– Formuliere dein Anliegen so, dass keine Nachfragen nötig sind.
– Schreibe sachlich.
– Halte eine feste Reihenfolge der Bestandteile ein:
Absender mit Adresse
Empfänger mit Adresse
Ort und Datum
Betreffzeile
Anrede
Brieftext mit Schreibanlass
Gruß mit Unterschrift
– Sorge für Übersicht und Lesbarkeit.
– Denke auch an die Großschreibung der Anredepronomen.

Brieftexte bearbeiten

**Ein offizieller Brief ist in der Formulierung des Anliegens klar,
im Ton und in der äußeren Form angemessen und sprachrichtig.
Wie ihr das hinbekommt, das könnt ihr hier üben.**

→ *Seite 265:*
Methode „Textcheck"

1 Bearbeite die Brieftexte A und B auf Seite 95. Du kannst allein arbeiten
oder mit einem Partner nach der Methode „Textcheck" vorgehen.
– Lies zunächst den Text.
– Markiere (Folientechnik) oder notiere, was man ändern sollte. Nutze dazu
auch die Fragen und Gedanken der Empfänger in den Denkblasen.

2 Wähle Brieftext A oder B aus. Schreibe ihn so auf, wie du ihn abschicken
würdest. Schreibe am Bildschirm oder mit dem Stift im Heft.
Die vollständige Adresse des Absenders und Adressaten, Ort- und Datums-
angaben im Briefkopf sollst du dir selbst ausdenken.

3 Besprecht die überarbeiteten Texte zu zweit. Ihr könnt dazu die folgende
Methode nutzen:

METHODE **Einen Brief durch die Brille des Empfängers lesen**

1. Arbeitet zu zweit. Am besten sitzt ihr nebenein-
ander: Einer übernimmt die Rolle des **Absenders** und liest den Brief vor. Der andere übernimmt die Rolle des **Empfängers** und liest mit.

2. Der **Empfänger** antwortet dem Absender aus
der Sicht des Lesers, was ihm aufgefallen ist.
Er sagt, worüber er sich freut oder ärgert und
welche Fragen er noch hat.

3. Der **Absender** antwortet dem Empfänger aus
der Sicht des Schreibers. Er begründet, was er
geschrieben hat, beantwortet Fragen und sagt,
was er gegebenenfalls jetzt noch ändern würde.

A Beschwerde

Sehr geehrte Frau Karo,

gestern haben Sie mit Ihren Enkelkindern auf meiner Wiese gespielt und da haben Sie wohl etwas vergessen. Ich habe Sie beobachtet, wie Sie Ihre Getränkedosen und andere Verpackungen auf der Wiese verstreut haben. Das machen Sie öfter so. Ich kann doch nicht jeden Tag vor meiner Tür Ihren Müll beseitigen. Ich hoffe, Sie haben Verständnis für mein Anliegen. Dafür möchte ich Ihnen danken.

Mit freundlichen Grüßen
Frau Jonas

> Was ist denn das Anliegen von Frau Jonas?

> Wer hat hier was vergessen?

> Meint sie mich? Ich war das doch nicht.

> Na ja, wenigstens ist sie höflich.

B

~~Wir wollen die Museumswerft besuchen~~
Anfrage zum Besuch der Museumswerft
~~Hi,~~ Herr Laske,
nächste Woche ist unsere Klassenfahrt. Da kommen wir bei ~~ihnen~~ Ihnen vorbei und gucken uns die Museumswerft an. Echt cool, welche alten Kähne bei ~~ihnen~~ Ihnen so rumstehen. Wahm können wir aufkreuzen? Mittwochs oder donnerstags? Schicken Sie uns eine E-Mail zurück, aber möglichst bis morgen! Unser Lehrer will das von uns wissen, damit er planen kann.
Bis dahin
Klasse 7b

> Wie sieht das denn aus!

> Sind wir Kumpel?

> Wann genau?

> Das geht auch höflicher.

Sachlich formulieren

1 Lest den Brief, den Emil an den Schulleiter geschrieben hat.
Sprecht darüber, was euch an diesem Brief auffällt.

> Ich hätte eine andere Anrede gewählt, weil ...

> Das Wort „Dreck" benutzt man eigentlich nur ...

Hallo Schulleiter,

wir sind alle ziemlich sauer über das, was wir an unserer Schule zu essen bekommen. Jeden Tag die gleichen ungesunden Sachen! Oft ist das Essen nur eine klebrige Pampe. Das Zeug hängt uns langsam zum Hals raus. Und dann müssen wir es in einer halben Stunde runterschlingen. Und in der Pause wird auch nur Dreck verkauft, nur weil der Hausmeister Knete machen will! Das finden wir echt blöd! Geht das denn nicht anders?
LG von Emil, Klasse 7a

2 Schreibe Emils Brief neu. Nutze die Hinweise im Kasten.

WISSEN UND KÖNNEN ▶ **Sachlich formulieren**

In offiziellen Briefen sollst du sachlich schreiben.
– Verwende treffende Wörter: statt Essen → Mittagessen;
  statt machen → bauen; statt sagen → vorschlagen ...
– Vermeide „Allerweltswörter" wie Ding, Sache, Zeug, machen, tun.
– Vermeide direkte Bewertungen: statt Das finde ich blöd! → Das gefällt
  mir nicht!
– Vermeide Wörter, die negative Wertungen enthalten: statt Pampe →
  Essen; statt zum Hals raushängen → genug von etwas haben.

> In einem Synonymenwörterbuch findest du treffende Wörter und Ersatzwörter (Synonyme).

3 Frau Jonas ärgert sich darüber, dass die Enkelkinder von Frau Karo auf ihrer Wiese Müll hinterlassen.
– Lies die Sätze, die sie in einem Beschwerdebrief an Frau Karo schreibt.
– Formuliere die Sätze so um, dass sie sachlicher wirken.
a. Ihre Chaoten schmeißen überall ihr Zeug hin.
b. Auf der Wiese sieht es aus, als hätten dort die Wildschweine gehaust!
c. Ich bin kotzsauer, wenn ich jedes Mal die Sauerei wegmachen muss.
d. Der ganze Dreck macht unseren schönen Garten kaputt.
e. Ich hab echt die Nase voll!
f. Das nächste Mal kippe ich Ihnen den ganzen Mist vor Ihre Tür!

Verben in Nomen umformulieren

1 Lies die E-Mail von Adil und Oliver an den Schulleiter. Unterstreiche den Satz, in dem sie ihr Anliegen an den Schulleiter formuliert haben (Folientechnik).

2 Adil und Oliver haben vergessen, ihr Anliegen in einer Betreff-Zeile zu formulieren.
a) Entscheide, welche Formulierung am besten in die Betreff-Zeile passt:
   Ernährung im Unterricht
   Gesunde und richtige Ernährung
   Anlage eines Schulgartens
b) Begründe deine Entscheidung. Nutze die Hinweise im Merkkasten.

POSTEINGANG
Von: ...
An: ...
Betreff: ...

Sehr geehrter Herr Müller,
wir behandeln im Unterricht das Thema Ernährung. Jetzt haben wir gelernt, wie wichtig es ist, sich richtig und gesund zu ernähren. Wir beantragen daher bei Ihnen, einen Schulgarten anzulegen.
Mit freundlichen Grüßen
Adil und Oliver, Klasse 7b

WISSEN UND KÖNNEN ▷ **Verben in Nomen umformulieren**

In der **Betreff-Zeile** eines offiziellen Briefes oder einer E-Mail steht das Anliegen, das man als Frage oder Bitte im Brief vorbringt.
Die Betreff-Zeile ist kurz und knapp formuliert. Verben werden dabei in Nomen umformuliert.

Es gibt verschiedene Möglichkeiten, aus Verben Nomen zu bilden:
– aus dem **Infinitiv** (Grundform) des Verbs: trinken → das Trinken
– Nomen mit der **Endung** -ung: wandern → die Wanderung
– Zu manchen Verben gibt es **eigene Nomen**: arbeiten → die Arbeit

---

3 Formuliere aus den Sätzen passende Betreff-Zeilen. Nutze Nomen wie im Beispiel.
a. Wir würden gern in der Schule frühstücken.
b. Wir könnten im Schulgarten Obst und Gemüse anbauen.
c. Wir wollen eine Museumswerft besuchen.
d. Ich bedanke mich herzlich, dass wir den Betrieb erkunden durften.
e. Ich möchte mich hiermit über den Zustand des Radwegs beschweren.
f. Wir wollen jetzt einen speziellen Mietservice anbieten.
g. „Conrad" kann telefonisch nach Hause bestellt werden.

POSTEINGANG
Von: ...
An: ...
Betreff: **Frühstück in der Schule**

Einen Infobrief entwerfen

Wenn ihr mehrere Personen gleichzeitig über Wichtiges informieren möchtet, könnt ihr das mit einem Wurfzettel für den Briefkasten tun. Ihr könnt dazu die Schreibvorgaben nutzen, die für offizielle Briefe gelten.

1 Lies die Zeitungsmeldung und informiere dich über das Unterrichtsvorhaben an der Lessingschule.

🔊 Lastenrad endlich einsatzbereit

CONRAD trägt ihre Last mit oder ohne Chauffeur

Service der Lessing-Schule
Tel.: 016123456

Viel Durchhaltevermögen brauchten die Zehntklässler der Fahrrad-AG an der Lessingschule. Sie bauten in einem Jahr aus Fahrradteilen mit Unterstützung
5 eines Experten ein Lastenrad.
Die Schülerinnen und Schüler der 7c wollen damit jetzt einen speziellen Mietservice anbieten – zunächst für Interessierte in der Umgebung der Schule. „Conrad", so haben
10 sie ihren Transporter getauft, kann außerhalb der Unterrichtszeit telefonisch nach Hause bestellt werden – kostenlos oder gegen eine kleine Spende für Reparaturen.
Die engagierte Klasse wird demnächst die Haushalte der Umgebung mit Infobriefen 15 genauer informieren.

2 Bereite den Infobrief der Klasse 7c vor. Entnimm dazu der Zeitungsmeldung, was die Haushalte tun können, um das Lastenrad zu mieten.
Ergänze die Stichpunkte:
  – mieten außerhalb der Unterrichtszeit
  – anrufen ...

→ Medienpool: Abbildung „Lastenfahrrad"

3 Entwirf mit den Stichpunkten den Infobrief.
Die Abbildung soll auch in dem Infobrief erscheinen.

An alle Haushalte der Hauptstraße

Liebe Nachbarn,

...

4 Formuliert mit Hilfe der Angaben im Wissen-und-Können-Kasten auf Seite 93 Fragen: Wird das Anliegen deutlich? Wird der Empfänger ...
Besprecht damit eure Texte.

Brieftexte bearbeiten

1 Bringe die Bausteine des offiziellen Briefes in die richtige Reihenfolge.
Achtung: Ein Baustein fehlt, den musst du noch ergänzen!

Brieftext mit Schreibanlass   Gruß mit Unterschrift   Empfänger mit Adresse
Ort und Datum   Anrede   Absender mit Adresse

2 Wähle Aufgabe **A** oder **B**.

A Eilans Klasse möchte eine Imkerei erkunden. Er schreibt einen Brief an den Imkerverein:

Guten Tag Herr Schober,

meine Natur-Projektgruppe möchte sich eine Imkerei aus Ihrem Imkerverein ansehen. Ich weiß, dass Sie das anbieten. Wir möchten einen Bienenstock von innen sehen.
Wir wollen auch wissen, welche Pflanzen für unseren Schulgarten besonders bienenfreundlich wären. Als Termin finden wir am besten unseren Projekt-Morgen am kommenden Freitag. Geben Sie uns Bescheid, ob Ihnen das passt.

Viele Grüße
Eilan Bislok, 7c

Du sollst noch deutlicher zum Ausdruck bringen, dass sich die Klasse sehr auf den Besuch beim Imkerverein freut.
Überarbeite Eilans Text. Du kannst dazu die folgenden Formulierungen nutzen:

sehr gern   wir freuen uns
besonders interessant für uns
Sie sind sicherlich Experte für die Frage
bitte

B Mila schreibt ihrer Freundin ihre Meinung zur Lastenrad-Aktion ihrer Schule (Seite 98). Lies ihren Brief:

Hi Joana,

ich muss dir mal was über unsere superscharfe Lastenrad-Aktion erzählen: Wir stecken jetzt mal die Nasen aus der Schule und helfen den Leutchen in der Nachbarschaft. Zum Beispiel können wir den Omas und Opas beim Einkauf helfen. Du kannst schon neidisch werden, wenn du siehst, dass wir jetzt in der Schule vieles zusätzlich lernen: Organisieren, Dienstpläne aufstellen, Einkäufe abrechnen. Einige haben schon angebissen und das Lastenrad bestellt, es läuft wie geschmiert.

Bis denn
Mila

Mila will der Zeitung mitteilen, dass sie sich sehr über den Zeitungsbericht gefreut hat. Dadurch ist ja Ungewöhnliches und Interessantes aus der Schule berichtet worden und die Aktion bekannt geworden. Formuliere Milas Brief.

Inhalte erzählender Texte wiedergeben

Im Deutschunterricht beschäftigt ihr euch mit Geschichten, Erzählgedichten oder Balladen und haltet schriftlich fest, was ihr herausgefunden habt. Dazu gehört oft auch die Wiedergabe des Inhalts dieser Texte. Was man nacheinander tun muss, um den Inhalt angemessen und verständlich wiederzugeben, das lernt ihr in diesem Kapitel.

SCHREIBEN

→ Mit erzählenden Texten beschäftigt ihr euch in diesen Kapiteln:
– Mit unglaublichen Geschichten ins Gespräch kommen (Seite 130 – 139)
– Geschichten untersuchen (Seite 140 – 149)
– Balladen erschließen und vortragen (Seite 150 – 159)

1 Bevor ihr den Inhalt einer Geschichte wiedergeben könnt, müsst ihr sie genau gelesen und verstanden haben.

a) Lies nur die Überschrift der Geschichte auf Seite 101 und schau dir die Illustration an. Was vermutest du, worum es in der Geschichte geht?

b) Lies nun die ganze Geschichte oder hör sie dir an.
Sprecht anschließend über eure ersten Eindrücke und klärt Fragen.

c) Schülerinnen und Schüler haben sich zu der Geschichte geäußert.
– Welcher Aussage stimmst du am ehesten zu?
– Tauscht euch darüber aus und begründet eure Ansicht mit dem Text.

Da streiten sich zwei Männer über das Mittagessen.

Ein Diener reagiert schlau auf den Wutausbruch seines Herrn.

Ein reicher Mann wirft Essen aus dem Fenster, weil es ihm nicht schmeckt.

Es geht um einen unverschämten Diener, der das Essen aus dem Fenster wirft.

Nach Johann Peter Hebel

🔊 Das Mittagessen im Hof

→ Medienpool:
Das Mittagessen
im Hof (Audio)

Es gibt Menschen, die verhalten sich
so eigensinnig und merkwürdig,
dass man nur schwer mit ihnen auskommen kann. Wer sie zur Einsicht
5   bringen will, muss sie schon sehr gut
kennen und den richtigen Ton treffen.
Das ist einmal einem Diener mit seinem Herrn gelungen. Dem konnte er
10   nämlich oft nichts recht machen.
Vor allem, wenn er schlechte Laune
hatte, gab er dem Diener die Schuld
an allem, was seiner Meinung nach
nicht perfekt organisiert war.
15   Eines Mittags war es wieder so weit:
Der Herr kam mit übelster Stimmung nach Hause und setzte sich an
den Tisch. Sofort schimpfte er über
die Suppe, sie war ihm zu kalt oder
20   zu heiß oder keines von beidem.
Wie auch immer, jedenfalls hatte er
einen Grund gefunden, sich aufzuregen. Das ging so weit, dass er plötzlich die Schüssel nahm und durchs
25   offene Fenster in den Hof krachen
ließ.
Und was tat der Diener? Er zögerte
nicht lange und warf das Fleisch,
das er gerade auf den Tisch stellen
30   wollte, ebenfalls in den Hof. Auch
das Brot und der Wein flogen hinaus,
und schließlich packte er das Tisch-
tuch an allen vier Ecken und warf es
mit allem, was noch darauf war,
35   hinterher.

Als der Herr endlich auf das Unge-
heuerliche reagieren konnte, was
sich da vor seinen Augen abspielte,
sprang er auf und schrie mit hoch-
rotem Kopf: „Was soll das, bist du   40
noch ganz gescheit?"
Aber der Diener blieb ganz ruhig
und antwortete betont höflich:
„Verzeihen Sie, vielleicht habe ich
Sie missverstanden. Aber ich dachte,   45
Sie wollten heute draußen essen.
Wir haben ja schönstes Wetter,
die Bäume blühen und die Vögel
zwitschern!"
Da erkannte der Herr seinen Fehler,   50
und er musste über den frechen
Einfall seines Dieners lachen.
Er konnte ihm gar nicht mehr böse
sein und war dankbar für die gute
Lehre, die er ihm erteilt hatte.   55

Wesentliches entdecken und wiedergeben

Auf diesen Seiten geht es darum, worauf man beim Schreiben einer Inhaltswiedergabe besonders achten muss. Dabei entsteht Schritt für Schritt eine Zusammenfassung der Geschichte „Das Mittagessen im Hof".

1 Hier seht ihr noch einmal den ersten Abschnitt der Geschichte (Zeile 1 – 14) und daneben die Zusammenfassung, die ein Schüler dazu geschrieben hat.

a) Lest die beiden Texte zu zweit: Einer liest den Originaltext vor, der andere die Zusammenfassung.

b) Vergleicht die beiden Texte: Welche Unterschiede zwischen Originaltext und Zusammenfassung entdeckt ihr? Warum ist das so?

c) Tauscht eure Gedanken und Eindrücke untereinander aus.

Es gibt Menschen, die verhalten sich so eigensinnig und merkwürdig, dass man nur schwer mit ihnen auskommen kann. Wer sie zur Einsicht bringen will, muss sie schon sehr gut kennen und den richtigen Ton treffen.
Das ist einmal einem Diener mit seinem Herrn gelungen.
Dem konnte er nämlich oft nichts recht machen. Vor allem, wenn er schlechte Laune hatte, gab er dem Diener die Schuld an allem, was seiner Meinung nach nicht perfekt organisiert war.

> Mit manchen Menschen kommt man nur sehr schwer zurecht.
>
> Das schafft einmal ein Diener mit seinem schwierigen und schlecht gelaunten Herrn.

2 Im nächsten Abschnitt (Zeile 25 – 26) wurden Textstellen markiert, die für die Zusammenfassung wichtig sind.

a) Vergleiche die Zusammenfassung mit den Markierungen im Text: Was wird in der Zusammenfassung aufgegriffen? Was vermisst du?

b) Ergänze die Zusammenfassung entsprechend und vergleiche deine Lösung im Gespräch mit anderen.

c) Vergleiche die unterstrichenen Verben. Welche Zeitformen tauchen in den beiden Texten auf?

Eines Mittags war es wieder soweit: Der Herr kam mit übelster Stimmung nach Hause und setzte sich an den Tisch. Sofort schimpfte er über die Suppe, sie war ihm zu kalt oder zu heiß oder keines von beidem. Wie auch immer, jedenfalls hatte er einen Grund gefunden, sich aufzuregen. Das ging so weit, dass er plötzlich die Schüssel nahm und durchs offene Fenster in den Hof krachen ließ.

> An einem Tag ...
>
> ... wirft der Herr das Essen aus dem Fenster.

❸ Teile den Rest der Geschichte in <u>Erzählabschnitte</u> ein und fasse sie nacheinander zusammen:
- Markiere, was wichtig ist, um den Erzählabschnitt zu verstehen.
- Schreibe das Geschehen in eigenen Worten verständlich auf.
- Tauscht euch nach jedem Erzählabschnitt in Zwischendurch-Gesprächen über eure Texte aus. Nutzt dazu die Hinweise im Methodenkasten.

Beachte: **Wörtliche Rede** wird indirekt wiedergegeben. Beispiel:

Originaltext (Zeile 36–41)	**Inhaltswiedergabe:**
Der Herr (...) sprang auf und schrie mit hochrotem Kopf: „Was soll das, bist du noch ganz gescheit?"	Nach einem kurzen Augenblick fragt der Herr wütend, was das soll.

Achte darauf auch bei der Wiedergabe der wörtlichen Rede in Zeile 44-49.

❹ a) Füge die Zusammenfassungen der einzelnen Erzählabschnitte zu einer vollständigen Inhaltswiedergabe zusammen.
b) Lass dir von anderen eine Rückmeldung zu deiner Inhaltswiedergabe geben. Nutzt dazu den wortstark-Zettel. Überlege anschließend, ob du an deinem Text noch etwas verändern willst.

> **METHODE** ▶ **Wesentliches entdecken und wiedergeben**
>
> - Lies den Text mehrere Male in Ruhe durch.
> - Unterteile ihn in Erzählabschnitte.
> - Markiere das Wesentliche in jedem Abschnitt:
>   Was passiert hier Neues? Welche Figuren spielen eine Rolle?
>   Wo findet das Ganze statt?
> - Gib das von dir Markierte schriftlich wieder.
> - Überprüfe deinen Text mithilfe der folgenden Fragen:
>   - Habe ich möglichst mit eigenen Worten formuliert?
>   - Habe ich nichts Wesentliches weggelassen?
>   - Habe ich nichts hinzuerfunden?
>   - Habe ich wörtliche Rede vermieden?
>   - Habe ich den Text im Präsens verfasst?
> - Stelle einem Partner deinen Text vor. Vergleicht eure Ergebnisse und überarbeitet das Aufgeschriebene.

Ein neuer Erzählabschnitt beginnt zum Beispiel,
- *wenn etwas Neues passiert,*
- *wenn neue Figuren auftreten,*
- *wenn Ort und/oder Zeit wechseln.*

→ *Seite 107: Wörtliche Rede in indirekte Rede umformulieren*

wortstark!
Du hast vergessen zu erwähnen, dass ...
Es wird nicht deutlich, dass ...
Du hast nicht immer im Präsens geschrieben.
Ich finde, du solltest dich sprachlich mehr vom Text lösen.
Deine Satzanfänge ...
...

Den Inhalt eines erzählenden Textes wiedergeben

→ Medienpool:
Das Pflaumenhuhn
(Audio)

wortstark!

Im Text steht …
Beim Lesen habe
ich gedacht …
Ich habe noch
nicht verstanden …

1 Lest das Erzählgedicht „Das Pflaumenhuhn" oder hört es euch an.
Sprecht anschließend über eure ersten Eindrücke und klärt Fragen.

2 Überprüft zu zweit, ob ihr den Text verstanden habt:
   – Einer liest einen Textabschnitt (zum Beispiel eine Strophe) vor.
   – Der andere sagt, was ihm beim Zuhören durch den Kopf gegangen ist.
   Beim nächsten Textabschnitt geht es umgekehrt.

3 Fertige einen Schreibplan für die Inhaltswiedergabe an.
   a) Unterteile das Erzählgedicht in Abschnitte.
      Das können auch mehrere Strophen sein.
   b) Markiere das Wesentliche in jedem Abschnitt.
   c) Ergänze den begonnenen Schreibplan.

Erzählabschnitt	Notizen zum Inhalt
Zeile 1 bis 8	– Ort: Pleischte – Huhn legt Pflaumen statt Eier – die Dorfbewohner ärgert das
Zeile 9 bis 16	– Bäuerin brät Rührpflaumen statt Rühreiern, das gefällt ihr nicht – Bauer verträgt gekochte Pflaumen in Eierbechern nicht
Zeile …	…

Nutze dazu die
Fragen im Methoden-
kasten auf Seite 103.

4 a) Vergleiche den Anfang der Inhaltswiedergabe mit den Notizen im Schreibplan: Werden die wesentlichen Inhalte richtig wiedergegeben?
   b) Überprüfe, ob die sonstigen Schreibkriterien berücksichtigt werden.

In Pleischte lebt ein Huhn, das keine Eier, sondern Pflaumen legt. Das ärgert die Dorfbewohner. Der Bäuerin gefällt nicht, dass sie Rührpflaumen braten muss, und dem Bauern bekommen die gekochten Pflaumen im Eierbecher nicht.

5 Setze die Inhaltswiedergabe fort.
   – Nutze dazu deine Notizen zum Inhalt aus Aufgabe 3.
   – Stellt euch in Zwischendurch-Gesprächen eure Notizen und Ergebnisse vor und überlegt, an welchen Stellen euer Text überarbeitet werden sollte.

Peter Hacks

🔊 Das Pflaumenhuhn

In Pleischte lebte einst ein Huhn,
Das Ärgernis erregte,
Weil es (was Hühner sonst nicht tun)
Statt Eier Pflaumen legte.

5 Es gackerte und legte froh
Die Pflaumen rot und dicklich.
Doch schien den Dorfbewohnern so
Ein Pflaumenhuhn nicht <u>schicklich</u>.

Sogar die Bäurin fand es dumm
10 Und briet bei großen Feiern
Verdrießlich und mit viel Gebrumm
Rührpflaumen statt Rühreiern.

Der Bauer sagte rundheraus,
Sehr unbekömmlich schmeckten
15 Gekochte Pflaumen, die, o Graus!
Im Eierbecher steckten.

Und kurz und gut und jedenfalls
Und ganz im Allgemeinen:
Das arme Pflaumenhuhn fand, als
20 Es Freunde brauchte, keinen.

Die Köchin, die in ihrem Sinn,
Was sie nicht kennt, verachtet,
Die hat mit einem Dolch aus Zinn
Das Pflaumenhuhn geschlachtet.

25 In Plauschte stand ein Pflaumenbaum
An einem alten Weiher,
Der trug (ich wag's zu sagen kaum),
Der trug statt Pflaumen Eier.

Die Eier waren zweifellos
Im Plauschter Land die besten. 30
Sie waren frisch und weiß und groß
Und hingen an den Ästen.

Doch reiften herbstlich ringsherum
Die Äpfel, Birnen, Feigen,
Dann fielen, plim, dann fielen, plum, 35
Die Eier von den Zweigen.

Sie fielen Mädchen auf den Kopf
Und Buben auf die Mützen.
Und oft schon trat ein dummer <u>Tropf</u>
In tiefe Gelbei-Pfützen. 40

Und kurz und gut und jedenfalls
Und ganz im Allgemeinen:
Der arme Eierbaum fand, als
Er Freunde brauchte, keinen.

Der Tischler meint, ein Eierbaum 45
Verderbe gute Sitten.
Er hat ihn für den Frühstücksraum
Zu Möbelholz zerschnitten.

So büßten sie und litten sie,
Weil es die Ordnung <u>heischte</u>: 50
Der Eierbaum aus Plauschte wie
Das Pflaumenhuhn aus Pleischte.

Und nie ward jemals einem <u>kund</u>,
Wer diese zwei vertauschte:
Das Pflaumenhuhn aus Pleischte und 55
Den Eierbaum aus Plauschte.

schicklich:
angemessen,
in Ordnung

Tropf: einfältiger Kerl

heischte:
verlangte, forderte

kund: bekannt

Einleitung und Schluss einer Inhaltswiedergabe verfassen

Einleitung und Schlussteil können die Inhaltswiedergabe abrunden. Wie diese Teile geschrieben werden, erfährst du auf dieser Seite.

1 Vergleiche die beiden Einleitungen zur Inhaltswiedergabe des Erzählgedichts „Das Pflaumenhuhn".
- Welche Informationen liefern sie?
- Wo liegen ihre Gemeinsamkeiten und Unterschiede?

Sprich mit einem Partner oder einer Partnerin darüber.

> In dem Erzählgedicht „Das Pflaumenhuhn" von Peter Hacks geht es um ein Huhn, das Pflaumen legt und deswegen nicht gemocht wird. Ebenso ergeht es in einem anderen Dorf einem Pflaumenbaum, an dem Eier wachsen.

> Das Erzählgedicht „Das Pflaumenhuhn" von Peter Hacks handelt von zwei Dörfern, die Probleme mit der Andersartigkeit eines Huhns und eines Baums haben.

2 Seht euch nun die beiden Schlussteile an und vergleicht auch diese.
- Wo liegen ihre Gemeinsamkeiten und Unterschiede?
- Was kann man im Schlussteil einer Inhaltswiedergabe mitteilen?

> In dem Erzählgedicht „Das Pflaumenhuhn" geht es um den Umgang mit Außenseitern. Ich finde es schade, dass die Dorfbewohner mit dem Huhn und dem Baum so schrecklich umgehen. Wir alle haben unsere Besonderheiten und ich finde, jeder hat das Recht dazu, so zu sein, wie er es möchte.

> Ich vermute, dass Peter Hacks mit seinem Text sagen möchte, dass man niemanden ausgrenzen sollte. Jeder Mensch hat unterschiedliche Eigenschaften und Fähigkeiten. Sie machen unsere Gesellschaft „bunt". Man sollte sich also über die Verschiedenheit freuen, anstatt sie zum Problem zu machen.

3 Ergänze die Merksätze zu Einleitung und Schlussteil einer Inhaltswiedergabe.

In der Einleitung einer Inhaltswiedergabe werden die Textsorte (Geschichte, Ballade, Fabel ...), der Titel und ... / Im Schlussteil hat die Schreiberin/der Schreiber noch einmal die Möglichkeit, ...

4 Verfasse eine Einleitung und einen Schlussteil zu der Geschichte „Mittagessen im Hof" (Seite 101).

SPRACHE UNTERSUCHEN

Wörtliche Rede in die indirekte Rede umformulieren

1 Lies die Geschichte von Martin Auer. Unterstreiche, was Herr Balaban und sein Bekannter wörtlich sagen, mit verschiedenen Farben (Folientechnik).

2 Ergänze die Sätze aus Maries Inhaltswiedergabe. Nutze die Informationen im Merkkasten.

Ein Bekannter von Herrn Balaban fragt, was …
Der Bekannte prahlt, dass …
Herr Balaban erwidert, …

3 Sprecht darüber: Wie seid ihr vorgegangen?

> Herr Balaban war zu einer Hochzeit eingeladen. Er ging zusammen mit einem Bekannten hin.
> „Na, was werden Sie dem Brautpaar schenken?", fragte der Bekannte, der gerne mit seinem gut gehenden Geschäft und seinem hohen Einkommen prahlte.
> „Ich schenke ihnen ein Kaffeeservice für zwölf Personen!"
> „Ich?", sagte Herr Balaban. „Ich schenke ihnen ein Teesieb für vierzig Personen.

WISSEN UND KÖNNEN ▸ Wörtliche Rede umformulieren

In einer Zusammenfassung verwendest du die indirekte Rede. Diese wird durch bestimmte Verben (sagen, fragen, erwidern …) eingeleitet:
- **wörtliche Rede**: „Ich schenke ihnen ein Kaffeeservice!"
- **indirekte Rede**: Er sagt, dass er ihnen ein Kaffeeservice schenkt.

Bei der Umwandlung der wörtlichen Rede in die indirekte Rede ändern sich die Pronomen. Achte auch darauf: Das, was jemand sagt, steht in einem dass-Satz; das was jemand fragt, in einem Satz mit Fragepronomen (wo, warum, ob …).

Das Verb in der indirekten Rede steht oft im Konjunktiv (vgl. S. 216).

---

4 Formuliere die wörtliche Rede in dieser Geschichte in die indirekte Rede um.

Ein junger Mann fragt Selda, was …
Selda antwortet, …
Selda …
Der junge Mann …
Selda …

> „Und was bedeutet eigentlich Balaban in Ihrer Sprache?", fragte ein junger Mann Selda.
> „Ja", sagte Selda, „das ist eine große, stämmige Person."
> Der junge Mann begann zu lachen.
> „Was gibt es da zu lachen?", fragte Selda.
> „Ihr Vater heißt also ‚groß und stämmig', dabei ist er klein und mager", sagte der Mann. „Das ist doch komisch, oder?"
> „Na, ich weiß nicht", sagte Selda. „So was kommt doch öfter vor. Sie zum Beispiel, Sie heißen Weber und dabei sind Sie ein Spinner!"

ZEIGE, WAS DU KANNST

Den Inhalt einer Geschichte wiedergeben

1 Lies die folgende Geschichte mehrere Male durch.

Wilhelm Busch

🔊 **Eine Nachtgeschichte**

Vor einiger Zeit kehrte spätabends im „Goldenen Löwen" zu Kassel ein elegant, aber nachlässig gekleideter Fremder ein, der augenscheinlich eine längere Fußtour gemacht hatte. Aus seinen schmerzlichen Zügen sprach stille Verzweiflung, ein heimlicher Kummer musste seine Seele belasten.
5 Er aß nur äußerst wenig und ließ sich bald sein Schlafzimmer anweisen. Es mochte wohl eine Viertelstunde später und nahezu Mitternacht sein, als der Kellner an Nr. 6, dem Zimmer des Fremden, vorüberkam. Ein lautes herzzerreißendes Ächzen und Stöhnen drang daraus hervor. Dem erschrockenen Kellner erstarrte das Blut in den Adern. Irgendetwas Entsetzliches
10 musste da vorgehen. Schleunige Hilfe tat not. Er stürzte also zur Polizei. Unterdessen hat die Regierungsrätin von Z., welche in Nr. 7 schläft, dieselbe schreckliche Entdeckung gemacht und bereits das ganze Wirtshaus in Alarm gebracht, bis der Kellner mit der Polizei zurückkommt. Man dringt nun sofort in das Zimmer des Fremden. Aber leider kam die Hilfe
15 zu spät, denn derselbe hatte bereits in Ermanglung eines anderen Instrumentes mit eigener Hand unter Schmerzen und Wehklagen seine engen Stiefel ausgezogen.

2 Beantwortet gemeinsam die folgenden Fragen.

– Wann und wo spielt die Handlung?

– Was erfährt man über den eintreffenden Gast?

– Aus welchem Grund läuft der Kellner zur Polizei?

– Was denkt die Frau im Nachbarzimmer wohl?

– Weshalb hat der fremde Mann in Wahrheit so laut gestöhnt?

3 Wähle Aufgabe **A** oder **B** aus.

A Schreibe mithilfe des angefangenen Schreibplans eine Inhaltswiedergabe der „Nachtgeschichte".

  a) Übernimm den Schreibplan und ergänze die fehlenden Zeilenangaben zu den Erzählabschnitten.

  b) Markiere das Wesentliche in jedem Abschnitt (Folientechnik).

  c) Ergänze die Notizen zum Inhalt der weiteren Erzählabschnitte.

  d) Nutze deine Notizen und schreibe eine Inhaltswiedergabe.

  e) Überprüfe das von dir Geschriebene mithilfe der Checkliste.

Erzählabschnitt	Notizen zum Inhalt
Zeile ... bis Zeile ...	– fremder Mann kommt in einen Gasthof – wirkt erschöpft und besorgt – isst wenig, geht auf sein Zimmer
Zeile ... bis Zeile ...	– der Diener hört ein Stöhnen aus dem Zimmer des Fremden – Er ...
Zeile ...	...
...	...

CHECKLISTE

✔ Ich habe nichts Wesentliches weggelassen.

✔ Ich habe nichts hinzuerfunden, das nicht im Text steht.

✔ Ich habe möglichst mit eigenen Worten formuliert.

✔ Ich habe wörtliche Rede vermieden.

✔ Ich habe den Text im Präsens verfasst.

B Schreibe eine Inhaltswiedergabe der Geschichte mit Einleitung und Schlussteil.

Sachtexte zusammenfassen

Im Deutschunterricht, aber auch in anderen Fächern, beschäftigt ihr euch immer wieder mit Sachtexten. Dabei ist es nützlich, den Sachtext mit eigenen Worten zusammenzufassen: Eine Zusammenfassung hilft dir, den Inhalt des Sachtextes wieder in Erinnerung zu rufen, wenn du ihn brauchst.

SCHREIBEN

→ Seite 120–129:
Sachtexte lesen

Bevor du eine Zusammenfassung schreibst, musst du den Text gut kennen. Dazu musst du den Text mehrmals lesen. Wie man Sachtexte Schritt für Schritt liest, hast du schon mehrfach geübt.

Du kannst dir einen <u>Überblick über den Text</u> verschaffen, wenn du ihn in Abschnitte einteilst. Jeder Abschnitt sollte eine Sinneinheit enthalten.
– Frage dich beim Lesen, worum es geht. Stelle dir dazu einfach ein Bild vor.
– Wechselt das Bild, ändert sich das Thema und ein neuer Abschnitt beginnt.
– Formuliere zu jedem Abschnitt eine Überschrift (ein paar Wörter oder ein einfacher Satz).

1 Sprecht darüber, wie ihr vorgeht, wenn ihr einen Sachtext lest. Ergänzt dazu die Sprechblasen der Schülerinnen und Schüler.

2 Ihr sollt an dem Sachtext über Äpfel (Seite 111) üben, wie man Sachtexte zusammenfasst. Verschaffe dir zunächst einmal einen <u>Überblick über den Text</u>.
a) Lies den Text einmal durch.
b) Lies die Überschriften, die über dem Text stehen: Welche Überschrift passt zu welchem Abschnitt? Achtung: Zwei Überschriften passen nicht!

Ich lese immer mit dem Stift: Ich markiere …

Ich lese zuerst die Überschrift und überlege, …

Wenn ich den Text zusammenfasse, kann ich …

Ich schlage vor, dass wir ein Plakat anlegen, was wir bei Zusammenfassungen alles beachten sollen.

Apfelsorten

Äpfel für jedermann   Äpfel sind gesund

Äpfel sind gut für die Umwelt

Die Geschichte des Apfels

Katharina von Ruschkowski

Unser Lieblingsobst

Äpfel: Unser heimisches Superfood

Kuchenrezepte mit Äpfeln

Was für ein perfektes Produkt – wahrhaft ein Superfood! Süß und säuerlich zugleich, knackig und weich. Wozu Gojibeeren, Chiasamen und all die anderen Superfoods
5 essen? Und dabei so gesund: Rund 30 verschiedene Vitamine und etliche Mineral- und Ballaststoffe stecken darin, dazu Substanzen, die uns vor gefährlichen Krankheiten wie Krebs bewahren. Die
10 heimische Superfrucht sollte auch wirklich niemandem entgehen.

Äpfel sind ein reines Naturerzeugnis. Es wächst sogar vor unserer Haustür – und nicht etwa, wie die meisten Superfoods,
15 in fernen Gegenden. Zu alledem ist es der ideale Snack, der seine Verpackung gleich mitbringt und genau so groß ist, dass er gut in Hände und Taschen passt. Alles gut für unsere Umwelt!

20 Und Äpfel sind unser absolutes Lieblings-essen: 21 Kilogramm Äpfel – also rund 120 Früchte mit meist roten Bäckchen – verzehrt ein jeder von uns im Durchschnitt pro Jahr (alle Apfelprodukte wie Saft oder
25 Kuchen eingerechnet).

Die Geschichte des Apfels beginnt vor mehr als 10 000 Jahren in den Gebirgswäldern im heutigen Kasachstan, dessen größte Stadt im Übrigen Almaty heißt: „Stadt der Äpfel". Im Lauf der Jahrtausende verbreitete sich 30 der Apfel von hier aus über alle Kontinente. Seit ungefähr 2000 Jahren wurden dann erstmals im Rheintal Äpfel angebaut.

Lange Zeit war der Apfel eine absolute Kostbarkeit, ein Luxusprodukt. Erst in den 35 vergangenen Jahrhunderten ist der Apfel zur Frucht für jedermann geworden – zum Glück. Heute kann sich jeder Äpfel leisten.

(verändert)

Die Zusammenfassung vorbereiten

Bevor du eine Zusammenfassung formulieren kannst, musst du den Text gründlich lesen und die wichtigsten Informationen finden und heraus-schreiben.

1 Lies noch einmal den ersten Abschnitt des Textes über Äpfel.
- Welche Wörter sind besonders wichtig? Markiere sie (Folientechnik). Es sollen aber nur wenige Wörter oder kurze Sätze sein.
- Kontrolliere, ob sie zu der Überschrift passen.

2 Mesut hat den ersten Abschnitt des Textes gelesen und bearbeitet. Er hat Wörter und Formulierungen markiert, die ihm wichtig erscheinen.
a) Vergleicht eure Markierungen mit seinen.
b) Sprecht darüber, ob die Markierungen zur Überschrift des Abschnitts passen. Begründet eure Entscheidungen.

> Was für ein perfektes Produkt – wahrhaft ein Superfood! Süß und säuerlich zugleich, knackig und weich. Wozu Gojibeeren, Chiasamen und all die anderen Superfoods
> 5 essen? Und dabei so gesund: Rund 30 verschiedene Vitamine und etliche Mineral- und Ballaststoffe stecken darin, dazu Substanzen, die uns vor gefährlichen Krankheiten wie Krebs bewahren. Die
> 10 heimische Superfrucht sollte auch wirklich niemandem entgehen.

> Warum ist das Wort „Superfood" markiert?

> Das Wort „Superfood" passt gut zu der Abschnittsüberschrift ..., weil ...

3 Mesut hat sich zu seinen Markierungen im ersten Abschnitt einen Spickzettel angelegt. Ihr seht ihn auf der Seite 113 oben. Sprecht darüber: Welche Hinweise aus dem Methodenkasten hat Mesut berücksichtigt?

> Mesut hat mit eigenen Worten formuliert, z. B. ...

> Mesut hat ... oben auf den Spickzettel geschrieben.

Im 1. Abschnitt steht, dass Äpfel sehr gesund sind.

Äpfel sind perfektes Essen – also Superfood!
Ä. sind gesund:
Ä. enthalten 30 verschiedene Vitamine und Mineral- und Ballaststoffe
Ä. schützen vor Krankheiten, z. B. Krebs!!!!
→ jeder sollte Ä. essen

METHODE ▸ Spickzettel für Zusammenfassungen anlegen

Gut formulierte Spickzettel können dir helfen, die wichtigsten Informationen in einem Abschnitt oder Text zusammenzufassen.

- Schreibe deinen Spickzettel immer gut leserlich mit der Hand auf eine Karteikarte oder einen Zettel.
- Notiere oben auf dem Spickzettel, worum es im Abschnitt geht.
- Formuliere Stichwörter oder kurze Sätze mit eigenen Worten.
- Entscheide, welche Informationen wichtig sind und welche du weglassen kannst: Passt das Stichwort zur Überschrift des Abschnitts?
- Überlege, welche Fachwörter (z. B. Vitamine) oder treffende Wörter (z. B. Superfood) du übernehmen kannst.
- Schreibe, was zusammengehört, untereinander (z. B. Aufzählungen).

4 Bearbeite nun selbst die anderen Abschnitte des Textes.
   a) Markiere zunächst in jedem Abschnitt wichtige Stichwörter.
   b) Schreibe zu jedem Abschnitt einen Spickzettel.

5 Kontrolliere, ob deine Spickzettel gut angelegt sind.
   - Suche dir einen Partner/eine Partnerin und arbeitet zu zweit.
   - Nutze deinen Spickzettel und fasse den Abschnitt mündlich zusammen.
   - Dein Zuhörer/deine Zuhörerin kann nachfragen, wenn etwas unklar ist.
   - Korrigiere deinen Spickzettel.

6 Sprich mit einem Partner/einer Partnerin darüber, was du korrigiert hast.
   Begründe deine Entscheidungen.

→ Wenn du Hilfen brauchst, kannst du dir im Medienpool passende Spickzettel erarbeiten („Spickzettel für eine Textzusammenfassung nutzen").

Eine Zusammenfassung mit Hilfen schreiben

Wenn du einen Text gut kennst und die wichtigsten Informationen herausgearbeitet hast, kannst du ihn mit eignen Worten zusammenfassen. Die Zusammenfassung schreibst du nach einem festgelegten Schreibplan.

1 Aus welchen Teilen besteht eine Zusammenfassung?
Lies dazu die Information im Kasten.

> **WISSEN UND KÖNNEN**   **Schreibplan für eine Zusammenfassung**
>
> Deine **Zusammenfassung** muss sachlich sein. Du darfst nichts dazu-erfinden und du sollst auch nicht deine eigene Meinung abgeben. Schreibe im Präsens.
> – In der **Einleitung** nennst du den Titel des Textes und das Thema. Nenne auch Autor und Textquelle, falls bekannt.
> – Im **Hauptteil** fasst du die wichtigsten Informationen des Textes Abschnitt für Abschnitt mit eigenen Worten zusammen. Lass alles weg, was nicht unbedingt erwähnt werden muss.
> – Im **Schluss** kannst du den zentralen Gedanken des Textes noch einmal nennen.

wortstark!

Im zweiten Abschnitt wird ein weiterer Grund dafür genannt. Äpfel …
Im dritten Abschnitt steht, …
Im nächsten Abschnitt geht es um die Geschichte des Apfels: …
Im letzten Abschnitt wird die wichtigste Information noch einmal wiederholt: …

2 Schreibe eine Zusammenfassung zum Text „Äpfel: Unser heimisches Superfood".
a) Formuliere die Einleitung. Nutze die Satzanfänge vom wortstark!-Zettel rechts.
b) Fasse den ersten Abschnitt zusammen. Nutze den Spickzettel auf Seite 113.
    Im ersten Abschnitt steht, dass Äpfel …
    Äpfel enthalten nämlich … Deshalb sollen wir …
c) Fasse auch die anderen Abschnitte zusammen. Du kannst die Satzanfänge vom wortstark!-Zettel links verwenden.
d) Hier findest du zwei Vorschläge für den Schluss. Welchen musst du nehmen? Warum?

wortstark!

Im Text „…" geht um das Thema …
Der Text stammt aus …
Er wurde von … verfasst.

Äpfel sind also ein wirkliches Superfood. Deshalb sollten wir alle Äpfel essen.

Mir schmecken Äpfel echt gut! Ich bin ein richtiger Apfel-Fan!

Eine Zusammenfassung selbstständig schreiben

1 Fasse den Text „Das gesunde Pausenbrot" zusammen. Du findest diesen Texte im Medienpool.

→ Medienpool: Das gesunde Pausenbrot

a) Erstelle zunächst einen Schreibplan.

- Trage in den Schreibplan ein, was in die Einleitung, den Hauptteil und den Schluss gehört. Nutze dazu den Merkkasten auf Seite 114.
- Ordne die Satzanfänge Einleitung, Hauptteil und Schluss zu.

Der Text „..." stammt von ...   Im ersten Abschnitt ...

Im letzten Abschnitt ...   Zusammenfassend kann man sagen ...

Im Text geht um das Thema ...   Im zweiten Abschnitt ...

Die Folge davon ist ...   Im nächsten Abschnitt ...

Schreibplan

Einleitung – Wie heißt der Autor/die Autorin? – Worum geht es im Text?	Der Text „..." stammt von ... Im Text geht es um das Thema ...
Hauptteil Zusammenfassung der Abschnitte 1. Abschnitt ...	
Schluss ...	

b) Formuliere nun deine Zusammenfassung. Nutze deinen Schreibplan.

2 Überprüfe deinen Text. Nutze dazu die Checkliste.

CHECKLISTE ▶ **Eine Zusammenfassung schreiben**

- ✓ Text in Einleitung, Hauptteil und Schluss gegliedert?
- ✓ Enthält der Text alle wichtigen Informationen?
- ✓ Entspricht die Zusammenfassung der Reihenfolge im Text?
- ✓ Habe ich mit eigenen Worten formuliert?
- ✓ Ist der Text im Präsens formuliert?
- ✓ Ist der Text sachlich geschrieben?

Wie du mit eigenen Worten formulieren kannst, kannst du auf der wortstark!-Seite 116 üben.

wortstark!

Mit eigenen Worten formulieren

In Zusammenfassungen wird von dir verlangt, die Formulierungen des Textes nicht wörtlich zu übernehmen, sondern den Text mit eigenen Worten wiederzugeben.

Mit eigenen Worten wiedergeben:
– Stell dir vor, du müsstest den Satz jemand anderem erzählen, dann wählst du automatisch deine eigenen Worte.
– Du kannst auch Satzteile austauschen oder umstellen.
– Lies dir den Satz im Text einmal genau durch und lege ihn dann zur Seite. Versuche den Inhalt des Satzes aus dem Gedächtnis zu wiederholen.

❶ Gib die Sätze aus dem Text „Äpfel: Unser heimisches Superfood!" (Seite 111) mit eigenen Worten wieder. Nutze die Satzanfänge.

So steht es im Text:	So formuliere ich mit eigenen Worten:
Was für ein Produkt – wahrhaft ein Superfood (Z. 1-2)	Äpfel sind einfach …
Substanzen, die uns vor gefährlichen Krankheiten wie Krebs bewahren sollen (Z. 8-9)	Äpfel enthalten viele Dinge, …
Äpfel sind ein reines Naturerzeugnis. (Z. 12)	Äpfel sind …
Es wächst nicht in fernen Gegenden. (Z. 8-15)	Äpfel wachsen …
21 Kilogramm Äpfel verzehrt ein jeder von uns im Durchschnitt pro Jahr (Z. 21-24)	21 Kilo Äpfel …
Lange Zeit war der Apfel eine absolute Kostbarkeit, ein Luxusprodukt (Z. 34-35)	Lange Zeit …

Viele Fachwörter sind Fremdwörter. Sie werden international verwendet, unterscheiden sich jedoch in der Schreibweise und Aussprache, zum Beispiel: Kalorie (Deutsch), calorie (Englisch).
Mehr zu Fachwörtern auf Seite 200/201, mehr zu Fremdwörtern auf den Seiten 200, 239-241.

❷ Fachwörter kannst du nicht mit eigenen Worten wiedergeben.
– Welche der folgenden Wörter sind Fachwörter?
– Ordne die Wörter in einer Tabelle

Apfel   Substanz   Lieblingsessen   Luxus   Jahrhundert
Verpackung   Mineralstoffe   Balaststoffe   Krankheit

Wort aus der Alltagssprache	Fachwort
Apfel	Substanz

wortstark!

Vitamine sorgen dafür, …
Vitamine dienen dazu, dass …
Wir brauchen Vitamine, um … zu/damit …

❸ Erkläre die Fachwörter.
– Schlage dazu im Wörterbuch nach.
– Nutze für die Erklärungen den wortstark!-Zettel.

SPRACHE UNTERSUCHEN

Textbezüge erkennen und herstellen

Wenn du die Sätze in einer Zusammenfassung sinnvoll miteinander verknüpfst, zeigst du, dass du die Gedanken des Autors verstanden hast.

1 Julian hat den Text „Warum meiden wir blaues Essen?" zusammengefasst:

Der Text behandelt das Thema „blaues Essen". ...
Im ersten Abschnitt steht, dass Erwachsene blaue Lebensmittel
nicht mögen. ...
Blaue Lebensmittel kommen in der Natur nicht oft vor
und außerdem sind sie oft giftig. ...
Wissenschaftler haben herausgefunden, dass Blau sogar
einen appetithemmenden Effekt haben kann. ...
Im letzten Abschnitt steht, dass Kinder blaue Lebensmittel
durchaus mögen. ...

Die folgenden Sätze hat Julian vergessen:

a. Wer abnehmen will, sollte in einer blauen Umgebung essen oder blaues
Geschirr benutzen.
b. Dies erklären Forscher damit, dass Kinder noch nicht so festgelegt sind.
c. Dafür nennt die Autorin anschließend/im nächsten Abschnitt einen Grund.
d. Er stammt aus einer Jugendzeitschrift und wurde von Solveig Hofmann
verfasst.
e. Deshalb betrachten Erwachsene die Farbe Blau als Warnsignal.

a) Wo passen die vergessenen Sätze hin? Ergänze die Zusammenfassung.
b) Sprecht darüber, wo ihr die fehlenden Sätze eingefügt habt.

→ Den Text „Warum meiden wir blaues Essen?" findest du im Medienpool.

Unterstreiche die ersten Wörter der Sätze. Nutze die Hinweise im Merkkasten.

WISSEN UND KÖNNEN ▶ **Verweiswörter verwenden**

Ein Text besteht aus Sätzen, die miteinander verknüpft sind.
Achte beim Lesen und Schreiben auf Verweiswörter, die Sätze miteinander verknüpfen. Zu solchen Verweiswörtern gehören Pronomen
(Der Text ... Er ...), Begründungswörter (z. B. deshalb, darum) oder
Wörter wie dafür, daran, danach, dadurch, damit ...
Mit Verweiswörtern beziehst du dich auf bestimmte Wörter im vorhergehenden Satz oder auf den ganzen vorhergehenden Satz.

Eine Zusammenfassung schreiben

Aus der Großküche auf deinen Teller

Beim Schulessen denken die meisten nicht ans Zubereiten und Kochen. Doch tatsächlich ist in einer Großküche ganz schön viel Arbeit nötig, bis das Essen auf dem Teller
5 liegt. Die Backöfen sind so groß wie Schränke. Hier passen mindestens zehn Backbleche hinein. Außerdem köchelt es in großen Kesseln und auch die Küchengeräte sind riesig.

10 Wenn du auf eine Ganztagsschule gehst, wirst du mittags vermutlich ein Essen aus einer Großküche bekommen. Nur selten befinden sich die Großküchen in den Schulen. Denn solche Küchen einzubauen, ist teuer
15 und aufwendig. Die meisten Schulen in Deutschland bekommen deshalb warmes Essen geliefert. Dafür wählt die Schule eine Firma aus, die das Essen bei sich kocht. Dann wird es in Behälter gepackt, die es
20 warmhalten, und geliefert fast wie beim Pizza-Service. Andere Firmen liefern das Essen kalt oder tiefgekühlt. Dann muss es in der Schule noch aufgewärmt werden. Doch nicht alle Speisen eignen sich dafür.

Hält man Brokkoli länger warm, wird er 25 grau und verliert Vitamine. Nudeln werden klebrig und Rührei trocken.

Was auf dem Speiseplan steht, entscheiden die Schulen. Sie suchen aus mehreren Gerichten der Firma aus und fragen sich 30 dabei zum Beispiel: Was ist gesund? Was schmeckt den Schülern? Auch der Preis ist wichtig. Schließlich sollen sich alle das Essen leisten können.

Fachleute haben Regeln für gesundes Essen 35 aufgestellt und die Kosten berechnet. Sie sagen: Zu gesundem Essen gehört täglich Gemüse und nur ab und zu Fleisch. An vielen Schulen sei das Essen aber nicht so gesund. Dabei koste es nur ein paar Cent 40 mehr, nach ihren Regeln Lebensmittel einzukaufen. Die Fachleute hoffen, mehr Schulen davon zu überzeugen, gesünderes Essen anzubieten.

Quelle: www.duda.news.de

(verändert)

In einer Großküche ist tatsächlich alles ein bisschen größer.

ZEIGE, WAS DU KANNST

1 Schreibe zu dem Text „Aus der Großküche auf deinen Teller" eine Zusammenfassung. Wähle Aufgabe **A** oder **B** aus.

A Fasse die ersten drei Abschnitte des Textes zusammen.
Gehe dabei so vor:
- Lies den Abschnitt und formuliere eine Überschrift.
- Markiere im Abschnitt wichtige Informationen.
- Schreibe zu jedem Abschnitt Spickzettel.
- Formuliere für die drei Abschnitte eine Zusammenfassung.

Du kannst diese Satzanfänge nutzen:

Im Text geht es um das Thema ...

Der Text stammt von der Internetseite ...

Im ersten Abschnitt wird beschrieben ...

Im nächsten Abschnitt wird genau erklärt, woher Schulen ihr Essen bekommen: ...

Anschließend geht es um den Speiseplan. ...

Die wichtigste Information ist: ...

B Lies den ganzen Text und fasse ihn mit eigenen Worten zusammen.
Gehe so vor:
- Arbeite Abschnitt für Abschnitt.
- Markiere (Folientechnik) in jedem Abschnitt die wichtigsten Informationen.
- Schreibe zu jedem Abschnitt Spickzettel.
- Formuliere deine Zusammenfassung. Du kannst den Schreibplan auf Seite 115 nutzen.
- Überarbeite deinen Text mit Hilfe der Checkliste auf Seite 115.

▶ Erstellt ein Lernvideo, wie man eine Zusammenfassung plant und schreibt.
Arbeitet in Gruppen:
- Orientiert euch bei der Gliederung des Lernvideos an den Seiten und Seitenüberschriften des Kapitels.
- Überlegt, was ihr auf eure Folien schreiben wollt. Nutzt dazu die Hinweise in den Tipps und Merkkästen des Kapitels.

Sachtexte lesen: Informationen und Meinungen unterscheiden

Wenn du dich über Personen, Sachen oder Ereignisse informieren willst, kannst du diese Informationen in Sachtexten suchen. Viele Sachtexte enthalten aber auch Meinungen und Bewertungen. Hier lernst du, wie du diese in Texten erkennen kannst.

TEXTE UND MEDIEN

Amelia Earhart (geboren am 24. Juli 1897 in Atchison, Kansas) war eine bekannte US-amerikanische Pilotin, die zahlreiche Rekorde aufgestellt hat. Die Flugpionierin flog 1932 als erste Frau allein über den Atlantik.

5 Beim Versuch einer Weltumrundung verunglückte sie mit ihrem Flugzeug auf der Route zur Howlandinsel im Pazifischen Ozean. Sie starb mit nur 39 Jahren am 2. Juli 1937. *(verändert)*

Amelia Earhart:
Vom Fliegen besessen

Am 2. Juli 1937 verschwand Rekordfliegerin Amelia Earhart auf ihrer geplanten Weltumrundung plötzlich über dem Pazifik. Das Flugzeug der Starpilotin wurde nie gefunden.

5 Die amerikanische Pilotin Amelia Earhart war die erste Frau, die einen Transatlantikflug allein wagte. Am 21. Mai 1932 flog die ehrgeizige Pilotin in nur 13 Stunden und 55 Minuten von Neufundland in Kanada nach Irland. Mit diesem Flug hatte Amelia

10 Earhart gleich drei Rekorde auf einmal aufgestellt: Sie war als erste Frau solo über den Atlantik geflogen, hatte außerdem den längsten Non-Stop-Flug einer Frau und die schnellste Atlantiküberquerung zur damaligen Zeit geschafft. Dies hatte noch keine Frau

15 vor ihr gewagt. *(verändert)*

1 a) Lies die beiden Texte auf Seite 120.

b) Erstelle einen Steckbrief für Amelia Earhart. Suche dazu die passenden Informationen in den beiden Texten.

2 Sprecht darüber: Aus welchem Text erhaltet ihr zum Steckbrief mehr Informationen? Begründet eure Entscheidung.

3 Was erfährst du im zweiten Text über Amelia Earhart? Übertrage und ergänze den Cluster.

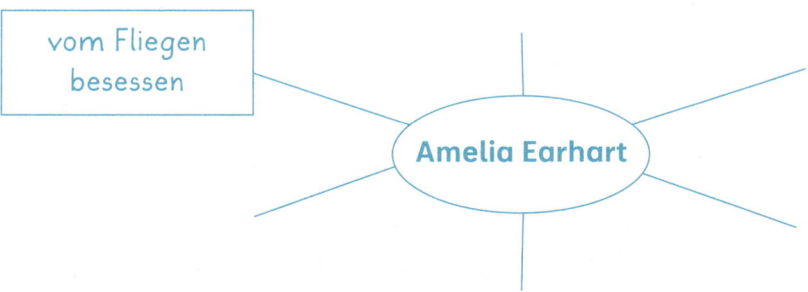

vom Fliegen besessen

Amelia Earhart

Steckbrief
Name: ...
geboren: ...
Geburtsort: ...
Beruf: ...
gestorben: ...
Umstände: ...

4 Welche Aussage passt zu welchem Text? Begründe deine Entscheidung.

a. Der Text möchte kurz über die Lebensdaten von Amelia Earhart informieren.

b. Der Text möchte vermitteln, dass Amelia Earhart eine großartige Pilotin war.

5 Schau dir die Fotos zu den Texten an.

a) Was ist auf den Fotos zu sehen?

b) Warum passen die Fotos gut zu den Texten?

– Welches Foto zeigt die Pilotin bei der Arbeit?

– Welches Foto zeigt ein Denkmal, das man ihr zu Ehren errichtet hat?

6 Recherchiere im Internet drei weitere Fotos zu Amelia Earhart.

– Präsentiere die Fotos in der Klasse.

– Beschreibe zunächst, was auf dem Foto zu sehen ist.

– Begründe, zu welchem Text das Foto passen könnte.

wortstark!

Auf dem Foto sieht man, ...
Mir fällt besonders auf, dass ...
Das Foto passt meiner Meinung gut zu Text ..., weil ...

Informationen und Meinungen in Sachtexten erkennen

Wenn ein Autor/eine Autorin uns über eine Person informieren will, nennt er/sie die wichtigsten Daten. Wenn du dich nur für Sachinformationen interessierst, musst du diese Kerninformationen herausarbeiten. Du musst auch erkennen, an welchen Stellen im Text der Autor oder die Autorin die Person bewertet und eine Meinung formuliert.

1 Lies das Fettgedruckte. Was bedeutet es, wenn jemand zu dir sagt: „Du bist wie der Schneider von Ulm"? Erkläre es mit deinen Worten.

Der Schneider von Ulm

Wenn man sagt, jemand sei „wie der Schneider von Ulm", dann verspottet man ihn, weil er sich zu viel vorgenommen hat und gescheitert ist.

5 Die Redewendung geht zurück auf Albrecht Ludwig Berblinger (1770–1829), einen Schneider, der im 19. Jahrhundert in der Stadt Ulm lebte. Albrecht Ludwig Berblinger war aber nicht nur ein Schneider, sondern auch ein begabter Erfinder. 10

So baute er eine Maschine, mit der er wie ein Vogel fliegen wollte. Die Geschichte über seine Erfindung machte überall die Runde und sogar der König persönlich kam nach Ulm, um den berühmten Flugapparat 15 zu sehen. Am 31. Mai 1811 machte Berblinger vor den Augen des Königs einen spektakulären Flugversuch. Der Versuch missglückte jedoch und Berblinger ging unsanft in der Donau baden. Für seine Zeitgenossen 20 war er fortan eine Witzfigur, alle machten sich über den Schneider von Ulm lustig. Diese Reaktion seiner Mitmenschen war jedoch äußerst ungerecht. Denn sein Flugapparat war gar nicht Schuld an der Misere, 25 wie spätere Versuche zeigten, sondern die schlechten Windverhältnisse an diesem Tag. Wie viele geniale Menschen war Albrecht Ludwig Berblinger seiner Zeit voraus. Unglücklich und verarmt starb er im Alter von 30 58 Jahren in einem Hospital. Ein Nachbau seines ungewöhnlichen Flugapparats kann heute im Rathaus von Ulm besichtigt werden.

1. Berblinger's unglückliches Unternehmen als Luftfliger in seiner Positur. 2. das Ufer der Donau, mit Zuschauer. 3. die glückliche Rettung des Luftfligers von den Fischern. 4. Ulm.

(verändert)

2 Suche im Text nach Informationen über den „Schneider von Ulm".
Schau dir auch die Abbildung und die Bildunterschrift an.
Schreibe einen kurzen Text, wie er in einem Lexikon stehen könnte.
Nutze den wortstark!-Zettel und formuliere Antworten auf die Fragen:

a. Wann und wo lebte Albrecht Ludwig Berblinger?

b. Was war er von Beruf?

c. Warum wurde er berühmt?

d. Was geschah am 31. Mai 1811?

e. Wann starb Albrecht Ludwig Berblinger?

wortstark!
Albrecht Ludwig Berblinger lebte von ... bis ...
in der Stadt ...
Er war von Beruf ...
Berühmt war er aber ...
Er erfand ...
Am 31. Mai 1811 ...
Der Versuch scheiterte, weil ...
Albrecht Ludwig Berblinger starb ...

3 Im Text stehen nicht nur Informationen. Der Autor hat eine klare
Meinung über den Schneider von Ulm. Was denkt er über ihn und den
Flugversuch? Unterstreiche die Wörter (Folientechnik), die eine Bewertung
ausdrücken. Nutze den Wissen-und-Können-Kasten.

4 Welcher Aussage stimmst du zu? Nutze zur Begründung deine Markierungen
aus Aufgabe 3.

a. Der Reporter hält den Flugversuch für eine große Leistung.

b. Der Reporter macht sich über den Schneider von Ulm lustig.

c. Der Reporter findet, dass Berblinger ungerecht behandelt wurde.

d. Der Reporter denkt, dass der Schneider von Ulm viel klüger war,
   als die meisten seiner Mitmenschen.

5 Stell dir vor, du hast einen besonderen Flugapparat gebaut.
Wer will, kann damit wie ein Vogel fliegen. Entwirf ein Plakat, auf dem
du deinen Flugapparat beschreibst und für ihn Werbung machst.

Ideen für besondere Flugapparate findest du im Internet. Gib einmal die Suchbegriffe „Berblinger Flugwettbewerb" oder „fliegende Autos" ein.

WISSEN UND KÖNNEN ▶ **Informationen und Meinungen unterscheiden**

Sachtexte enthalten Informationen zu Personen, Dingen oder Ereignissen. Sachinformationen kannst du überprüfen:
Albrecht Ludwig Berblinger lebte von 1770–1829.
Wenn Autorinnen oder Autoren über ein Thema schreiben, drücken sie oft auch ihre Meinung aus. Sie sagen, wie sie Personen, Dinge oder Ereignisse finden und bewerten diese:
Der Schneider von Ulm war ein genialer Erfinder.

SPRACHE UNTERSUCHEN

Bewerten und hervorheben

Um herauszustellen, wie einzigartig und besonders eine Person oder eine Sache ist, setzen wir bestimmte sprachliche Mittel ein.

❶ Lies den Text aus dem Internet: Wie findet der Autor viele Raumschiffe, die in Filmen vorkommen? Markiere die Stellen im Text (Folientechnik). Nutze die Hinweise im Wissen-und-Können-Kasten.

Die coolsten Raumschiffe in Filmen

Der Weltraum, unendliche Weiten … Da braucht man natürlich ein sehr schnelles Raumschiff, ein superschnelles Gefährt, um den fiesen Außerirdischen zu entkommen. In Filmen kommen viele wunderschöne, atemberaubende, geniale Raumschiffe vor. Wir laden euch ein zu einem Ausflug zu den tollsten Sternenschiffen.   5

WISSEN UND KÖNNEN ▶ **Bewerten und hervorheben**

Es gibt verschiedene sprachliche Mittel, um Personen oder Dinge hervorzuheben und zu bewerten.
- Adjektive in der Höchststufe: die coolsten Raumschiffe
- Verstärker: ein sehr schnelles Raumschiff, ein superschnelles Gefährt
- Wörter, mit denen man eine (positive oder negative) Wertung ausdrückt: ein tolles Raumschiff, die fiesen Außerirdischen
- direkt ausgedrückte Bewertungen: Das finde ich klasse!

---

❷ Lies, welches Raumschiff der Autor besonders herausstellt.
a) Schreibe alle Wörter auf, mit denen die Besonderheiten dieses Raumschiffes hervorgehoben werden.
b) Bestimme die sprachlichen Mittel. Nutze die Hinweise im Kasten.

Ein unglaublich schönes Raumschiff ! Wenn es hart auf hart kommt, beschleunigt dieses obercoole Raumschiff einfach auf wahnsinnige Geschwindigkeit! Es ist das atemberaubendste Raumschiff aller Zeiten. Schreibt uns bitte, welche Raumschiffe ihr einzigartig und obercool findet.   5

Mit Wörtern bewerten

> Wenn man einen „Rekord" …

> Ein „Alleinflug" ist ein Flug, …

wortstark!

1 Erkläre die Wörter. Nutze die Sprechblasen.

bedeutendsten   Alleinflug   „Königin der Lüfte"   Rekordflug

Kunstfliegerin   Rekorde   die Superpilotin   Langstreckenflüge

> Ein anderes Wort für „bedeutend" ist …

2 Lies die Filmankündigung und setze die Wörter aus Aufgabe 1 ein.
Es gibt mehrere Möglichkeiten. Vergleicht eure Lösungen.

Der Film „**Abflug**" erzählt die Geschichte von Elly Beinhorn (1907–2007), der ▢ Pilotin ihrer Zeit. Im Alter von 21 Jahren begann sie ihre Fliegerausbildung und erwarb 1929 einen Pilotenschein. Anschließend war sie als ▢ tätig, bis sie 1931 durch einen ▢ nach Afrika von sich reden machte. 1932 umrundete ▢ als erste Frau mit ihrer einmotorigen Maschine die Welt und erlangte durch diesen ▢ deutschlandweite Bekanntheit. Weitere ▢ folgten, Mitte der 1930er Jahre stellte Beinhorn mehrere ▢ auf, wie das Überfliegen von drei Kontinenten an einem Tag. So wurde Elly Beinhorn zur ▢.   5

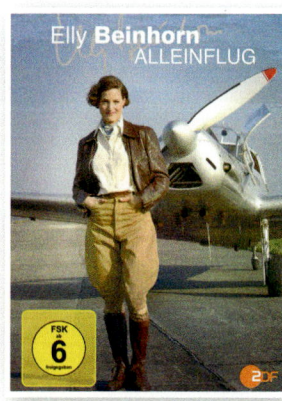

3 Lies die folgende Zeitungsmeldung.

a) Worum geht es? Formuliere eine Überschrift.

b) Markiere (Folientechnik) die Wörter, an denen du erkennen kannst, wie der Autor den Flugverkehr bewertet.

Sachsenhausen. Die Martin-Buber-Schule leidet unter unerträglichem Fluglärm. Grund: Die Schule liegt mitten in der Einflugschneise der neuen Landebahn
5 des Frankfurter Flughafens.

Über 1000 Kinder, Eltern, Lehrer, Anwohner sind auf den Beinen. Sie lassen 5000 Papier-Flugzeuge vom Turm der Bergkirche sausen, um gegen den Höllenlärm der Flugzeuge zu protestieren.   10
„Wenn wir ein Diktat schreiben, hören wir die Lehrerin gar nicht mehr – einfach zu viel Radau!", klagt eine Schülerin. „Die Flugzeuge machen einen Mordskrach, die Schule müsste eigentlich geschlossen werden",   15 meint eine Mutter. Die Schulleiterin ist besorgt und befürchtet: „Dieser Riesenkrach führt zu fluglärmgeschädigten Kindern".

Bewertungen erkennen und untersuchen

Sachtexte enthalten vor allem Informationen. Oft findest du darin aber auch Wertungen und Meinungen. Diese kannst du an bestimmten sprachlichen Mitteln erkennen.

1 Lies Text 1 (Seite 127) und erkläre, was Weltraumtourismus ist.
- Markiere die Erklärung im Text (Folientechnik).
- Erläutere, wo Weltraumtouristen unterwegs sind.

2 Lies Text 2 (S. 127) und beantworte die Fragen a–c.
a. Welche weiteren Informationen über Weltraumtourismus erhältst du?
b. Wer ist auf dem Foto zu sehen?
c. Warum passt das Foto zum Text?

3 Vergleiche die beiden Texte miteinander.
a) Welcher Text enthält vor allem Informationen? Welcher Text enthält auch eine Meinung? Nenne Beispiele aus dem Text.
b) Welche Meinung über Weltraumtourismus wird in diesem Text vertreten? Fasse diese zusammen.
c) Woran erkennst du, dass der Autor eine Meinung formuliert? Markiere die Stellen im Text (Folientechnik). Nutze den Wissen-und-Können-Kasten auf Seite 124.

4 Nenne die Gründe, die der Autor von Text 2 für seine Meinung anführt.

5 Erkläre die unterstrichenen Wörter in den Sätzen a–c. Welche Bewertungen werden mit diesen Wörtern im Text ausgedrückt?
a. Die Preise sind astronomisch.
b. Das ist nur für schwerreiche Weltraumtouristen.
c. Nur Superreiche können sich das leisten.

„Astronomisch" bedeutet so viel wie ... Der Autor will damit sagen, dass ...

Wenn jemand „schwerreich" ist, dann ...

Das können sich nur „Superreiche" leisten. Damit meint der Autor ...

Text 1

Weltraumtourismus

Als Weltraumtourismus werden Urlaubsreisen in den Weltraum bezeichnet. Ziel dieses Tourismus sind die erdnahen
Bereiche. Touristen besuchen zurzeit die Erdumlaufbahn und
die Internationale Raumstation (ISS). Man kann einen Flug um
5 die Erde buchen. Eine amerikanische Firma plant zusammen
mit Russland, künftig auch Flüge um den Mond anzubieten.
Experten haben herausgefunden, dass die Zahl der Menschen,
die gern in den Weltraum fliegen wollen, ständig zunimmt. *(verändert)*

Text 2

Weltraumtourismus wird immer beliebter

**Normalerweise fliegen nur Astronauten
in den Weltraum, um dort zu forschen.
Heutzutage wollen viele Menschen,
die nicht Astronaut von Beruf sind,
5 gern einfach nur mal so ins All fliegen –
als Tourist. Aber das ist eigentlich eine
verrückte Idee.**

Weltraumtouristen sind auf der Suche
nach einem ungewöhnlichen Abenteuer.
10 In einem Raumschiff den Mond umkreisen,
das finden sie klasse. Allerdings sind die
Preise noch „astronomisch". Der japanische
Geschäftsmann Yusaku Maezawa bezahlte
für sein Ticket 20 Millionen Dollar. Die ISS
15 als Ziel – das ist nur für schwerreiche Weltraumtouristen möglich. Weltraumurlaub
ist ein teurer Spaß! Nur Superreiche können sich das leisten.

Es ist ein Riesenaufwand, ein Raumschiff
zu bauen, damit zu starten und die Men- 20
schen auch wieder heil auf die Erde zurück-
zubringen.
Und noch etwas ist höchst problematisch:
In so einem Raumschiff ist nicht viel Platz.
Man müsste also viele Raumschiffe bauen. 25
Und das wäre vollkommen unverantwort-
lich. Wir machen uns alle Sorgen um unser
Klima. Die vielen Raketenstarts würden die
Luft noch mehr verpesten und unser Klima
total ruinieren. 30
Deshalb sollten wir auf Weltraumtouris-
mus besser ganz verzichten.

*Yusaku Maezawa will als erster Tourist den Mond
umfliegen, nur nicht allein. Jetzt sucht er im Internet
nach einer Lebenspartnerin, die ihn begleitet.*

Informationen und Meinungen unterscheiden

Steckbrief
Name: ...
Geburtsdatum: ...
Beruf: ...
Studium: ...
Erste Mission: ...
Zweite Mission: ...
Hobbys: ...

1 Lies den Lexikonartikel über Alexander Gerst (Text 1).
   a) Erstelle einen Steckbrief zu Alexander Gerst.
   b) Suche im Internet ein passendes Foto zum Lexikonartikel.

2 Lies Text 2 zu Alexander Gerst.
   Was erfährst du in diesem Text über Alexander Gerst?
   Übertrage und ergänze den Cluster.

ein Glücksfall für die Raumfahrt

Das ist so besonders an Alexander Gerst

3 a) Welche Aussage passt zu welchem Text?
   a. Der Text informiert über die Lebensdaten von Alexander Gerst.
   b. Der Autor/Die Autorin des Textes möchte zeigen, dass Alexander Gerst ein besonderer Astronaut ist.

   b) Begründe deine Entscheidung.
   Text ... informiert über die Lebensdaten von Alexander Gerst, denn in diesem Text ...
   Der Autor/Die Autorin von Text ... hebt Alexander Gerst besonders hervor: Er/Sie meint, dass Alexander Gerst ein ...

4 Markiere im Text 2 (Folientechnik) Wörter, mit denen der Autor den Astronauten Alexander Gerst bewertet und hervorhebt.
   Nutze die Hinweise im Wissen-und-Können-Kasten auf Seite 124.

5 Schreibe für die Schülerzeitung einen Beitrag über Alexander Gerst.
   – Informiere deine Leser über die Person und stelle heraus, warum Alexander Gerst ein besonderer Astronaut ist.
   – Illustriere deinen Text mit passenden Fotos aus dem Internet. Beschrifte deine Fotos.

ZEIGE, WAS DU KANNST

Text 1

Alexander Gerst wurde am 3. Mai 1976 in Künzelsau (Baden-Württemberg) geboren. Nach dem Abitur studierte er in Karlsruhe und Wellington (Neuseeland) Geophysik. Von 2004 bis 2009 arbeitete Gerst am Institut für Geophysik der Universität Hamburg, wo er neue
5 Instrumente für die vulkanische Forschung mitentwickelte.
Seit 2009 ist Alexander Gerst Astronaut. Von April bis November 2014 war er in erster Mission auf der ISS. Bei seiner zweiten Mission (Juni–Dezember 2018) war er ab dem 3. Oktober Kommandant.
Seine Freizeit verbringt Alexander Gerst mit Fechten, Schwimmen,
10 Laufen, Klettern, Fallschirmspringen, Snowboarden und Tauchen.

Text 2

Alexander Gerst:

Ein Glücksfall für die Raumfahrt

Der Mann, der uns das Weltall näherbringt wie niemand sonst, sitzt in der Aussichtskapsel der internationalen Raumstation ISS. Über seinem Kopf schwebt die Erde,
5 400 Kilometer entfernt, weiße Wolkenfelder auf hellblauem Grund.
Astronaut Alexander Gerst berichtet über seinen Alltag auf der Station. Doch Alexander

Fast 200 Tage verbrachte Alexander Gerst im All – länger als jeder andere deutsche Astronaut.

Gerst ist nicht nur ein exzellenter Astronaut, er ist auch ein verantwortungsvoller Wissen- 10 schaftler. Was Gerst besonders macht, ist sein überaus großes Talent, uns wichtige Botschaften zu übermitteln. Wie kein anderer ist er in der Lage, über seine Eindrücke, Gedanken und Gefühle zu sprechen. 15
„Liebe Enkelkinder", beginnt Gerst mit ruhiger Stimme. „Wenn ich so auf den Planeten runterschaue, dann denke ich, dass ich mich wohl bei euch entschuldigen muss." Seine Generation, sagt er, wird die 20 Erde wohl nicht in bestem Zustand an die Nachfolgenden übergeben. Gerst kritisiert die hemmungslose Rodung der Wälder, den Müll in den Meeren, die Bodenschätze, die die Menschen viel zu schnell verbrauchen, 25 und die sinnlosen Kriege, die über ihm auf der Erde gerade geführt werden. Er ermutigt junge Menschen, es besser zu machen. Alexander Gersts wichtige Mission im All ist zu Ende – doch seine wichtigste Mission 30 geht auf der Erde weiter …

(verändert)

Mit unglaublichen Geschichten ins Gespräch kommen

Geschichten handeln oft von ganz alltäglichen Beobachtungen. Aber dann nimmt das Alltägliche eine unerwartete Wendung und etwas Merkwürdiges oder Unglaubliches passiert. Wir fangen an, über die Geschichte nachzudenken ...

TEXTE UND MEDIEN

→ Medienpool: „Eine gemütliche Wohnung"

1 Hört die Geschichte „Eine gemütliche Wohnung" von Paul Maar einmal. Nach dem Hören sollt ihr die Geschichte nacherzählen.

→ Eine weitere lustige Geschichte könnt ihr euch im Medienpool anhören und dazu die gleichen Aufgaben bearbeiten: „Die fleißige Tiefkühltruhe".

2 Arbeite mit der Geschichte weiter. Wähle Aufgabe **A**, **B** oder **C** aus.

A Erzähle oder schreibe die Geschichte weiter: Was hat Herr Knorps noch repariert? Was ist noch Merkwürdiges passiert?

B Gestalte einen Comic oder eine Fotostory zur Geschichte.
- Überlege, was du zeichnest oder fotografierst.
- Notiere in den Text-Kästchen Zusatzinformationen, zum Beispiel zu Ort und Zeit.
- Formuliere Sprechblasen (maximal drei für jedes Bild).
- Formuliere Gedankenblasen und denke auch an „Geräuschwörter".

C Schreibe eine ähnliche Geschichte, zum Beispiel: Eine gemütliche Reise, Unsere gemütliche Klasse, Mein gemütliches Zimmer, ...

Über eine Geschichte sprechen

Gespräche über Literatur sind wichtig. Denn wenn wir uns austauschen, wird uns bewusst, wie wir den Text verstehen – und wir lernen auch die Sichtweise der anderen kennen.

1 Lies die folgende Geschichte.

Franz Hohler

🔊 **Die Reinigung**

In eine Wäscherei kam einmal ein Mann und brachte eine Hose, die einer gründlichen Reinigung bedurfte, denn sie war durch und durch schwarz vor Schmutz. Als er sie wiederhaben wollte, reichte ihm die Verkäuferin eine Plastiktasche und sagte, mehr sei von der

5 Hose nicht übriggeblieben. „Die ist ja leer!", sagte der Mann.
„Ja", sagte die Verkäuferin, „dafür ist dieser entsetzliche Dreck weg."
„Da haben sie recht!", sagte der Mann, nahm die Tasche, bezahlte die Rechnung und ging.

2 Sammelt eure ersten Eindrücke zu der Geschichte.
Macht dazu nach dem Lesen eine **Blitzlicht-Runde**:
- Setzt euch in einen Kreis, damit sich alle gut sehen und hören können.
- Jeder formuliert reihum in einem Satz seine Meinung zur Geschichte.
- Während der Runde werden die Beiträge nicht kommentiert.
- Ihr könnt aber Verständnisfragen stellen.

3 Sprecht darüber, wie ihr die Geschichte versteht. Ein Schüler oder eine Schülerin stellt eine Frage, die anderen antworten darauf.

> Ich habe einige Stellen nicht verstanden. Wie geht es euch? Zum Beispiel ...

> Wie findet ihr das Verhalten der Figuren?

> Was ist euch durch den Kopf gegangen, als ...

4 Sprecht darüber, wie euer Gespräch verlaufen ist.
- Haben sich alle an der Blitzlicht-Runde beteiligt und ihre Ideen und Gedanken vorgebracht?
- Habt ihr euch anschließend darüber ausgetauscht, wie ihr die Geschichte versteht?
- Habt ihr die Gesprächsregeln eingehalten (zum Beispiel andere ausreden lassen)?
- Sind eure Fragen beantwortet worden?
- Was habt ihr unterschiedlich gedeutet?
- Gefällt dir die Geschichte jetzt gleichgut, weniger gut oder besser?
- Was war schwer für dich? Was hat gut geklappt? Was verstehst du jetzt besser?

→ *Hinweise auf die Gesprächsregeln findet ihr in „Wissen und Können" (Seite 248).*

> Mir ist schwergefallen, ...

> Gut geklappt hat ...

> Jetzt verstehe ich besser, ...

5 Arbeite mit der Geschichte weiter. Wähle Aufgabe **A** oder **B** aus.
  A Schreibe eine Fortsetzung der Geschichte.
  B Schreibe eine ähnliche Geschichte. Erkläre, was an deiner Geschichte merkwürdig ist.

Fragen an eine Geschichte stellen

wortstark!

Wenn ihr Geschichten bearbeitet, müsst ihr oft Fragen beantworten.
So könnt ihr zeigen, wie ihr die Geschichte verstanden habt.
Hier lernt ihr solche Fragen kennen.

1 a) Bildet Gruppen und sucht euch eine unglaubliche Geschichte aus diesem
Kapitel oder aus dem Medienpool aus.

→ Medienpool:
Unglaubliche
Geschichten

b) Lest die Geschichte und macht eine Blitzlicht-Runde (siehe Seite 131).
Ihr könnt auch die Formulierungen in den Sprechblasen (Seite 131) nutzen.

2 Sprecht zu zweit über die Geschichte.
a) Formuliert zunächst Fragen. Ergänzt dazu die Satzanfänge a – h
mit den grün gedruckten Formulierungen.

a. Worum geht es eigentlich ...   die Hauptfigur?
b. Wer ist ...   diese Stelle?
c. Wie verstehst du ...   in der Geschichte?
d. Wie findest du ...   sprechen?
e. Interessierst du dich für ...   das Thema?
f. Was erfährst du über ...   durch den Kopf?
g. Worüber würdest du gern ...   die Geschichte?
h. Was geht dir alles ...   die Figuren?

Wie findest du die
Hauptfigur?

Ich finde die
Hauptfigur
ziemlich ...

b) Stellt euch abwechselnd Fragen und beantwortet sie.

3 Ihr könnt auch Rückfragen stellen.
a) Formuliert zunächst Fragen. Ergänzt dazu die Satzanfänge a – h
mit den grün gedruckten Formulierungen.

a. Kannst du das ...   einen Beleg im Text?
b. Gibt es dazu ...   im Text?
c. Wie verstehst du ...   wie du das verstehst.
d. Ich habe nicht verstanden, ...   warum du das so verstehst?
e. Erkläre mir bitte ...   noch genauer sagen?
f. Kannst du einmal begründen, ...   was du gesagt hast.
g. Steht dazu etwas ...   lies die Stelle mal vor.
h. Bitte ...   diesen Satz?

Kannst du das
noch genauer
sagen?

Ich meine das
so: ...

b) Stellt euch abwechselnd Fragen und beantwortet sie.

Eine Geschichte Schritt für Schritt erschließen

→ Im Medienpool findest du weitere Geschichten, an denen du üben kannst, wie man literarische Texte erschließt.

Literarische Texte enthalten oft Stellen, die auf den ersten Blick schwer zu verstehen sind. Deine Fragen dazu sind der erste Schritt, einen Text zu verstehen.

Franz Hohler

🔊 Die Kleider des Herrn Zogg

Eines Morgens, als der Wecker läutete, stand Herr Zogg einfach nicht auf. Dabei hatte er ihn selbst gerichtet, auf 7 Uhr, wie immer, denn um 8 Uhr musste er im Büro sein. Es wurde Viertel nach 7, Herr Zogg schlief weiter, es wurde halb 8, Herr Zogg schlief immer noch, es wurde Viertel vor 8,
5 und Herr Zogg schnarchte sogar.

„Kameraden", sagte da die Hose zu den anderen Kleidern, die über dem Stuhl hingen, „wir müssen wohl." Da kroch die Unterhose in die Hose, Leibchen und Hemd stopften ihre Enden in die beiden hinein, die Krawatte schlang sich um den Hemdkragen, die Jacke schob sich über das Hemd, die Socken
10 stellten sich in die Schuhe, und dann gingen sie alle die Treppe hinunter vors Haus, fuhren im Bus zum Büro, in dem Herr Zogg arbeitete, und nahmen dort den Platz hinter seinem Pult ein. Immer, wenn jemand hineinschaute, wühlten sie in irgendeinem Stoß Papier, und als Herr Zogg gegen Mittag im Geschäft vorsprach und nur ein Badetuch um die Hüften gewickelt hatte,
15 wollte man ihn nicht kennen und schickte ihn sofort wieder weg. An diesem Tag war Zahltag, und sobald die Kleider das Geld bekommen hatten, beschlossen sie, einmal richtig Ferien zu machen, und verreisten noch am selben Tag nach Italien.

Herr Zogg aber musste sich eine andere Arbeit suchen. So wie er angezogen
20 war, fand er nur eine Stelle als Bademeister und riss fortan Billette ab, leerte Abfallkübel, rettete Ertrinkende und fühlte sich soweit ganz gut, nur in der Garderobe arbeitete er nicht so gern, denn beim Anblick der vielen aufgehängten Kleider war es ihm immer ein bisschen unheimlich.

1 Versucht, mit der Geschichte „ins Gespräch zu kommen".
Macht eine **Blitzlicht-Runde**.

> Ich finde es komisch, …

> Ich habe nicht verstanden, w…

2 Überprüfe, ob du den Text verstanden hast.

Lies die Geschichte noch einmal. Fasse dann zusammen, was in der Geschichte passiert. Wähle dazu Aufgabe **A** oder **B** aus.

A Fasse zusammen, was in der Geschichte passiert. Beantworte dazu die Fragen a – g.

a. Wer ist Herr Zogg?

b. Wo arbeitet er?

c. Was tat Herr Zogg, als der Wecker läutete.

d. Was taten seine Kleider daraufhin?

e. Warum ging Herr Zogg gegen Mittag ins Geschäft?

f. Was musste er danach tun?

g. Welche Arbeit fand Herr Zogg?

B Was ist eigentlich mit Herrn Zogg passiert?

Schreibe eine lustige Zeitungsmeldung.

> **Kleider machen sich selbstständig!**
>
> **Zürich:** Gestern ist in Zürich etwas Merkwürdiges passiert. …

3 Versuche, die Geschichte zu deuten (zu interpretieren).

Beantworte dazu die Fragen a – e.

a. Was ist an der Geschichte merkwürdig, ungewöhnlich oder seltsam?

b. Wie verhält sich die Hauptfigur? Warum wohl?

c. Welche Wörter und Textstellen sind besonders wichtig? Warum?

d. Wie findest du die Geschichte?

e. Welcher der folgenden Meinungen stimmst du zu?

Du kannst auch eine eigene Deutung formulieren.

> In vielen Situationen werden wir nur nach unserer Kleidung beurteilt.

> Herr Zogg hat keine Lust mehr, jeden Tag das Gleiche zu tun. Er …

> Manchmal ist die Kleidung wichtiger als die Person.

4 Nutze deine Gedanken und Notizen und arbeite mit der Geschichte weiter.

Wähle Aufgabe **A** oder **B** aus.

A Suche dir einen Partner. Denkt euch ein Interview mit Herrn Zogg aus und führt es den anderen vor.

B Schreibe deine Gedanken und Ideen zu der Geschichte in einem „Nachdenktext" auf.

In der Geschichte passiert etwas Merkwürdiges: …

Das ist lustig, aber wir kommen auch ans Nachdenken. Ich glaube, …

> Das mache ich gern, denn es tut mir gut, wenn ich darüber rede …

> Herr Zogg, vielen Dank, dass Sie bereit waren, mit uns über Ihr ungewöhnliches Erlebnis zu sprechen, das ihr Leben total verändert hat …

Ein Literaturgespräch führen

Wenn ihr gemeinsam über einen literarischen Text sprecht, könnt ihr eure Gedanken austauschen. Es ist wichtig, dass ihr dabei immer den Text im Auge behaltet.

1 Lest zunächst nur den Titel der Geschichte und schaut euch die Illustration an. Sprecht darüber: Wovon könnte die Geschichte handeln?

2 Lies die Geschichte und lerne den Text kennen.
  a. Was passiert in der Geschichte?
  b. Wie stellst du dir Herrn Meier vor: Wie sieht er aus?
  c. Was hat er für Eigenschaften?

Christine Nöstlinger

🔊 Die weite Welt

„Mich zieht es in die weite Welt hinaus, ich will die Fremde kennenlernen",
sprach Herr Meier, packte zwei große Koffer voll, tat sie in den Kofferraum
seines Autos, winkte seinen Nachbarn zu und brauste ab. Fuhr und fuhr
drauflos, tankte, fuhr und fuhr, tankte, fuhr und fuhr und fuhr … bis er, nach
5 drei Tagen, endlich zu sich sprach: „So, nun bin ich aber ganz weit in der
Welt! Fremder kann's gar nicht mehr werden!" Er mietete sich ein kleines
Haus, trug seine Koffer ins Haus hinein und holte allerhand aus den Koffern
heraus: Das Hochzeitsfoto seiner Eltern. Das hängte er an die Wand.
Eine Plastiktischdecke mit Rosen drauf. Die breitete er über den Tisch.
10 Zwei Kochtöpfe, eine Tasse, zwei Teller und eine Filterkaffeemaschine.
Die tat er auf ein Bord über dem Herd.
Ein kleines Kissen aus gestreiftem Samt. Das legte er auf das Bett.
Einen Jogginganzug. Den zog er an. Dann setzte er sich zum Fernseher und
schaute sich den Eurovisions-Song-Contest an und seufzte zufrieden:
„Ganz wie zu Hause!"

3 Sprecht in einer **Blitzlicht-Runde** über eure ersten Eindrücke und Fragen. Sammelt Ideen für euer anschließendes Gespräch.

4 Überlegt, worüber ihr weiter sprechen wollt. Führt ein Literaturgespräch. Nutzt die Hinweise im Methodenkasten.

wortstark!

Beim Lesen ging mir
durch den Kopf, ...
Ich finde merkwürdig, ...
Ich habe nicht
verstanden, ...
Mir gefällt an der
Geschichte ...

METHODE ▸ **Ein Literaturgespräch führen**

In einem **Literaturgespräch** könnt ihr eure Ideen und Gedanken über eine Geschichte gemeinsam austauschen.
1. Setzt euch im Kreis zusammen.
2. Macht zunächst eine Blitzlicht-Runde und sammelt eure Ideen.
3. Beginnt mit dem Gespräch:
   – Einer sagt zum Beispiel in ein oder zwei Sätzen etwas zum Verhalten der Hauptfigur.
   – Der Nächste geht auf diesen Gesprächsbeitrag ein:
   Er kann nachfragen, zustimmen, Belege aus dem Text nennen oder auch eine ganz andere Ansicht vertreten.
   Wichtig ist, dass ihr eure Deutung am Text begründet und auf die Ideen der anderen eingeht.
4. Setzt das Gespräch in dieser Weise fort.
Ihr könnt euer Gespräch auch eingrenzen. Entscheidet vorher, worüber ihr sprechen wollt:
– Wie verhält sich die Hauptfigur?
– Wie findet ihr das Verhalten der Hauptfigur?
– Wie würdest du dich in der Situation verhalten?
– ...

5 Arbeitet mit euren Ergebnissen weiter. Wählt Aufgabe **A** oder **B** aus.

A Arbeitet zu zweit. Plant ein Interview mit Herrn Meier.
   – Notiert drei Fragen, die ihr ihm stellen wollt.
   – Was könnte Herr Meier wohl darauf antworten?

B Schreibe die Geschichte um ab dem Satz „Er mietete sich ein kleines Haus." Nun machte Herr Meier alles anders ...

SPRACHE UNTERSUCHEN

Als Grammatik-Experte einen Text überarbeiten

1 Miro hat zu der Geschichte „Die Reinigung" (Seite 131) eine eigene Geschichte geschrieben. Sprecht darüber: Was ist merkwürdig an Miros Geschichte?

Der Mann ging in ein Geschäft und wollte sich ein Hemd kaufen.
Die Verkäuferin bot dem Mann viele Hemden an. Der Mann kauft sich ein feuerrotes Hemd. Als der Mann nach Hause fuhr, merkt der Mann, dass das Hemd nicht mehr rot war, sondern schwarz ...
Am nächsten Tag ging wieder in den Laden, ...
Die Verkäuferin sagt: Das Hemd ist doch nicht schwarz!
Doch!, sagte der Mann.
Der Mann blickte auf das Hemd und das Hemd war wieder rot.

→ *Ihr könnt aus dem Medienpool auch Millas Geschichte „Eine schöne Überraschung ..." bearbeiten.*

2 Überarbeite Miros Geschichte als Grammatikexperte. Schreibe den Text neu.
a) Ergänze unvollständige Sätze: In einem Satz fehlt das **Prädikat** (fuhr), in einem anderen Satz das **Subjekt** (er).
b) An einer Stelle im Text fehlt ein **Satz**. Welcher Satz fehlt?
   – ... obwohl die Verkäuferin fragte.
   – ... um sich zu beschweren.
c) Überprüfe, ob **Nomen** zu oft wiederholt werden. Ersetze sie durch **Pronomen**. Achte darauf, dass der Text verständlich bleibt.
d) Unterstreiche alle **Prädikate**.
   – In welcher Zeitform wird erzählt?
   – Stehen alle Prädikate in der passenden **Zeitform**?
e) Setze die fehlenden **Anführungszeichen** bei der wörtlichen Rede ein.

METHODE ▶ **Einen Text als Grammatikexperte überarbeiten**

Du kannst deine Texte als Grammatikexperte überarbeiten:
– Achte darauf, dass deine Sätze vollständig sind.
– Kontrolliere, ob du Nomen zu oft wiederholst. Mache Ersatzproben.
– Überprüfe, ob die Zeitform eingehalten wird.
– Kontrolliere die Satzzeichen.

ZEIGE, WAS DU KANNST

Einen literarischen Text erschließen

Ralf Thenior

🔊 Der Fall

Er ging an den Automaten, warf drei Münzen ein, hörte es innen rumpeln, ein Pappbecher fiel auf das Rost, ein Strahl heißer Kaffeeflüssigkeit lief in den Becher, es klackte, der Strahl versiegte. Er nahm den Becher heraus, trank die Flüssigkeit in kleinen Schlucken, hörte es innen rumpeln, ein
5 Pappbecher fiel auf das Rost, heiße Kaffeeflüssigkeit lief hinein, es klackte. Er nahm den Becher, trank, hörte es innen rumpeln, ein Becher fiel, Flüssigkeit, es klackte. Er griff den Becher, hörte es rumpeln … Später fand man ihn, bewusstlos, vor dem Kaffeeautomaten, dessen Hahn nur noch ganz leicht tropfte.

1 Lies die Geschichte und mache dir Notizen:
– Was sind deine ersten Eindrücke und Ideen von der Geschichte?
– Was ist merkwürdig an dieser Geschichte?

2 Fasse zusammen, was passiert. Wähle Aufgabe **A** oder **B**.
A Beantworte die Fragen:
a. Wohin geht der Mann?
b. Warum geht er dorthin?
c. Was macht er dort?
d. Was passiert weiter?
e. Wie endet die Geschichte?
B Schreibe eine Zeitungsmeldung zu der Geschichte.

> **Mann am Kaffeeautomaten zusammengebrochen!**
>
> Am Montagmorgen kam es in der Sparkasse zu einem merkwürdigen Vorfall. …

3 a) Beantworte schriftlich: Warum heißt die Geschichte wohl „Der Fall"?
b) Lies in den Sprechblasen, was Sonora und Jeff zur Geschichte sagen.
Wenn du der Deutung zustimmst, dann begründe dies. Wenn du
die Geschichte anders verstehst, musst du dies auch begründen.

> Sonora: Der Mann kann nicht aufhören zu trinken. Er muss lernen, „Stopp" zu sagen.

> Jeff: Die Geschichte zeigt, wie wichtig die Technik in unserem Leben ist.

4 Arbeite mit der Geschichte weiter. Wähle Aufgabe **A** oder **B** aus:
A Was hat der Mann wohl gedacht und gefühlt, als er am Automaten stand.
Schreibe seinen Tagebucheintrag.
B Schreibe eine eigene Automaten-Geschichte. Überlege dir zunächst
eine Figur und dann, zu welchem Automaten sie geht.

← Deine Geschichte kann auch gut enden.

Geschichten untersuchen

Im Deutschunterricht liest du Geschichten, die du genauer untersuchen sollst. Jede Geschichte ist auf ihre eigene Art erzählt. Beim Lesen musst du erkennen, was passiert und was in den Figuren vorgeht. Ganz dicht dran an der Figur bist du, wenn sie von sich selbst erzählt. In diesem Kapitel lernst du verschiedene Erzählweisen kennen.

TEXTE UND MEDIEN

🔊 24.8.
Ich hatte heute meine erste Englischstunde.
Die Lehrerin ist ganz nett. Sie hat uns allen
ein Buch mitgebracht, und wir haben die erste
5 Lektion durchgenommen. Ich kann jetzt schon
schreiben: I am Luise. I am twelve years old.
Das heißt übersetzt: Ich bin Luise. Ich bin zwölf
Jahre alt. Das Tolle ist, dass ich in dieser ersten
Englischstunde einen Gedanken bekommen habe,
10 den ich keinem erzählen will, auch nicht meinen
Eltern, denn die würden bestimmt lachen.

1 Texte werden auf ganz verschiedene Art und Weise erzählt. Lest das Textbeispiel auf dem weißen Zettel und sprecht darüber:
– Was ist das für ein Text?
– Für wen ist der Text geschrieben?
– Wer erzählt hier? Worüber?
– Was ist typisch für solche Texte?

2 Bei dem Text auf dem Zettel handelt es sich um den Anfang der Geschichte „Luises Tagebuch oder Die Geschichte vom *Ei*" von Simone Schneider.

Was ist eigentlich ein Tagebuch?
Welcher Meinung aus den Sprechblasen stimmst du zu?
– Begründe deine Meinung.
– Belege deine Meinung am Beispieltext auf dieser Seite oder aus deiner eigenen Erfahrung mit Tagebüchern.

Ein Tagebuch enthält geheime Gedanken und Gefühle.

Tagebücher sind Gespräche mit sich selbst.

Ein Tagebuch ist eine Brücke zwischen Innen- und Außenwelt.

3 Lies, wie der Text über Luise und ihr Tagebuch weitergeht.
Sprecht darüber: Um welchen Gedanken geht es?

🔊 25.8.

Ich konnte gestern nicht weiterschreiben, weil mein Bruder mich geärgert hat. Er
15 wollte immer in mein Tagebuch schauen, während ich schrieb, und das kann ich nicht haben. Jetzt kann ich also endlich meinen Gedanken aufschreiben, den ich gestern in der Englischstunde bekommen habe: Im
20 Englischen gibt es das Wort „I", und dieses Wort wird genauso ausgesprochen wie im Deutschen das Wort „Ei". Übersetzt bedeutet „I" – „Ich". In meiner Sprache ist mir dieses Wort „Ich" noch nie so aufgefallen.
25 Es ist ja auch nichts Besonderes. Aber dieses „I", das wie „Ei" ausgesprochen wird, fasziniert mich. Also, wenn man sich das einmal bildlich vorstellt: Jedes Ei hat doch einen Eidotter, also so etwas, was ganz im Inneren des Eis ist. Und dann habe ich mich gefragt,
30

wie das mit dem „Ich" ist. Habe ich auch so etwas, was im Innersten von mir drin ist? Und was keiner sehen kann?
Im Grunde müsste das ja so sein, weil ich ja in der englischen Sprache ein „Ei" bin. 35
Natürlich ist dieser Gedanke ein bisschen dumm, deswegen erzähl ich auch keinem davon. Aber trotzdem konnte ich heute Nacht fast nicht schlafen, weil ich die ganze Zeit überlegen musste, was denn mein 40
Innerstes, mein „Dotter" sein könnte. [...]
Was am stärksten, am wichtigsten und auch am schönsten ist, das ist weit innen, es ist im Ei versteckt und richtig eingeschlossen. Diese Feststellung macht mir fast ein biss- 45
chen Angst. Ob das beim Menschen auch so ist? Auch bei mir ist das Innerste wie Eidotter eingeschlossen, glaube ich wenigstens.

4 Erkläre, warum Luise ihr eigenes Ich mit einem Ei vergleicht.

5 Höre dir an, was Luise ihrem Tagebuch anvertraut.
a) Fasse zusammen, was Luise über sich und ihre Beziehung zu den anderen schreibt.
b) Was für einen Eindruck hast du von Luise? Ergänze die Sprechblasen.
– Wie verhält sie sich? Warum?
– Was ist schwierig für sie und wer hilft ihr?

→ Medienpool:
Luises Tagebuch oder die Geschichte vom Ei (Audio)
Du kannst dir den Text dort auch ausdrucken und lesen.

Luise hat eine Idee. Sie will eine Woche lang ...

Es ist gut, dass Luise mit BoBo redet ...

Luise hat so viel Ärger, weil ...

▶ Vielleicht hast du Lust, deine eigenen Gedanken aufzuschreiben –
über die Schule, deine Familie, deine Freunde.
Schreib einen Tagebuchtext – für dich oder auch für andere.

Äußere und innere Handlung verstehen

**Geschichten erzählen von besonderen Erlebnissen.
Beim Lesen könnt ihr euch in die Figuren hineinversetzen
und verstehen, was in ihnen vorgeht.**

1 Lies den Anfang der Geschichte.

Ingrid Kötter

🔊 Nasen kann man so und so sehen

Es ist fast 20 Uhr, als Onkel Thomas aus
Kanada zu Besuch kommt. Er will sofort Irina
begrüßen.
„Warte einen Augenblick!", bittet die Mutter.
5 „Irina ist jetzt vierzehn. Das ist ein schwieri-
ges Alter. Um 20 Uhr ist eine Klassenfete.
Mal will sie hingehen, dann wieder nicht.
Sie hat eine fürchterliche Laune."
Irina steht in ihrem Zimmer vor dem Spiegel.
10 In letzter Zeit steht sie oft dort. Mürrisch
betrachtet sie ihr Gesicht von allen Seiten.
„Diese Nase!", flüstert sie. „Diese entsetzlich
große Nase! Eine Nase wie Manuela müsste
man haben."
15 Alle Jungen in Irinas Klasse sind hinter
Manuela mit der niedlichen Stupsnase und
dem albernen Gekicher her.
Mit verbissenem Gesicht kratzt Irina an einem
Pickel herum, befühlt eingehend ihre Nase
20 und stöhnt. An manchen Tagen ist es wie
verhext. Da kommt einfach alles zusammen:
zwei neue Pickel, davon einer mitten auf der
zu großen Nase, die dadurch natürlich erst
recht unangenehm auffällt. Und dann noch
25 Onkel Thomas. Irina hat ihn mindestens drei
Jahre nicht gesehen. Onkel Thomas ist
Mutters jüngster Bruder. Er ist 23 Jahre alt,

lebt in Kanada und hat die dämliche
Angewohnheit, Irina bei jedem Wiedersehen
hochzuheben und abzuküssen. 30
„Ich mag diese Küsserei nicht", sagt Irina zu
ihrem Spiegelbild, geht zur Zimmertür und
will sie abschließen. Das macht sie in letzter
Zeit oft, wenn Besuch kommt, den sie nicht
ausstehen kann. 35
„Sei nett zu meinem Lieblingsbruder!
Er kommt extra aus Kanada", hat die Mutter
gesagt.
Irina denkt an den schlaksigen, pickeligen
Jüngling und denkt: „Von mir aus kann er 40
vom Mond kommen."
Sie will den Schlüssel im Schloss herumdre-
hen. – Zu spät! Onkel Thomas steckt seinen
Kopf zur Tür herein: [...]

2 Beschreibe mit Hilfe der W-Fragen, was in der Geschichte passiert.
- Wer ist die Hauptfigur der Geschichte?
- Welche anderen Figuren kommen vor?
- Wo spielt die Geschichte? Wo steht die Hauptfigur?
- Was passiert in der Geschichte?

3 Markiere Textstellen (Folientechnik), die verraten, was in der Hauptfigur vorgeht.
- In welcher Stimmung ist die Hauptfigur?
- Was für ein Problem hat sie?
- Wie erfährst du, was die Figur denkt und fühlt?

> Irina ist tot-
> unglücklich,
> weil …

WISSEN UND KÖNNEN ▸ **Die innere und äußere Handlung bestimmen**

In einer Geschichte gibt es eine äußere und eine innere Handlung.
Die **äußere Handlung** kannst du durch W-Fragen erfassen:
Wer kommt vor? Wo spielt die Geschichte? Was passiert?

Bei der **inneren Handlung** musst du herausfinden,
was die Figuren denken und fühlen.
Manchmal steht in der Geschichte in wörtlicher Rede,
was die Figuren sagen oder denken. Manchmal musst du es
aber auch an ihrem Verhalten erkennen.

---

4 a) Ziehe dich, wenn möglich, an einen Ort zurück, an dem du ungestört bist.
Höre dort, wie die Geschichte weitergeht.
b) Führe nach dem Hören ein Selbstgespräch und nimm es auf: Was geht dir
alles durch den Kopf? Alles, was du denkst, ist wichtig. Sprich es aus.
Höre das Selbstgespräch anschließend ab und notiere deine Gedanken.
c) Bildet Gruppen und tauscht euch über eure Gedanken aus.

> → Medienpool:
> Nasen kann man
> so und so sehen
> (Audio)
> Du kannst dir
> den Text dort auch
> ausdrucken und in
> Ruhe lesen.

5 Erzähle die Geschichte aus einer anderen Sicht. Wähle Aufgabe **A** oder **B**.

A Schreibe den Tagebucheintrag, den Irina nach der Begegnung
mit ihrem Onkel verfasst.

B Irinas Onkel Thomas schreibt einen Brief nach Kanada und erzählt
von der Begegnung mit Irina. Schreibe diesen Brief.

Erzählperspektiven unterscheiden

Der Erzähler oder die Erzählerin einer Geschichte ist nicht immer der Autor oder die Autorin. Autorinnen und Autoren schreiben zwar die Geschichten, schlüpfen dabei aber in bestimmte Erzählrollen hinein. Sie haben verschiedene Möglichkeiten, eine Geschichte zu erzählen.

> Mick ist voll unzufrieden. Das liegt daran, dass …

> Mick ist auf seinen neuen „Vater" sauer, weil …

1 Lies einen Auszug aus dem Buch „Ich mag dich" von Achim Bröger.
 – Wer ist das „Ich", das hier erzählt?
 – Wie fühlt sich Mick? Markiere die Textstellen. Schreibe Gedankenblasen.
 – Warum fühlt Mick sich so?

Achim Bröger

🔊 Ich mag dich **Text 1**

Mick ist alles andere als glücklich. Weil sein Stiefvater eine neue Arbeitsstelle antritt, muss die Familie umziehen. Doch schon am Umzugstag gibt es zu Hause Schwierigkeiten …

Die Eltern meinen, wir wären eine ganz normale Familie. Aber ich glaube das einfach nicht. Wenn wir eine wären, würde ich mich jetzt auch nicht so ärgern. Ich bin geladen und
5 hochexplosiv. Das musst du dir mal vorstellen. Schraubt dieser ganz normale Vater vorhin ein Namensschild an unsere Wohnungstür. Logisch, schließlich wollen wir gefunden werden. Aber auf das Namensschild dieser
10 ganz normalen Familie gehören zwei Namen. Konrad und Brettschneider. Weil wir nämlich

doch nicht so völlig normal sind. Die Eltern heißen Konrad mit Familiennamen. Bine und ich heißen Brettschneider. Der männliche Häuptling hier in der Wohnung ist nämlich 15 nicht mein biologischer Vater. Der biologische wohnt ziemlich weit weg. Der nichtbiologische ist der zweite Mann meiner Mutter. Sie hat sich von ihrem ersten Mann scheiden lassen. [...] Zurück zu dem doofen Namens- 20 schild. Ich ärgere mir deswegen noch einen Krampf ins Gehirn. Auf dem Schild steht sehr groß „Konrad". Sonst nichts. Nirgends ist Bines und mein Name zu finden, weder groß noch klein, weder drunter noch drüber. 25 Ich lasse mir garantiert nicht gefallen, dass sie mich schon an der Haustür unterschlagen. Im Telefonbuch stehen wir bestimmt auch nicht, meine Schwester und ich. Wir sind hier spurlos verschwunden, im Familiensumpf 30 versackt. Da kannst du ja gar kein Selbstbewusstsein kriegen, wenn es dich nicht gibt. „He, Mick!", höre ich den Nichtbiologischen auf dem Flur vor meinem Zimmer. Darauf reagiere ich mit keinem Ton, denn wer mich 35 unterschlägt, wird überhört.

2 Lies einen weiteren Auszug aus dem Buch.
a) Was erfährst du Neues über die Familie?
b) Dieser Ausschnitt liest sich ganz anders: Was fällt dir auf?

🔊 **Text 2**

Einen Tag und eine Nacht wohnt Familie Konrad in der Gaußstraße 12. Die Vorhänge hängen an den Fenstern und das Chaos in der Wohnung wirkt inzwischen ein wenig
5 überschaubarer.
Die Eltern wundern sich, dass ihr Sohn so grimmig durch die Wohnung stapft. Herr Konrad tippt weiter auf Pubertät als Ursache. Frau Konrad meint, dass dahinter etwas anderes stecken müsste. Woran es wirklich liegt,
10 hat Michael ihnen noch nicht verraten. Ihn interessiert sehr, wann seine Eltern endlich selbst merken, dass das mit dem Türschild nicht in Ordnung ist.

3 Untersucht die Erzählperspektive: Sprecht darüber: Wer erzählt in Text 1? Wer erzählt in Text 2? Nutzt die Hinweise im Wissen-und-Können-Kasten.

> **WISSEN UND KÖNNEN** **Erzählperspektiven unterscheiden**
>
> Es gibt unterschiedliche Möglichkeiten, eine Geschichte zu erzählen.
>
> **1.** Der **Ich-Erzähler** oder die **Ich-Erzählerin** erzählt aus seiner/ihrer Sicht in der Ich-Form. Erzählt wird also, was er oder sie denkt oder fühlt. Was die anderen denken oder fühlen, das weiß der Ich-Erzähler/die Ich-Erzählerin nicht.
>
> **2.** Der **Er-/Sie-Erzähler** blickt von außen auf die Figuren. Er/Sie erzählt in der Er-Form oder Sie-Form. Er/Sie überblickt das Geschehen und kann es den Lesern erklären. Er/Sie weiß aber auch, was in den Figuren vorgeht.
>
>
>
> Ich-Erzähler   Er-/Sie-Erzähler

4 Schau dir die Illustration zum Wissen-und-Können-Kasten an. Welche Illustration trifft auf welchen Text zu? Wie kannst du das an den Texten belegen?

5 Untersuche die Erzählperspektive genauer.
a) Wie erfährt man aus Text 1 Michaels Gedanken und Gefühle?
b) Wie erfährt man aus Text 2, was die Figuren denken und fühlen?

Die Erzählperspektive wechseln

**Eine Geschichte ist aus einer bestimmten Perspektive erzählt.
Was ändert sich, wenn der Erzähler die Perspektive wechselt?
Hier kannst du das selbst einmal ausprobieren.**

→ *Medienpool:
Die Mutprobe
(Audio)*

1 Lies den Auszug aus dem Buch „Boy 2 Girl". Du kannst dir den Text auch anhören. Sprecht anschließend darüber, um welche Mutprobe es sich handelt.

Terence Blacker

🔊 Die Mutprobe

*Für Matt ist es vorbei mit dem ruhigen Leben
in London. Seine Eltern nehmen seinen Cousin
Sam aus Amerika bei sich auf. Sam ist dreizehn,
wie Matt. Matt und seine Freunde denken sich
eine besondere Mutprobe für Sam aus.*

Wir warteten. Nach ein paar Minuten hörten
wir Schritte auf der Treppe. Die Tür ging auf
und Sam kam rein.
Die Stille im Raum zog sich sekundenlang hin.
5 „Und?", fragte Sam schließlich.
„Oh … mein … Gott", murmelte Jake.
„Das ist echt gruselig", sagte Tyrone.
„Boah", sagte ich.
Sam stand da, die Hand auf der Hüfte,
10 die Haare zum Pferdeschwanz gebunden.
„Was?", fragte er. „Was ist?"
Der knallharte Sam-Ton aus dem Mund dieses
Geschöpfes, dieses Mädchens, haute uns alle
drei um.
15 Jake fing als Erster an zu lachen. „Das ist
irre!", schnaufte er.
Tyrone bedeckte sein Gesicht mit den Händen,
dann linste er zwischen den Fingern
hindurch, als könnte er nicht recht glauben,
20 was er gesehen hatte.

„Das gibt's nicht", sagte er.
„Was habt ihr denn?", fragte Sam verärgert.
Aus irgendeinem Grund wurde ich plötzlich
rot. „Tut mir Leid, Sam", sagte ich und
versuchte, ein Lächeln zu unterdrücken. 25
„Aber da kann man nichts machen - du bist
einfach perfekt - du bist zu hundert Prozent
ein Mädchen."
Mit einem harten, gefährlichen Blick tat er
ein paar langsame Schritte auf uns zu. 30
In der Mitte des Raumes entdeckte er den
Spiegel über dem Kamin und stellte sich
prüfend davor.
„Jap", sagte er grimmig. „Ich bin echt 'ne
Braut." 35
Plötzlich war's kein Witz mehr. Sam sah als
Mädchen so gut aus, dass aus der komischen
Idee, die das Ganze noch vor ein paar Minuten
gewesen war, eine todernste Angelegenheit
wurde. 40
Er ließ sich aufs Sofa fallen und popelte
auf eine so aggressive, herausfordernde Art
in der Nase, als wollte er sich selbst vergewissern, dass er immer noch der alte Sam war,
auch wenn er Mädchenkleidung und einen 45
ordentlichen Pferdeschwanz trug.

„Also, worum geht's denn nun?", fragte er. „Abgesehen davon, dass ich irgendwie blöd aussehen soll."

„Wir wollen nicht, dass du blöd aussiehst", sagte Matthew. „Wir wollen uns nur an den Zicken rächen. Es ihnen zeigen. Ein paar von ihren dämlichen, kleinen Geheimnissen auskundschaften." [...]

Wie er dort so saß, mit seinem Pferdeschwanz spielte, schien er eigenartig entspannt, als könnte er sich jetzt, da er im Zentrum der Aufmerksamkeit war, ruhig zurücklehnen – als wäre er im Rock mehr er selbst. „Wird nicht so leicht sein. Neue Schule und alles."

„Wir werden dir helfen", sagte ich.

Sam überlegte einen Moment. „Wir machen das zusammen, ja? Ich war noch nie ein Mädchen."

„Natürlich", sagte Jake. „Wir sind die Bunkerbande. Wir sind ein Team, wir gehören zusammen."

Sam legte ein Bein über die Sessellehne. „Okay, bin dabei", sagte er cool. Er kratzte sich am Oberschenkel und dabei blitzte kurz seine blaue Unterhose auf. „Und hört ja auf, mir unter den Rock zu starren."

2 Untersuche die **äußere Handlung**. Nutze die Hinweise auf dem Zettel:

> **W-Fragen zur Beschreibung der äußeren Handlung stellen**
> – Wer erzählt die Geschichte?
> – Welche Figuren kommen vor?
> – Wer ist die Hauptfigur?
> – Was ...

3 Untersucht die **innere Handlung**:
Wie fühlt sich Sam in seiner Rolle und wie sehen die anderen ihn? Lest die grau markierten Stellen noch einmal ganz genau.
– Sprecht über die beiden Stellen und baut Standbilder dazu.
– Was verändert sich bei Sam und den anderen?

4 Nutze deine Ergebnisse und erzähle die Geschichte in der **Ich-Perspektive**: Was schreibt Sam in sein Tagebuch? Überlege, bevor du mit dem Schreiben beginnst:
– Was für ein Junge ist Sam?
– Wie spricht er?
– Was denkt er von sich?
– Wie fühlt er sich in der Situation?

Terence Blacker
boy2girl
GULLIVER

ZEIGE, WAS DU KANNST

Eine Geschichte untersuchen

Susann Allens

🔊 Heul doch!

Was wäre das wieder langweilig geworden
in der Schule, wenn ich nicht die kleine Geschichte mit Svenja in Gang gesetzt hätte!
In der Pause nach der Erdkundestunde

5 mussten wir vor dem Musikraum auf unsere
Lehrerin warten. Sie ließ sich wieder einmal
endlos Zeit. „Ihr wartet ordentlich und ruhig
auf dem Flur, bis ich komme", sagt sie immer.
Aber das hat noch nie geklappt.

10 Wenn es so langweilig ist, muss man sich was
ausdenken. Manchmal passiert sogar etwas
ganz von selbst. Wie gestern: Zufällig kam ich
an Svenja mit ihrem langen, neuen Angeber-
schal vorbei. Ich konnte gar nicht anders,

15 meine Hand zuckte vor und schwupps - weg
war der Schal. Svenja war ja noch nie die
Schnellste, und bevor sie kapierte, was los war,
hatte ich den Schal zusammengerollt und zu
Milena rübergereicht.

20 „Versteck das Ding, schnell!", konnte ich ihr
gerade noch zuflüstern, da ging das Gemaule
los: „Mensch, gib mir meinen Schal zurück,
der ist ganz neu, ich krieg Ärger zu Hause,
wenn da was kaputtgeht, blöde Kuh!"

25 „Blöde Kuh? Das wollen wir doch mal sehen,
wer hier blöd ist", dachte ich.
Ich sah, dass Milena den Schal unter ihrem
Rucksack eingeklemmt hatte, aber ich tat so,
als ob ich ihn bei mir versteckt hätte.

30 „Hol ihn dir doch, deinen Superschal!",
rief ich und rannte ein paar Schritte weg -
immer genau so weit, dass Svenja mich nicht
erreichen konnte.

Sie wurde allmählich immer gereizter.
Plötzlich hielt Milena den Schal in der Hand. 35
Die will ihn doch wohl nicht zurückgeben?
Svenja war schon dicht bei ihr, da schnappte
sich Julian den Schal, stopfte ihn in den
Mülleimer und schubste Svenja weg, dass sie
beinahe lang hingefallen wäre. 40
Jetzt war es aus: Svenja sagte gar nichts mehr
und ließ Kopf und Arme hängen.
Julian konnte es nicht lassen. „Heul doch!",
rief er ihr zu.
Und wirklich, Svenja heulte los. 45

ZEIGE, WAS DU KANNST

1 Untersuche die äußere Handlung der Geschichte mit Hilfe von W-Fragen.
- Worum geht es in der Geschichte?
- Wo passiert der Vorfall?
- Welche Figuren kommen in der Geschichte vor?
- Was passiert genau? Berichte der Reihe nach.

2 Untersuche die innere Handlung:
a) Markiere Stellen im Text (Folientechnik), die dir verraten,
   was in den Figuren vorgeht.
   - Was denkt und fühlt die Ich-Erzählerin?
   - Was denkt und fühlt Julian?

> Das ist vielleicht eine blöde Kuh! Wenn ich …

b) Was erfährst du über Svenjas Gedanken und Gefühle?
   Formuliere Gedankenblasen.

3 Denke über die Geschichte nach:
Wie findest du das Verhalten der Figuren?
- Finde Begründungen für diese Schülermeinungen.
- Formuliere deine eigene Meinung.

> Ich verstehe die Ich-Erzählerin ganz gut, …

> Svenja tut mir wirklich leid, weil …

> Ich finde Julian ziemlich gemein, denn …

4 Arbeite mit der Geschichte weiter. Wähle Aufgabe **A** oder **B** aus.

A Schreibe, was Svenja abends in ihr Tagebuch schreibt.

> Heute war ein schlimmer Tag!
> Nach der Erdkundestunde ist es passiert: …

B Die Ich-Erzählerin meint:
„Was wäre das wieder langweilig geworden in der Schule, wenn ich nicht
die kleine Geschichte mit Svenja in Gang gesetzt hätte!"

Was hältst du von dieser „kleinen Geschichte"?
Schreibe deine Meinung auf.
- Was ist an dem Verhalten der Ich-Erzählerin problematisch?
- Wie findest du das Verhalten von Milena und Julian?

Balladen erschließen und gestalten

In diesem Kapitel lernt ihr Balladen kennen. Sie erzählen spannende Geschichten in Form von Gedichten. Viele bekannte Dichterinnen und Dichter haben Balladen geschrieben. Sie handeln von Heldentaten, bedrohlichen Situationen oder unerklärlichen Begebenheiten.

TEXTE UND MEDIEN

→ Medienpool:
John Maynard
(Audio)

1 Hört euch die Ballade „John Maynard" von Theodor Fontane an.

2 a) Schaut euch die Abbildungen zu der Ballade an und erinnert euch an den gehörten Text. Was erkennt ihr wieder?

b) Sammelt gemeinsam, was ihr von der Handlung außerdem noch verstanden und behalten habt.

3 Welche Merkmale einer Ballade könnt ihr bei „John Maynard" bereits feststellen? Der Einleitungstext gibt euch einige Tipps.

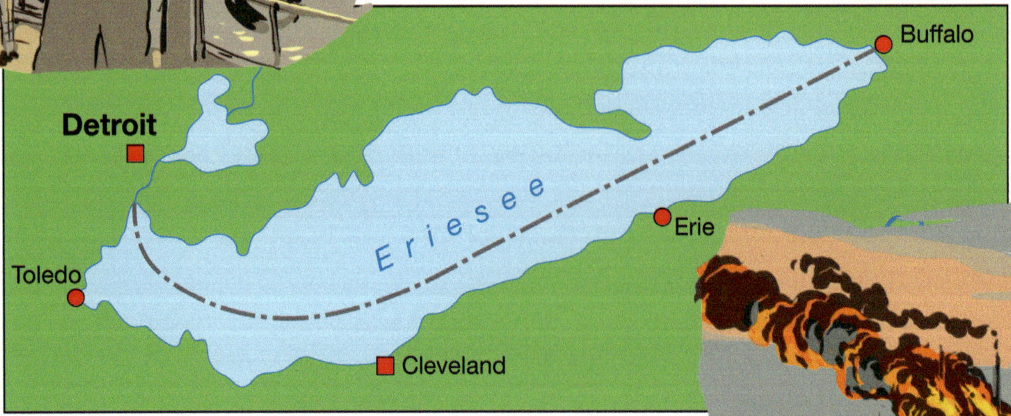

Buffalo

Detroit

E r i e s e e

Erie

Toledo

Cleveland

Theodor Fontane

John Maynard

John Maynard!
„Wer ist John Maynard?"
„John Maynard war unser Steuermann,
aushielt er, bis er das Ufer gewann,
5 er hat uns gerettet, er trägt die Kron',
er starb für uns, unsre Liebe sein Lohn.
John Maynard."

Die „Schwalbe" fliegt über den Eriesee,
Gischt schäumt um den Bug wie Flocken von
10   Schnee;
von Detroit fliegt sie nach Buffalo –
die Herzen aber sind frei und froh,
und die Passagiere mit Kindern und Fraun
im Dämmerlicht schon das Ufer schaun,
15 und plaudernd an John Maynard heran
tritt alles: „Wie weit noch, Steuermann?"
Der schaut nach vorn und schaut in die Rund:
„Noch dreißig Minuten ... Halbe Stund."

Alle Herzen sind froh, alle Herzen sind frei –
20 da klingt's aus dem Schiffsraum her wie Schrei,
„Feuer!" war es, was da klang,
ein Qualm aus Kajüt und Luke drang,
ein Qualm, dann Flammen lichterloh,
und noch zwanzig Minuten bis Buffalo.

25 Und die Passagiere, bunt gemengt,
am Bugspriet stehn sie zusammengedrängt,
am Bugspriet vorn ist noch Luft und Licht,
am Steuer aber lagert sich's dicht,
und ein Jammern wird laut: „Wo sind wir? Wo?"
30 Und noch fünfzehn Minuten bis Buffalo.

Der Zugwind wächst, doch die Qualmwolke steht,
der Kapitän nach dem Steuer späht,
er sieht nicht mehr seinen Steuermann,
aber durchs Sprachrohr fragt er an:
„Noch da, John Maynard?"   35
„Ja, Herr. Ich bin."

„Auf den Strand! In die Brandung!"
„Ich halte drauf hin."
Und das Schiffsvolk jubelt: „Halt aus! Hallo!"
Und noch zehn Minuten bis Buffalo. –   40

„Noch da, John Maynard?" Und Antwort schallt's
mit ersterbender Stimme: „Ja, Herr, ich halt's!"
Und in die Brandung, was Klippe, was Stein,
jagt er die „Schwalbe" mitten hinein.
Soll Rettung kommen, so kommt sie nur so.   45
Rettung: der Strand von Buffalo!

Das Schiff geborsten. Das Feuer verschwelt.
Gerettet alle. Nur einer fehlt!

Alle Glocken gehn; ihre Töne schwell'n
himmelan aus Kirchen und Kapell'n,   50
ein Klingen und Läuten, sonst schweigt die Stadt,
ein Dienst nur, den sie heute hat:
Zehntausend folgen oder mehr,
und kein Aug' im Zuge, das tränenleer.

Sie lassen den Sarg in Blumen hinab,   55
mit Blumen schließen sie das Grab,
und mit goldner Schrift in den Marmorstein
schreibt die Stadt ihren Dankspruch ein:
„Hier ruht John Maynard! In Qualm und Brand
hielt er das Steuer fest in der Hand,   60
er hat uns gerettet, er trägt die Kron,
er starb für uns, unsre Liebe sein Lohn.
John Maynard."

Die Handlung einer Ballade verstehen

1 Lest die drei Vorschläge zur Erschließung der Handlung einer Ballade und entscheidet, wie ihr für „John Maynard" vorgehen wollt.

A Den Text gemeinsam lesen

Bildet Dreiergruppen und lest die Ballade Strophe für Strophe.

a) Jeder liest die erste Strophe leise für sich.
  – Schüler/-in 1 erklärt, was er/sie verstanden hat.
  – Schüler/-in 2 ergänzt und verbessert bei Bedarf.
  – Schüler/-in 3 leitet das Gespräch zur Klärung unbekannter Begriffe und schwieriger Formulierungen.

b) Bearbeitet so auch die restlichen Strophen.
  Tauscht nach jeder Strophe die Rollen.

B Zu den Strophen Überschriften finden

Arbeitet zu zweit und findet für jede Strophe eine kurze, aussagekräftige Überschrift, die zusammenfasst, worum es geht.

a) Die Überschriften zu den Strophen 1 – 5 sind hier schon vorgegeben. Ordnet sie zu.

b) Denkt euch für die Strophen 6 – 10 eigene Überschriften aus.

- Die Passagiere sammeln sich am Bug
- Der Steuermann John Maynard wird vorgestellt
- Gute Stimmung auf der Schiffsfahrt von Detroit nach Buffalo
- An Bord bricht ein Feuer aus
- John Maynard steuert trotz Feuer weiter

C Gemeinsam einen Comic zur Ballade erstellen

a) Teilt die Strophen untereinander auf, damit am Schluss keine Szene fehlt. Jeder kümmert sich um genau eine Strophe.

b) Zeichnet Bilder, die die im Text beschriebenen Szenen darstellen.
  – Ergänzt auch Sprech- und Denkblasen.
  – Gebt den Bildern Überschriften, die aussagen, was passiert.

c) Hängt die jeweils besten Szenendarstellungen in richtiger Reihenfolge im Klassenraum auf.

Das Dramatische einer Ballade in Szene setzen

Die Handlung von Balladen ist meist sehr dramatisch und spannend. Außerdem beinhalten Balladen häufig wörtliche Rede, um die Gedanken und Gefühle der Figuren zu verdeutlichen. Deshalb bietet es sich an, sie als Theater, Standbild oder Dialog in Szene zu setzen.

1 a) An welchen Stellen der Ballade „John Maynard" wird es richtig spannend? Schreibe die entsprechenden Verse ab.

b) Markiere Formulierungen, die im Text Spannung erzeugen.

c) Finde Szenen, die sich in ähnlicher Form mehrfach wiederholen. Besprecht miteinander, welchen Effekt das hat.

2 a) Teilt die Klasse in Gruppen ein (jeweils ca. 5 Personen).

b) Sucht euch in der Gruppe eine Szene aus der Ballade aus, die ihr besonders spannend findet.

c) Legt in eurer Gruppe die folgende Tabelle an und füllt sie:

Welche Figuren kommen in dieser Szene vor?	Wie fühlen sich die Figuren? Findet Adjektive.	Was tun die Figuren in dieser Szene gerade?
…	…	…

3 Entwickelt ein **Standbild** zur ausgewählten Szene.

– Verteilt die Rollen. Ihr braucht auch einen Regisseur.

– Benennt nochmals genau, welche Figur ihr nun darstellen werdet, was diese tut oder fühlt und woran man dies erkennen wird.

– Besorgt euch gegebenenfalls passende Requisiten.

– Nehmt nun eure Position ein. Der Regisseur sieht sich das Standbild an und verändert es, bis es „perfekt" ist. Er achtet insbesondere auf die passende Darstellung der Gefühle (vgl. Aufgabe 2) durch Mimik und Gestik.

– Versucht das Standbild einige Sekunden lang zu halten.

4 Zeigt euch die Standbilder gegenseitig und besprecht sie.

> Ich denke, dass es die Textstelle ist, als …, weil …

> Die Spannung erkennt man daran, dass …

> Ich finde die Darstellung gelungen, weil …

> Warum habt ihr euch dafür entschieden …?

> Durch … hätte man besser erkennen können, dass …

SPRACHE UNTERSUCHEN

Die dramatische Sprache in Balladen verstehen

1 Lies die erste Strophe der Ballade „John Maynard" still für dich.
Wodurch wirkt die Ballade lebendig und dynamisch?
Ergänze die Sprechblasen. Achte auf die grau markierten Wörter.

> John Maynard!
> „Wer ist John Maynard?"
> „John Maynard war unser Steuermann,
> aushielt er, bis er das Ufer gewann,
> er hat uns gerettet, er trägt die Kron',
> er starb für uns, unsre Liebe sein Lohn.
> John Maynard."

> Das Ausrufezeichen zeigt, ...

> Normal wäre: „Er hielt ... aus."

> Beim Wort „Kron'" fehlt ...

> Hier fehlt das Verb ...

2 Lest die erste Strophe der Ballade „John Maynard" zu zweit vor.
Verteilt die Rollen. Achtet beim Vorlesen auf die Satzzeichen.

WISSEN UND KÖNNEN   **Dramatische Sprache in Balladen**

In Balladen werden Spannung und Dramatik auf verschiedene Art erzeugt:
- **Dialoge**: Die Figuren sprechen miteinander – wie im Theater.
- **Ausrufewörter**, mit denen Gefühle ausgedrückt werden,
  zum Beispiel Warnung oder Angst: Feuer!
- **Ellipsen** (verkürzte, unvollständige Sätze) verstärken die Dramatik:
  unsere Liebe [ist] sein Lohn.
- **verkürzte Wörter**: Kron' statt Krone; halt's statt halt es.
- **Auslassungszeichen** (...) als Pausen, die die Leser selbst füllen
  müssen. Sie nutzen dabei die eigene Fantasie.

„Wie weit noch, Steuermann?"
Der schaut nach vorn und schaut in die Rund:
„Noch dreißig Minuten ... Halbe Stund." [...]
da klingt's aus dem Schiffsraum her wie Schrei,
„Feuer!" [...]
„Noch da, John Maynard?" Und Antwort schallt's
mit ersterbender Stimme: „Ja, Herr, ich halt's!" [...]
Zehntausend folgen oder mehr,
und kein Aug' im Zuge, das tränenleer.

3 Suche Belege für dramatische Sprache
in den Versen links. Nutze die Hinweise
im Wissen-und-Können-Kasten.

4 Suche Beispiele für dramatische
Sprache in der Ballade „Erlkönig"
von Johann Wolfgang von Goethe
(Seite 156).

Eine Ballade vortragen

Balladen eignen sich sehr gut für einen Vortrag. Je nachdem, wie man die Stimme einsetzt oder auch Musik zur Untermalung nutzt, kann man ganz unterschiedliche Stimmungen erzeugen.

1 Hört euch im Internet verschiedene Vorträge der Ballade „John Maynard" an und vergleicht sie miteinander.
- Welche Gemeinsamkeiten und Unterschiede stellt ihr fest?
- Welchen Vortrag haltet ihr für besonders gelungen, welchen weniger? Begründet eure Meinung.
- Wie sorgen die Vortragenden dafür, dass an den spannenden Stellen die Dramatik besonders deutlich wird?

2 Studiert nun ebenfalls einen Balladenvortrag ein.
a) Bildet Gruppen von 3 – 4 Schülerinnen und Schülern.
b) Überlegt, wie ihr bei eurem Vortrag sprechen möchtet: ruhig, dynamisch, aggressiv, traurig …
- Sollte sich die Sprechweise an manchen Stellen ändern?
- Welche Wörter wollt ihr besonders betonen?
c) Teilt den Text für den Vortrag untereinander auf.
- Ihr könnt euch strophenweise abwechseln.
- Ihr könnt die Rollen verteilen: Erzähler, Held, …
- Ihr könnt die Ballade auch in mehrere Teile einteilen.
d) Übt euren Vortrag ein. Es wird sicher nicht beim ersten Mal gelingen. Hört einander gut zu und korrigiert euch gegenseitig. Ihr müsst den Text nicht auswendig können, doch umso sicherer ihr seid, desto leichter wird es, gut vorzutragen.

3 In manchen Beispielvorträgen aus dem Internet wird zusätzlich Musik eingesetzt. Überlegt euch, ob ihr dieses Mittel auch verwenden wollt. Falls ja, sucht euch eine geeignete Musik aus.

4 Tragt den anderen Gruppen eure Sprechfassung der Ballade vor. Ihr könnt euren Vortrag auch aufnehmen und als Hörtext abspielen. Gebt den anderen Gruppen anschließend ein Feedback.

Ich hätte mir gewünscht, dass …

Durch … konnte man richtig spüren, dass …

Weil ihr …, hat diese Stelle … gewirkt.

Es war passend, dass ihr, … weil …

Typische Balladen-Merkmale herausarbeiten

Johann Wolfgang von Goethe

🔊 Erlkönig

Wer reitet so spät durch Nacht und Wind?
Es ist der Vater mit seinem Kind;
Er hat den Knaben wohl in dem Arm,
Er fasst ihn sicher, er hält ihn warm.

5 Mein Sohn, was birgst du so bang dein Gesicht? –
Siehst, Vater, du den Erlkönig nicht?
Den Erlenkönig mit Kron' und Schweif? –
Mein Sohn, es ist ein Nebelstreif. –

„Du liebes Kind, komm, geh mit mir!
10 Gar schöne Spiele spiel' ich mit dir;
Manch' bunte Blumen sind an dem Strand,
Meine Mutter hat manch gülden Gewand." –

Mein Vater, mein Vater, und hörest du nicht,
Was Erlenkönig mir leise verspricht? –
Sei ruhig, bleibe ruhig, mein Kind;   15
In dürren Blättern säuselt der Wind. –

„Willst, feiner Knabe, du mit mir gehn?
Meine Töchter sollen dich warten schön;
Meine Töchter führen den nächtlichen Reihn
Und wiegen und tanzen und singen dich ein." – 20

Mein Vater, mein Vater, und siehst du nicht dort
Erlkönigs Töchter am düstern Ort? –
Mein Sohn, mein Sohn, ich seh' es genau:
Es scheinen die alten Weiden so grau. –

„Ich liebe dich, mich reizt deine schöne Gestalt; 25
Und bist du nicht willig, so brauch' ich Gewalt." –
Mein Vater, mein Vater, jetzt faßt er mich an!
Erlkönig hat mir ein Leids getan! –

Dem Vater grauset's; er reitet geschwind,
Er hält in Armen das ächzende Kind,   30
Erreicht den Hof mit Mühe und Not;
In seinen Armen das Kind war tot.

1 Erarbeitet den Inhalt der Ballade „Der Erlkönig" von Johann Wolfgang von Goethe mit Hilfe der Vorschläge von Seite 152.

2 Sprecht darüber, welche Eigenschaften die Balladen „Erlkönig" und „John Maynard" gemeinsam haben und was sie voneinander unterscheidet.

> ### WISSEN UND KÖNNEN ▸ Balladenmerkmale bestimmen
>
> Der berühmte Dichter Johann Wolfgang von Goethe bezeichnete die **Ballade** als das „Ur-Ei der Dichtung", da sie Merkmale von Gedichten (Lyrik), Erzähltexten (Epik) und Theaterstücken (Dramatik) vereint:
> - Balladen haben Strophen und Verse, die sich oft reimen (Lyrik).
> - *Sie erzählen spannende Geschichten (besondere Ereignisse, Heldentaten, ungewöhnliche Situationen) mit einem Höhepunkt (Epik).*
> - Sie enthalten häufig wörtliche Rede bzw. Dialoge (Dramatik).

3 Was macht „John Maynard" und „Erlkönig" zu Balladen?

a) Entscheide dich für einen der beiden Texte und untersuche ihn auf typische Balladenmerkmale.
  - Was ist wie bei einem Gedicht? Achte auf Strophen, Rhythmus, Reime …
  - Erzählt die Ballade eine spannende Geschichte? Wenn ja, welche?
  - Beinhaltet die Geschichte ein besonderes Ereignis, eine Heldentat, eine ungewöhnliche Situation? Welche?
  - Was ist der Höhepunkt (die spannendste Stelle) der Handlung?
  - Gib Beispiele für dramatische Sprache an, die die Spannung unterstützen. Nutze den Wissen-und-Können-Kasten auf Seite 154.

b) Tausche dich mit einem Partner aus und vergleicht eure Ergebnisse.

c) Stellt eure Ergebnisse in der Klasse vor.

4 Stellt euch vor, über John Maynard oder die Situation mit dem Erlkönig würde in der Zeitung berichtet. Welche Unterschiede gäbe es vermutlich zur Ballade? Fertigt eine Tabelle an.

Ballade	Zeitungsbericht
…	…

5 Wähle eine der beiden Balladen aus und schreibe über das Ereignis einen Bericht für die Zeitung. Denke auch an eine Überschrift, die das Interesse der Leserinnen und Leser weckt.

> **Während der Fahrt von … nach … brach gestern früh Feuer auf der Fähre „…" aus. Der … verhinderte das Schlimmste.**
>
> 20 Minuten vor Ankunft in Buffalo wurde im … ein Feuer festgestellt. Die Passagiere …

ZEIGE, WAS DU KANNST

Balladen vielfältig gestalten

In diesem Kapitel habt ihr die Balladen „John Maynard" und „Erlkönig" erschlossen und auf vielfältige Weise gestaltet. Das könnt ihr in einem kleinen Projekt mit anderen Balladen ebenso tun.

❶ Überlegt gemeinsam mit eurer Lehrerin oder eurem Lehrer, ob ihr allein oder in Gruppen arbeiten wollt.

→ Medienpool:
Balladen zum Lesen
und Gestalten

❷ Entscheidet euch für eine Ballade. Die Texte findet ihr im Medienpool.

Der Handschuh

Die Lorelei

Verwunschen

Nis Randers

Der Totentanz

Der Zauberlehrling

Der Knabe im Moor

Das Riesenspielzeug

❸ Erarbeitet die Handlung der Ballade mit den Anregungen von Seite 152.

❹ Überprüft die Ballade auf typische Balladenmerkmale und nennt jeweils passende Beispiele. Der Wissen-und-Können-Kasten und Aufgabe 3 von Seite 157 helfen euch dabei.

ZEIGE, WAS DU KANNST

5 Nun könnt ihr kreativ werden. Wählt eine der folgenden Ideen aus und wandelt die bearbeitete Ballade in ein anderes Produkt um.

Übt einen **Vortrag** ein, unterlegt ihn mit passender Musik und nehmt ihn auf.

Entwickelt ein **Standbild** und fotografiert es.

Entwerft ein **Bilderbuch**.

Dreht einen **Stop-Motion-Film**.

Schreibt eine **spannende Geschichte** nach der Handlung der Ballade.

Erstellt eine **Fotostory**.

Studiert ein **Theaterstück** ein.

Zeichnet einen **Comic** mit Sprech- und Denkblasen.

Nehmt ein **Hörspiel** zur Handlung der Ballade auf.

Schreibt einen **modernen Rap** passend zur Balladenhandlung und tragt ihn vor.

...

METHODE ▷ **Balladenprojekte planen und umsetzen**

– Beginnt am besten mit einer Ideensammlung: Was könnte man tun?
– Überprüft anschließend, ob ihr eure Ideen in der vorgegebenen Zeit umsetzen könnt oder ob ihr euch zu viel vorgenommen habt.
– Überlegt, welche Talente die Mitglieder eurer Gruppe haben und wie ihr sie für euer Projekt nutzen könnt.
– Teilt die Aufgaben klar untereinander auf.
– Während der Umsetzung solltet ihr euch immer wieder fragen: Passt euer Produkt auch wirklich zur ausgewählten Ballade? Werden Handlung und Spannungsverlauf klar und passend verdeutlicht?

Gedichte erschließen

Gedichte können ganz verschieden sein:
kurz oder lang, gereimt oder ungereimt, lustig oder traurig.
Hier lernt ihr, unterschiedliche Gedichte zu erschließen.
Die Gedichte beziehen sich auf normale Erlebnisse im Alltag.
Sie lassen uns den Alltag aber anders und neu sehen.

TEXTE UND MEDIEN

Hans Manz

Fünf Freundinnen

BRIGITTE
BARBARA
EUGENI
INGE
AMBROSIA

Hans-Peter Kraus

Beim Zahnarzt

mölle?
mi A
möllemölle, möllé

Mölle Mölle Mölle
5 miamiamia?
möllemölle

iiiiiiih
aaah
möllemölle

10 iiiiiiih
aaah
möllemölle!
m'a m'a

iiiiiiih
15 aaah
möl-le!
a

iiiiiiih
möllé!
20 a mi

Shel Silverstein

Auf dem Sprungbrett

Du stehst auf dem 5-Meter-Brett,
und alles ist soweit ganz nett.
Das Sprungbrett ist auch nicht zu glatt,
sodass man einen Halt drauf hat.
5 Und was ist, wenn das Sprungbrett bricht?
Nein, es hält spielend dein Gewicht.
Das Sprungbrett federt gerade richtig.
Die Hose sitzt; auch das ist wichtig.
Nur was das Sprungbrett echt nicht bringt,
10 ist, dass man auch mal runterspringt.

1 Lest die drei Gedichte auf Seite 160. Sprecht darüber, was euch auffällt.
- Welcher Text ist für dich ein Gedicht? Warum?
- Welche Gedichte sind für dich ungewöhnlich? Warum?

2 Lies, was in den Sprechblasen steht.
- Welche Aussage trifft auf welches Gedicht zu?
- Begründe deine Entscheidung.

Das ist ein ungewöhnliches Gedicht, weil ...

Das ist ein typisches Gedicht, weil ...

Dieses Gedicht besteht aus Lauten. Man kann es nur verstehen, wenn ...

3 Wähle ein Gedicht aus, mit dem du dich näher beschäftigen möchtest. Schreibe deine Gedanken zu dem Gedicht in Sprechblasen.

Mir gefällt das Gedicht, weil ...

Dieses Gedicht würde ich gern einmal hören ...

Du kannst dir das Gedicht „Beim Zahnarzt" auch anhören. Im Medienpool findest du einen entsprechenden Link.

4 Entscheide, welche Aufgaben zu deinem Gedicht passen. Begründe, warum die Aufgaben zum Gedicht passen.

a) Versuche das Gedicht laut zu lesen. Denke dabei immer an die Überschrift. Probiere beim Vorlesen verschiedene Möglichkeiten aus. Du kannst dich auch aufnehmen.
b) Trage das Gedicht einem Mitschüler vor und lass dir eine Rückmeldung zu deinem Vortrag geben.

a) Schreibe auf, was dir an dem Gedicht alles auffällt.
b) Welche typischen Gedichtmerkmale erkennst du: Strophen, Verse, Reime?
c) Worüber kommst du beim Lesen ins Nachdenken?

a) In diesem Gedicht wird mit Worten gespielt. Woran kannst du das erkennen?
b) Was bedeuten die Farben im Gedicht?
c) Was passiert, wenn du die Wörter anders anordnest?

5 Suche dir eine Mitschülerin oder einen Mitschüler, die/der das gleiche Gedicht ausgewählt hat. Bearbeitet die Aufgaben gemeinsam.

Ein Gedicht Schritt für Schritt erkunden

Gedichte haben eine besondere Form. Meistens bestehen sie aus Versen und Strophen. Der Autor/die Autorin will dir mit dem Gedicht etwas Besonderes mitteilen: ein Gefühl, eine Stimmung, Gedanken.

Hans Manz

 **Der Stuhl**

Ein Stuhl,
allein.
Was braucht er?
Einen Tisch!

5 Auf dem Tisch
liegen Brot, Käse,
Birnen,
steht ein gefülltes Glas.

Tisch und Stuhl, was brauchen sie?
10 Ein Zimmer,
in der Ecke ein Bett,
an der Wand einen Schrank,
dem Schrank gegenüber ein Fenster,
im Fenster ein Baum.

15 Tisch, Stuhl, Zimmer ...
Was brauchen sie?
Einen Menschen.

Der Mensch sitzt
auf dem Stuhl,
20 am Tisch,
schaut aus dem Fenster
und ist traurig.
Was braucht er?

1 Lies das Gedicht und lerne es kennen. Mache dir erste Gedanken.
- Worum geht es im Gedicht?
- Zu welchen Versen passt die Zeichnung?
- Zeichne auch Bilder zu den anderen Strophen.

2 Untersuche das Gedicht genauer:
- Wie ist das Gedicht aufgebaut?
- Welche Gegenstände kommen in der ersten Strophe vor?
- Was kommt in den nächsten Strophen dazu?
- Welche Frage taucht mehrmals auf? Markiere sie.
- Warum wird die Frage wohl wiederholt?
- Welche typischen Merkmale eines Gedichts kannst du entdecken?

Arbeitet mit der Methode „Nachdenken – austauschen – vorstellen"
(Seite 282).

3 Denke über das Gedicht nach und schreibe deine Gedanken auf:
- Welche Gefühle oder Gedanken werden im Gedicht ausgedrückt?
- Welcher Vers ist besonders wichtig? Warum?
- Warum hört das Gedicht wohl mit einer Frage auf?
- Warum heißt das Gedicht „Der Stuhl"?

> „Was braucht er?"
> Diese Frage ist wichtig, weil ...

> Ich frage mich, ...

4 Arbeite mit dem Gedicht weiter. Lass dich vom Gedicht anregen
und schreibe ein Gedicht nach dem gleichen Muster.

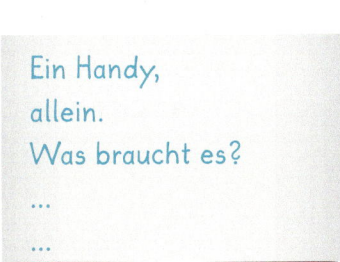

> Ein Handy,
> allein.
> Was braucht es?
> ...
> ...

5 Stelle dein Gedicht den Mitschülern und Mitschülerinnen vor.
Erläutere,
- wie du beim Schreiben vorgegangen bist,
- was dir an deinem Gedicht besonders wichtig ist.

SPRACHE UNTERSUCHEN

Mit Vergleichen veranschaulichen

Christine Nöstlinger

🔊 **Von mir aus**

Ich habe
zwei Kieselsteine gefunden,
die waren
so grau wie deine Augen.

5   Ich habe
meine Hand in ein Wasser gehalten,
das war
so weich wie deine Haut.

Mir hat
10   ein Wind ins Gesicht geweht,
der war
so warm wie dein Atem.

Ich habe
mir ein kleines Feuer angezündet,
15   das war
so rot wie deine Haare.

Ich habe
einen glänzenden Käfer gefangen
der war
20   so schwarz wie deine Seele.

Jetzt
brauchst du nicht mehr bleiben,
jetzt
kannst du gehen.

① In dem Gedicht findest du viele Vergleiche.
Markiere sie (Folientechnik).

② Was fällt dir auf? Welche Vergleiche drücken etwas
Angenehmes aus, welche etwas Unangenehmes?
Markiere mit verschiedenen Farben (Folientechnik).

③ Die Beziehung zwischen dem „Ich" und dem „Du"
ändert sich.
Was will das „Ich" dem „Du" in den Strophen 1–4
sagen, was in den beiden letzten Strophen?
Ergänze die Sprechblasen:

> Bei allem, was ich erlebe,
> muss ich an dich denken:
> Zwei Kieselsteine sind so ...
> wie deine ... Das Wasser ...

> Der Käfer erinnert
> mich an dich:
> Er ist genauso ...
> wie ...

④ Welche Bedeutung hat die Überschrift
„Von mir aus"? Erkläre sie.

WISSEN UND KÖNNEN   **Vergleiche in Gedichten**

Mit einem **Vergleich** kann ein Dichter oder
eine Dichterin eine Person, eine Sache oder
ein Gefühl anschaulich beschreiben:
Das Feuer ist so rot wie deine Haare.

Zwei Dinge (Feuer und Haare) werden miteinander verglichen. Sie haben eine gemeinsame
Eigenschaft (rot). Beim Lesen sehen wir ein Bild
vor uns und können nachempfinden, was das
(lyrische) Ich im Gedicht ausdrücken möchte.

Untersuchungsergebnisse aufschreiben

wortstark!

Irmela Brender

🔊 **Kein Held**

Ich bin doch kein Held!
Was stellt ihr euch denn vor?
Ihr schickt mich ins Spiel,
ausgerechnet ins Tor –
5 und der Ball flutscht immer an mir vorbei,
wo ich auch steh. Null zu zwei, null zu drei

Ich bin doch kein Held!
Was habt ihr euch gedacht?
Habt mich zum Sprecher
10 von euch allen gemacht
und ich stammle, bringe kein Wort heraus –
der Beitrag unserer Klasse fällt aus.

Ich bin doch kein Held!
Lasst mich lieber in Ruh.
15 Ich bin gern dabei
und ich schaue gern zu.
Doch so ein Typ für das Scheinwerferlicht
bin ich nicht, bin ich nicht, bin ich nicht.

---

1 Oft musst du Fragen zu Aufbau und Inhalt eines Gedichts beantworten.

a) Lies das Gedicht „Kein Held" und setze die passenden Fachwörter in die Fragen zum Gedicht ein: Autorin, Gefühle, Inhalt, lyrische Ich, Reime, Strophen, Thema, Titel, Vers, Wiederholung.

b) Beantworte nacheinander die Fragen a-h zum Gedicht.

a. Wie heißt die ▆▆▆▆ des Gedichts und wie lautet der ▆▆▆▆?

b. Um welches ▆▆▆▆ geht es im Gedicht?

c. Fasse den ▆▆▆▆ zusammen.

d. Zu wem spricht das ▆▆▆▆?

e. Aus wie vielen ▆▆▆▆ besteht das Gedicht?

f. Welche ▆▆▆▆ kannst du finden?

g. Welcher ▆▆▆▆ wird wiederholt? Welche Wirkung hat diese ▆▆▆▆?

h. Welche ▆▆▆▆ werden im Gedicht ausgedrückt?

2 Du kannst auch einen zusammenhängenden Text schreiben.

a) Setze die passenden Fachwörter ein: Autor/Autorin, Form und Sprache, Gefühle, Inhalt, Reime, Strophen, Thema, Titel, Wirkung.

b) Schreibe deine Ergebnisse als zusammenhängenden Text auf.

Nenne in einem **Einleitung**ssatz ▆▆▆▆ und ▆▆▆▆. Fasse im **Hauptteil** den ▆▆▆▆ zusammen und untersuche ▆▆▆▆ des Gedichts. Schreibe auf, was dir dabei besonders auffällt: Aus wie vielen ▆▆▆▆ besteht das Gedicht? Kannst du auch ▆▆▆▆ entdecken? ... Welche Gedanken oder welche ▆▆▆▆ werden ausgedrückt? Schreibe zum **Schluss** auf, welche ▆▆▆▆ das Gedicht auf dich hat und wie du das Gedicht verstehst.

Zu einem Gedicht einen Text schreiben

Hier lernst du, ein Gedicht Schritt für Schritt zu verstehen und deine Ergebnisse in einem Text zusammenzufassen.

Bertolt Brecht
Der Rauch

Das kleine Haus unter Bäumen am See
Vom Dach steigt Rauch
Fehlte er
Wie ▢▢▢ dann wären
5 Haus, Bäume und See.

1 Lies das Gedicht und lerne es kennen.
a) Zeichne ein Bild zu dem Gedicht.
   Erkläre, was du gezeichnet hast.
b) Im vierten Vers fehlt ein Wort.
   Überlege, welches Wort passen könnte.
c) Beschreibe mit deinen eigenen Worten,
   was der Autor sieht.

2 Untersuche das Gedicht genauer.
a) Im Bestimme die Form des Gedichts.
   Aus wie vielen Versen besteht das Gedicht? Gibt es ein Reimschema?
b) Was macht der Autor in den ersten beiden Versen?
   Der Autor beschreibt ...
c) Was macht der Autor in den Versen 3-5?
   Der Autor stellt sich vor ...
d) Im Gedicht fehlt das Wort „trostlos". Was bedeutet „trostlos"?
   Welche der folgenden Synonyme passen? Begründe deine Entscheidung:
   traurig, idyllisch, deprimierend, schön, öde, hässlich, langweilig.

Synonym:
Wort mit gleicher oder
ähnlicher Bedeutung

3 Denke über das Gedicht nach
und schreibe deine Gedanken auf.

> Wenn der Schornstein raucht, dann ist klar ...

> Ich stelle mir das Haus so vor: ...

> Das Gedicht heißt „Der Rauch", weil ...

4 Arbeite mit deinen Ergebnissen weiter: Schreibe in einem zusammenhängenden Text auf, wie du das Gedicht verstehst. Nutze die Satzanfänge.
Das Gedicht heißt ... Verfasst wurde es ...
Es besteht nur aus ...
In den ersten beiden Versen wird mit Sprache ein Bild gemalt, nämlich: ...
Dann wird ein Gedanke formuliert: Wie würde das Haus aussehen, ...
Wichtig ist das Wort ..., denn ... Mir fällt besonders auf ...
Auf mich wirkt das Gedicht ...
Ich verstehe das Gedicht so: ...

Zu einem Gedicht schreiben

1 Lies das Gedicht und lerne es kennen.
  – Zeichne ein Bild dazu.
  – Erkläre dein Bild.

2 Untersuche das Gedicht genauer.
Ergänze die Sätze.
  – Im Gedicht treffen sich …
  – Die Freunde freuen sich, denn … Aber …
  – Das Gedicht hat diese Merkmale: Es …

3 Denke über das Gedicht nach
und schreibe deine Gedanken auf.
  – Was ist schön und was ist traurig
    an diesem Erlebnis?
  – Wie fühlen sich die Personen wahrscheinlich?
  – Hast du so eine Situation auch schon einmal erlebt?
    Was hast du gedacht? Wie hast du dich gefühlt?

4 Arbeite mit dem Gedicht weiter. Lasse dich vom Gedicht zum Schreiben
anregen. Wähle Aufgabe **A** oder **B** aus:

A Nach diesem Erlebnis rufen sich die beiden Freunde an.
  Schreibe ihr Gespräch auf.

B Schreibe in einem zusammenhängenden Text auf, wie du das Gedicht
  verstehst. Nutze die Satzanfänge.

Der Titel des Gedichts lautet … und es wurde von … verfasst.
Das Gedicht besteht aus …
Es wird eine kleine Geschichte erzählt …
In den Versen 1–5 … In den Versen 6–8 …
Im Gedicht werden verschiedene Gefühle und Gedanken ausgedrückt: …
Am Anfang … Am Ende …
Wenn wir das Gedicht lesen, erinnern wir uns vielleicht an ähnliche
Situationen …
Ich finde das Gedicht …, weil …

Hans Manz

Wiedersehen

Zwei Freunde,
sie hatten sich lange nicht gesehen,
trafen sich auf einer Rolltreppe wieder.
Sie freuten sich ehrlich
5 und blieben stehen.

Doch ihr Wiedersehen war kurz und knapp,
denn der eine fuhr hinauf
und der andere hinab.

Eine Graphic Novel gemeinsam lesen

Graphic Novels erzählen ihre Geschichten mit Texten und Bildern. In diesem Kapitel geht es darum, die besondere Erzählweise dieser Geschichten zu untersuchen und besser zu verstehen. Dazu lest ihr die Graphic Novel „Das Leben von Anne Frank".

TEXTE UND MEDIEN

1 Mit der Seite rechts beginnt die Graphic Novel über Anne Franks Leben. Du lernst Annes Familie kennen. Mach dich mit der Seite vertraut: Schau dir die Bilder an und lies die Texte.

> Das Mädchen oben links ist bestimmt Anne mit ihrem Tagebuch.

> Das sieht ja aus wie ein Comic!

> Von Anne Frank habe ich schon mal gehört.

> Die Bücher, die wir sonst lesen, sehen ganz anders aus.

> ...

2 Lest in den Sprechblasen, was Schülerinnen und Schüler über diese Seite geäußert haben.
- Erläutert ihre Aussagen am Text und aus eurer Erfahrung.
- Was ist euch beim Betrachten der Seite durch den Kopf gegangen?

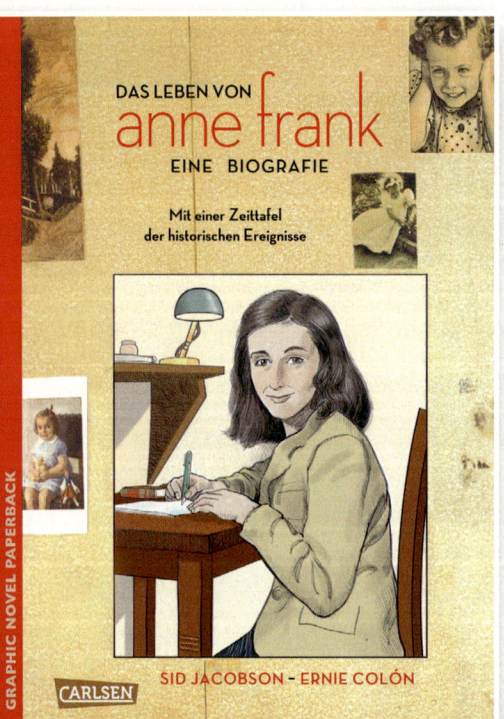

3 Grundlage der Graphic Novel ist das **Tagebuch der Anne Frank**, das wohl bekannteste Tagebuch der Welt. Das jüdische Mädchen Anne Frank führte es in der Zeit vom 12. Juni 1942 bis zum 1. August 1944. Fast die gesamte Zeit über mussten sie und ihre Familie sich in einem Hinterhaus in Amsterdam vor den Nationalsozialisten verstecken.
a) Sieh dir das Titelbild der Graphic Novel an: Was verrät dir, dass Anne Frank tatsächlich gelebt hat?
b) Findet auf der abgebildeten Seite der Graphic Novel Textstellen aus Annes Tagebuch. Woran habt ihr sie erkannt?

4 Fasst mündlich zusammen, was ihr bisher über Anne Frank und ihre Familie erfahren habt. Schreibt Fragen auf, die sich euch stellen.

privilegiert:
bevorzugt

prosperierte:
sich gut entwickelte

liberaler:
nicht so religiös
eingestellt

Beim ersten Lesen herausfinden, was passiert

Beim ersten Lesen achtet ihr vor allem auf den Inhalt und die Handlung der Geschichte. In der Graphic Novel, um die es geht, wird die Lebensgeschichte von Anne Frank und ihrer Familie erzählt.

1 Lest die Graphic Novel über Anne Frank Abschnitt für Abschnitt. Dabei könnt ihr immer wieder Lesepausen einlegen und euch über das Gelesene austauschen. Wie das geht, wird im Methodenkasten erklärt.

> **METHODE** **Eine Graphic Novel mit Lesepausen lesen**
>
> **1.** Legt fest, wann ihr Lesepausen einlegen wollt, um über das Gelesene zu sprechen (zum Beispiel immer nach einem Kapitel).
> **2.** Lies den abgesprochenen Abschnitt der Graphic Novel.
>   Parallel oder im Anschluss an die Lektüre kannst du die vorgeschlagenen Arbeitsanregungen aufgreifen oder eigene Ideen bearbeiten.
> **3.** Suche dir einen Partner, mit dem du dich über die gelesenen Seiten und deine Arbeitsergebnisse austauschen kannst.
>   – Was ist euch aufgefallen? Was hat euch besonders beeindruckt?
>   – Worum geht es auf den Seiten? Was habt ihr nicht verstanden?
>   – Wie könnte die Geschichte weitergehen?
>   Ihr könnt jetzt auch die vorgeschlagenen Partneraufgaben bearbeiten.
> **4.** Lies weiter und triff dich danach wieder mit einem Partner.

Arbeitsanregungen zu den Kapiteln der Graphic Novel

Kapitel 1: **Ein hoffnungsvoller Beginn**
(Seite 9 – 18)

Stell dir vor: Annes Mutter Edith erzählt einer Freundin, wie sie ihren Mann Otto kennengelernt hat und wie es dann weitergegangen ist.
▶ Du kannst dieses Gespräch mit einem Partner/einer Partnerin mündlich führen.

Kapitel 2: **Annelies Marie Frank**
(Seite 19 – 26)

▶ Du kannst eine Geburtsanzeige für Edith und Otto Frank erstellen, die sich über Annes Geburt sehr freuen.

Kapitel 3: Die **Nazis auf dem Vormarsch**
(Seite 27 – 32)

▶ Liste aus Otto Franks Sicht die Gründe auf, die für und gegen den Umzug nach Amsterdam sprechen.

Kapitel 5: **Unter deutscher Besatzung**
(Seite 51 – 69)

Sieh dir noch einmal die Seiten 68/69 an: Was plant Annes Vater?

▶ Du kannst einen Brief schreiben, in dem Otto Frank einem Freund seinen Plan und die Gründe dafür erklärt. Beginne so:

Lieber Oskar, die Verhältnisse in Amsterdam werden immer schwieriger ...

Kapitel 7: **Die acht Untertaucher**
(Seite 91 – 103)

▶ Verfasse einen Tagebucheintrag von Anne über den Tagesablauf der Hinterhausbewohner.

Kapitel 9: **Entdeckt** (Seite 120 – 136)

▶ Überlegt zu zweit, wie das Telefonat im Büro des Sicherheitsdienstes auf Seite 121 abgelaufen sein könnte:

Sicherheitsbeamter: „Guten Morgen, Sicherheitsdienst!"
Anrufer: „Guten Tag, ich habe einen Hinweis für Sie!"
Sicherheitsbeamter: „Worum geht es?"

Kapitel 4: **Amsterdam**
(Seite 33 – 50)

Die Mitglieder der Familie Frank kommen unterschiedlich in Amsterdam zurecht.

▶ Überlegt zu zweit, wie ein Gespräch der vier Personen darüber ausgesehen haben könnte. Schreibt für jede Person eine Sprech- oder Gedankenblase.

Kapitel 6: **Das Tagebuch**
(Seite 70 – 90)

▶ Du kannst einen Tagebucheintrag schreiben, in dem Anne erzählt, wie sie sich im Versteck fühlt.

Kapitel 8: **Das neue Jahr**
(Seite 104 – 119)

Wie verläuft das neue Jahr für Anne?

▶ Suche dir einige Bilder aus diesem Kapitel aus und erzähle die Handlung dazu.

Kapitel 10: **Die Geschichte lebt weiter**
(Seite 137 – 147)

Eine Schülerin schreibt:
„Vieles von dem, was Anne Frank erlebt hat, kann ich gut nachvollziehen. Ihr Leben zeigt aber auch, was niemand so erleben möchte."

▶ Wie siehst du das? Schreibe deine Gedanken zu Anne Franks Leben stichwortartig auf und bringe sie in ein Gespräch über Anne Frank ein.

Beim zweiten Lesen Merkmale erkunden

Beim zweiten Lesen sollt ihr euch näher mit der Erzählweise von Graphic Novels beschäftigen. Dazu bearbeitet ihr die Lesekarten. Was ihr dabei lernt, hilft euch auch, wenn ihr andere Graphic Novels lest.

Lasst euch dabei von eurer Lehrerin oder eurem Lehrer beraten.

1 Bildet Zweiergruppen und bearbeitet die Lesekarten:
- Entscheidet, welche Lesekarten ihr nacheinander bearbeiten wollt.
- Bearbeitet gemeinsam die Aufgaben einer Lesekarte.
- Besprecht eure Ergebnisse mit anderen Gruppen oder der ganzen Klasse. Ergänzt eure Aufzeichnungen gegebenenfalls.
- Sammelt schriftliche Ergebnisse in einer Mappe.

LESEKARTE 1 ▶   **Was an Graphic Novels anders ist**

In Graphic Novels wird wie in Comics eine Geschichte mit Bild- und Textanteilen erzählt. Die Bilder zeigen vieles, was nicht im Text steht. Man muss also beides – Bilder und Texte – aufmerksam „lesen".

Panel: Einzelbild. Eine Seite einer Graphic Novel besteht meistens aus mehreren Panels.

1 Erläutert die blau gedruckte Aussage zu Graphic Novels.

2 Schreibe auf, was das unten abgebildete <u>Panel</u> alles erzählt. Berücksichtige dabei die Textanteile und das, was zu sehen ist.

3 Worum geht es auf Seite 71? Untersucht das zu zweit:
- Einer erzählt, worum es in einem Panel geht, der andere hört zu und erklärt, woher die Informationen stammen.
- Geht so Bild für Bild durch und tauscht dabei die Rollen.

4 Finde Panels, die deiner Ansicht nach ganz viel erzählen. Erkläre den anderen, was man daraus alles erfährt.

Anne verabschiedet sich von ihrer Lehrerin. Sie sieht sehr traurig aus.
Die Lehrerin reicht ihr die Hand und denkt ...
Einige Schüler ...
Andere ...

Seite 63

LESEKARTE 2 ▸ **Die Bildsprache**

Zeichnerinnen und Zeichner von Graphic Novels überlegen sich genau, wie sie die Panels gestalten: was sie im Bild besonders hervorheben oder weglassen, welche Farben sie verwenden usw. Wenn man ihre „Bildsprache" beachtet, versteht man die Geschichten besser.

→ Medienpool:
Glossar
„Filmsprache"

1 a) Öffnet das Glossar zur Filmsprache. Verschafft euch einen Überblick über die filmsprachlichen Mittel und ihre Wirkung.

  b) Was lässt sich auf die Bildsprache in Graphic Novels übertragen? Farbgebung, Kameraeinstellungen → Bildausschnitte, Kameraperspektiven → Bildperspektiven ...

2 Untersucht die Bildsprache der drei abgebildeten Panels:

  a) Seite 84: Erklärt, warum die drei Figuren in einem Panel dargestellt sind: weil sie sich in einem Raum befinden – weil sie dasselbe tun – weil die Situationen gleichzeitig stattfinden?

  b) Seite 122: Manche Panels kommen ganz ohne Text aus und sagen doch so viel. Beschreibt das Panel in einigen Sätzen.

  c) Seite 48: Untersucht die Farbgebung. Nutzt dazu, was im Filmglossar über die Wirkung von Farben steht.

3 Auf den Seiten 122/123 spielt die Bildperspektive eine wichtige Rolle. Beschreibt die Bildperspektive an einigen Beispielen und überlegt, warum diese Perspektive gewählt wurde.

4 Suche nach Panels, deren Bildsprache dich beeindruckt. Beschreibe die eingesetzten Mittel und ihre Wirkung.

Seite 122

wortstark!

Im Vordergrund/Hintergrund sieht man ...
Die Personen haben/machen ...
Sie wirken auf mich ...
Vermutlich denken sie gerade ...

Während Anne, Margot und Peter jeden Morgen mit Lernen verbrachten, um auf dem Stand der Schüler ihrer Jahrgänge zu bleiben...

Seite 84

SCHLAGLICHT: »KRISTALLNACHT«
Herschel Grynszpan war ein verarmter 17-jähriger polnischer Jude. Seine Familie war – wie 17.000 andere Juden – aus ihrer deutschen Heimat nach Polen deportiert worden.

Der verzweifelte Herschel lebte in Paris...

BLAMM!

Am 7. November 1938 drang er in die deutsche Botschaft ein und schoss den Botschaftssekretär Ernst vom Rath nieder.

Seite 48

LESEKARTE 3 ▸ **Text und Bild**

Die Panels in Graphic Novels bestehen meist aus Text und Bild, es gibt aber auch Panels ohne Text und manchmal auch Texte ohne Bild.
Du musst immer beides beachten, die Bilder und die Texte, denn ihre Informationen ergänzen sich.

1 Welche Textelemente kennt ihr aus Comics oder Graphic Novels?
  a) Klärt im Gespräch die Begriffe Sprechblase (engl. „Balloon"), Denkblase („Thinkballoon") und Blocktext („Caption").
  b) Probiert die Textelemente an mitgebrachten Fotos aus.

2 a) Betrachtet das abgebildete Panel:
    – Was fällt besonders ins Auge? Wodurch wird das erreicht?
    – Was sagt das Bild über das Verhalten und die Stimmung der abgebildeten Personen aus? Achtet besonders auf Körperhaltung und Gesichtsausdruck.
    – Welche Fragen stellen sich euch?

  b) Schlagt nun Seite 44 in der Graphic Novel auf. Dort findet ihr dasselbe Panel, diesmal aber mit Text.
    – Welche zusätzlichen Informationen liefert der Text?
    – Wie ergänzen sich Text und Bild?
    – Beantworten die Texte eure Fragen?

3 Suche nach Panels,
  – die vor allem durch das Bild wirken.
  – die ohne den Text nicht zu verstehen sind.
Erkläre jeweils das Zusammenspiel von Text und Bild.

Was zwischen den Bildern passiert

In Graphic Novels werden Bild- und Textinhalte kombiniert und in aufeinanderfolgenden Panels gezeigt. Oft müsst ihr dabei zwischen den Bildern und Zeilen lesen und alle Informationen zu einer zusammenhängenden Erzählung verbinden.

1 Was ist zwischen den beiden Panels von Seite 68 passiert?
  a) Wählt die zwei richtigen Aussagen:
    – Otto Frank und sein Kollege Hermann sprechen mit Herrn Kugler und Herrn Kleimann.
    – Otto Frank bereitet weitere Dinge vor.
    – Herr Kleimann und Herr Kugler verweigern ihre Hilfe.
  b) Was könnte außerdem zwischen den Panels passiert sein?

2 Wie viel Zeit ist zwischen den Panels auf Seite 12 vergangen? Was könnte in dieser Zeit alles geschehen sein? Begründet eure Vermutungen mit den Blocktexten der einzelnen Panels.

3 Seht euch noch einmal Seite 63 an: Was könnte an Annes erstem Tag an der neuen Schule alles passiert sein? Ihr könnt einen Dialog schreiben, in dem Anne ihrem Vater von diesem Tag erzählt.

4 Diskutiert, warum in Graphic Novels mit solchen „Leerstellen" gearbeitet wird und nicht alle Vorgänge dargestellt werden.

5 Entdeckt selbst „Leerstellen" zwischen den Panels und erklärt, was zwischen den Bildern passiert sein könnte.

Seite 68

Ihr könnt auch Steck-briefe zu einzelnen Figuren anlegen.

LESEKARTE 5 **Die Entwicklung der Figuren**

Wie in jeder Geschichte ist es auch in Graphic Novels wichtig,
die einzelnen Figuren und ihre Beziehungen näher zu betrachten.

1 Überlegt, wer die Hauptfiguren der Geschichte sind und welche
Eigenschaften sie haben.

2 Vergleicht die unten abgebildeten Panels und macht in zwei bis drei
Sätzen deutlich, wie sich die Beziehung zwischen Anne und Peter
van Pels im Lauf der Zeit verändert.

3 Welches Verhältnis hat Anne zu den anderen Hinterhausbewoh-
nern? Seht euch dazu Kapitel 7 (Seite 91 – 103) noch einmal an.
  a) Zu welchen Figuren passen die drei Aussagen?
     a. Anne findet ihn erst sehr nett, hält ihn dann aber für einen
        altmodischen Erzieher und Prediger.
     b. Anne hat ein schlechtes Verhältnis zu ihr, weil sie sich von
        ihr unverstanden fühlt. Die beiden streiten sehr oft.
     c. Anne fühlt sich von ihm verstanden und sucht bei ihm Trost.
  b) Belegt eure Zuordnung mit passenden Panels.

4 Annes Verhältnis zu ihrer Mutter verändert sich im Laufe der Zeit.
Erläutere diese Entwicklung mit Panels aus Kapitel 8.

5 Welche Beziehung haben Anne und ihre Schwester Margot?
Findet zur Klärung Panels aus der Kindheit, aus der Zeit im
Hinterhaus und aus der Zeit in den Konzentrationslagern.

Seite 82

Seite 115

Mit den Ergebnissen weiterarbeiten

Ihr habt die Graphic Novel „Das Leben von Anne Frank" gelesen und bearbeitet. Einzelne Ergebnisse sollen nun präsentiert werden. Dies kann auf unterschiedliche Art und Weise geschehen.

1 Wähle aus den folgenden Aufgaben aus:

A Erstelle ein **Portfolio** mit deinen Arbeitsergebnissen, die du besonders gelungen findest. Wie das genau funktioniert, kannst du im Methodenkapitel nachlesen (Seite 266).

B Mache **Werbung** für die Graphic Novel über Anne Frank:
- Wähle drei bis vier Seiten aus, kopiere sie und klebe sie auf.
- Schreibe darunter auf, warum man die Graphic Novel lesen sollte.

C Bereitet ein kleines **Quiz** vor, für das jeder drei Karten gestaltet.

D Anne Franks Leben war sehr bewegt. Erstellt zu zweit ein **Plakat**, das das verdeutlicht.

E Verfasst zu zweit einen **Hörtext** über Anne Frank. Schön wäre es, wenn ihr den Beitrag auch aufnehmen könntet.

2 Ihr habt herausgearbeitet, dass man eine Graphic Novel anders liest als einen Roman. Tauscht euch darüber in einem Karussellgespräch aus. Sprecht dabei auch über die Arbeit mit den Lesekarten.

> Wie nennt man ein einzelnes Bild in einer Graphic Novel?

> In welcher Stadt hat sich Familie Frank im Hinterhaus versteckt?

→ Seite 82: Karussellgespräch

Super, dass ich nicht so viel Text lesen muss, aber …

Die vielen Bilder sind toll, aber manchmal …

Die Lesekarten …

Digitale und gedruckte Zeitungen lesen

Wenn du dich über aktuelle Ereignisse informieren willst, kannst du Zeitungen lesen – auf Papier gedruckt oder online. Dort findest du Meldungen, Berichte, Kommentare, Leserbriefe, Fotos, Schaubilder und Anzeigen, online auch Hörtexte und Videos. Um die Merkmale dieser Medientextsorten geht es auf den folgenden Seiten.

TEXTE UND MEDIEN

1 Beschäftigt euch zunächst in Gruppen mit gedruckten Zeitungen.
a) Besorgt euch eine Zeitung, die in eurer Region oder Stadt erscheint.
b) Blättert in der Zeitung und sprecht darüber, was euch auffällt.

> Der Name der Zeitung steht ...

> Es wird über verschiedene Themen berichtet. Die Themen stehen ...

> Auf der Titelseite findet man ...

> Mir ist aufgefallen, dass ...

Hier könnt ihr euch über Fachwörter der Zeitungssprache informieren:
→ in dem Lernvideo „Was ist eine Zeitung?" im Medienpool,
→ auf der wortstark-Seite gegenüber,
→ durch eigene Recherche im Internet.

2 Macht euch mit dem Aufbau der Zeitung vertraut.
a) Schreibt auf Haftmarker-Pfeile Fachwörter der Zeitungssprache:
Zeitungskopf, Ressort, Artikel, Spalte, Schlagzeile, Vorspann, Absatz, Aufmacherfoto, Redakteur/-in, Bericht, Meldung, Kommentar ...
b) Blättert in der Zeitung und klebt die Pfeile an passende Stellen.

▶ Unternehmt eine „Zeitungsrallye".
a) Sucht **Schlagzeilen** aus. Sprecht darüber, welche euch neugierig macht.
b) Untersucht, wie **Meldungen** aufgebaut sind. Unterstreicht
  – rot: was sich wann wo ereignete und wer beteiligt war,
  – grün: wie sich der Vorfall ereignete und was nacheinander passierte,
  – blau: welche Folgen das Geschehen hatte.
c) Sucht **Zeitungsfotos** aus. Schreibt dazu, wodurch sie euch besonders aufgefallen sind und warum ihr sie ausgewählt habt.

Fachwörter der Zeitungssprache erklären

wortstark!

1 In der Zeitung triffst du auf verschiedene Textsorten.
Was bedeuten die Fachwörter in der linken Spalte der Tabelle?
Ordne die passenden Erklärungen dazu.

In einer Meldung wird …

Textsorte in der Zeitung	Erklärung
Meldung	a. Hier argumentiert der Reporter und versucht, die Leserinnen und Leser von seiner Meinung zu überzeugen.
Kommentar	b. Hier wird ausführlich und sachlich über ein Thema oder Ereignis informiert, mit Angaben zu Hintergründen und Einzelheiten.
Bericht	c. Hier gibt eine Zeitungsleserin/ein Zeitungsleser eine persönliche Stellungnahme über einen Zeitungsartikel ab.
Leserbrief	d. Hier wird in wenigen Zeilen (manchmal in einem Satz) sachlich über ein aktuelles Ereignis oder Thema informiert.

2 Schreibe selbst kurze Erklärungen zu einigen der folgenden Fachwörter:
a. (Zeitungs-)Buch, Ressort, Anzeige, Zeitungsinterview, Reportage,
   Schlagzeile (Head), Lead, Aufmacher, Spalte, Teaser (Anreißer)
b. Podcast, Blog, Ticker, Archiv, Newsletter, Chat, Live-Voting, Impressum,
   Video-Stream, Push-Nachricht, Breaking News

3 a) Lies die Zeitungsmeldung. Unterstreiche Wörter und Sätze (Folientechnik),
   die nicht in eine sachliche Meldung gehören.
b) Welche Wörter kannst du für die unpassenden einsetzen?

Auf der russischen Arktisinsel Troynoy wird eine Forschungsstation von einer putzigen Eisbären-Gruppe
belagert. Zahlreiche Eisbären besuchen täglich die rot
lackierten Gebäude, die für viel Geld gebaut wurden.
5 Ein Weibchen pennt nachts sogar direkt unter den Fenstern der Station; zudem fiel einer der faulen Wachhunde
den niedlichen Tieren zum Opfer. Erschwerend kommt
hinzu, dass die Forscher, die abends gern zusammen
Karten spielen wollen, alle Leuchtgeschosse aufgebraucht
10 haben, mit denen sie die süßen Bärchen bisher auf
Abstand halten konnten. Eisbären sind nach russischem
Gesetz geschützt und dürfen nicht abgeknallt werden.

Medientextsorten unterscheiden

Nutzt die Hinweise im Merkkasten und bearbeitet auf Seite 179 Aufgabe 1.

1 Lest die Texte auf dieser und der nächsten Seite. Sprecht darüber:
– Welche Texte **informieren** eher über das Ereignis, in welchen Texten **bewertet** der Autor/Reporter das Geschehen?
– Begründet eure Entscheidungen mit Belegen aus den Texten.

2 Ordne den Texten auf dieser Doppelseite die Begriffe zu: Meldung, Leserbrief, Kommentar, Bericht. Begründe deine Entscheidung.

→ *Medienpool: Waldbrand bei Berlin (Video)*

3 a) Vergleicht die Informationen aus der Zeitung mit dem Internet-Video: Welche zusätzlichen Informationen liefert das Video?
b) Was nutzt ihr lieber: gedruckte Zeitungen oder Videos? Warum?

Waldbrand wütet unweit von Berlin

Feuerwehrleute bekämpfen in Brandenburg einen Brand auf einer Fläche, die so groß ist wie 500 Fußballfelder. Ortschaften werden evakuiert, Augenzeugen berichten von starker Rauchentwicklung.

Vor der Stadthalle von Treuenbrietzen warten hunderte von Menschen, die wegen des verheerenden Waldbrandes in Brandenburg gleich aus drei Dörfern gerettet werden
5 mussten – eine Vorsichtsmaßnahme, weil das Feuer zuvor vom Krisenstab als sehr gefährlich eingestuft wurde. Dann die Nachricht: Den Feuerwehrleuten ist es gelungen, die Flammen von den umliegenden Orten
10 fernzuhalten. Trotzdem bleibt die Lage weiter angespannt.
Die Brandursache ist noch völlig unklar, die Kriminalpolizei ermittelt: „Brandstiftung kann derzeit nicht ausgeschlossen werden."
15

Brandenburg gilt als eines der am stärksten von Waldbränden gefährdeten Gebiete Europas – ähnlich wie die Trockenregionen in Spanien. Ein Drittel des Landes besteht aus Waldfläche, große Teile sind Kiefernwälder. 20
(24.08.2018)
(verändert)

WISSEN UND KÖNNEN ▸ **Medientextsorten unterscheiden**

1. Es gibt Textsorten, mit denen die Leserschaft **vor allem informiert** werden soll. Hierzu gehören Meldungen, Nachrichten und Berichte.
2. **Kommentierende Texte** (Kommentare, Leserbriefe) geben vor allem die Meinung des Verfassers wieder.
3. Oft wird versucht, die Ereignisse direkt miterleben zu lassen (zum Beispiel in Internet-Videos oder Fernsehnachrichten). Leser oder Zuschauer werden dann **informiert und unterhalten**. Man spricht dann von Infotainment oder „Erlebnisfernsehen".

Das Wort Infotainment setzt sich aus engl. „information" (Information) und „entertainment" (Unterhaltung) zusammen. Es geht dabei um die unterhaltsame Vermittlung von Informationen.

WALDBRÄNDE IN DEUTSCHLAND

Der Klimawandel wird riechbar

In Brandenburg brennt der Wald. Den Menschen in Berlin zieht der Rauch der Waldbrände empfindlich
5 in die Nase. Natürlich muss zuerst einmal der Brand gelöscht und es müssen die Bewohner der Dörfer in Sicherheit gebracht werden.
10 Auf lange Sicht entscheidend ist jedoch, welche Lehren aus dem Waldbrand gezogen werden. Denn es ist kein einzigartiges, ver-
15 heerendes Ereignis, sondern Ausdruck der Entwicklungen in der Natur. Der Klimawandel beschert Deutschland nun das zwei-
20 te Jahr in Folge einen Dürresommer. Und der hat katastrophale Auswirkungen: Jetzt verdursten und ver-
25 hungern Bäume in der extremen Trockenheit. Wälder sterben, Seen überhitzen, Flüsse trocknen aus. Hieraus müssen wir
30 lernen: Der Klimawandel muss unbedingt aufgehalten werden. *(verändert)*

Riesen-Waldbrand bei Berlin

Treuenbrietzen (dpa) Wegen eines riesigen Waldbrandes rund 50 Kilometer vor der Stadtgrenze Berlins
5 haben rund 600 Menschen ihre Brandenburger Dörfer verlassen müssen. Drei Orte in einem Gebiet südlich von Potsdam wurden evakuiert.
10 Das auf 300 Hektar geschätzte Feuer sei teilweise nur 100 Meter von Orten entfernt, hieß es. Anwohner wurden außerdem aufge-
15 fordert, Fenster und Türen wegen der Rauchentwicklung geschlossen zu halten. Die Feuerwehr war mit 600 Einsatzkräften vor Ort, auch Löschhubschrauber wurden
20 eingesetzt. Rund 60 Polizisten sicherten die betroffenen Orte.

(23.08.2018)

Zum Artikel „Waldbrand wütet unweit von Berlin"

Im Bericht über den Waldbrand in Treuenbrietzen ist die Rede von Kiefernwäldern. Verschwiegen wird, dass es sich dabei um reine Monokulturen handelt: Es sind Kiefernwäl-
5 der, in denen die Bäume schnurgerade wie Streichhölzer nebeneinanderstehen. Die trockenen Nadeln auf dem Boden brennen wie Zunder. Da braucht es nur einen Dürresommer und der Wald brennt. Naturschützer fordern zu Recht mehr Mischwälder. Die brennen nicht so leicht!

Johannes Gödert, Berlin

Print-Zeitungen und Online-Zeitungen vergleichen

1 Schaut euch die Seite aus einer Online-Zeitung an. Sprecht darüber:
   a) Was fällt euch als Erstes ins Auge? Warum?
   b) Warum hat die Userin/der User diese Seite wohl aufgerufen?
      Begründet eure Meinung.
   c) Um welche Textsorte handelt es sich bei dem Text „Den Eisbären wird es
      zu warm"? Begründet eure Meinung. Nutzt die Hinweise im Merkkasten.
   d) Welche weiteren Informationsquellen zum Thema liefert die Online-Seite?
   e) Welche Möglichkeiten bietet die Online-Seite, Meinungen zum Thema
      abzurufen? Wie kannst du selbst deine Meinung kundtun?

> **WISSEN UND KÖNNEN**   **Zeitungsberichte lesen und verstehen**
>
> **Zeitungsberichte** wollen sachlich und ausführlich informieren, sodass
> sich die Leser ein eigenes Bild von den Ereignissen machen können.
> – Schlagzeile, Untertitel und Fotos sollen zum Lesen anreizen.
> – Der fett gedruckte Vorspann (Lead) enthält die Kerninformationen.
> – Der Fließtext liefert alle weiteren wichtigen Informationen.
>   Dabei gilt: Das Wichtigste zuerst, dann weitere Fakten, Hintergrün-
>   de, Zusatzinformationen und Erläuterungen, oft mit Zitaten belegt.
> – Der Schluss enthält Folgen und Konsequenzen.

2 Untersuche den Bericht in der Online-Zeitung genauer:
   a) Markiere die verschiedenen Teile des Berichts.
   b) Passt das Foto zum Text? Warum? Warum nicht?
   c) Formuliere zum Bericht eine Meldung mit den wichtigsten Informationen.

Als Beispiel könnt ihr die Tagungszeitung nehmen, die in eurer Stadt oder Region erscheint.

3 Vergleicht die Online-Seite mit der ersten Seite einer Tageszeitung.
   – Welche Gemeinsamkeiten könnt ihr feststellen?
   – Welche zusätzlichen Informationsmöglichkeiten bietet die Online-Seite?
     Nennt Möglichkeiten und begründet eure Meinung.
   – Welches Medium würdet ihr bevorzugen? Warum?

Wenn man in der Online-Zeitung auf 🔊 klickt, kann man …

PODCASTS   BLOGS   THEMEN   TICKER   ARCHIV   NEWSLETTER

ONLINE-NEWS
GEGRÜNDET 1997

POLITIK   WIRTSCHAFT   GESELLSCHAFT   KULTUR   LOKALES   SPORT   TECHNIK   WISSEN   FREIZEIT

Klimawandel in der Arktis

Den Eisbären wird es zu warm

Von Christiane Hagenburger
Aktualisiert am 13.11.2020-14:46

 Artikel hören

Den Eisbären schmilzt das Eis unter den Füßen weg. Doch das offene Meer ist nicht das, was die Eisbären brauchen.

Je mehr Eis in der Arktis schmilzt, desto weniger Zeit bleibt den Eisbären zur Robbenjagd – mit dramatischen Folgen: Sie verlieren an Gewicht, suchen Nahrung in bewohnten Ortschaften und sind laut Forschern noch früher vom Aussterben bedroht. Die Klimaerwärmung schränkt ihre Jagdgründe immer mehr ein.

Offenes Meer ist nicht das, was Eisbären brauchen. Sie benötigen Eis auf dem Polarmeer. Auf dem Eis warten die weißen Riesen geduldig vor Atemlöchern, bis Robben auftauchen. Eisbären brauchen das fetthaltige Robbenfleisch, um in der Arktis überleben zu können. Doch je mehr Eis schwindet, umso schwieriger wird es für sie, an ihre Beutetiere zu gelangen. → ***weiterlesen***

Christiane Hagenburger
Redakteurin, zuständig für das Ressort „Natur und Umwelt"

So schnell schmilzt das Arktis-Eis

WEITERE THEMEN

SEEWEGE DURCH DIE ARKTIS
Eisschmelze öffnet neue Wege für die Schifffahrt

MEERESANSTIEG UM 2 METER
Polarforscher warnen vor Eisschmelze

LIVE-VOTING

Machen Sie sich Sorgen wegen des Klimawandels?

Ja
Nein

3289 mal abgestimmt

LESERMEINUNGEN

 ▸ Wir müssen sofort handeln, ehe ...

 ▸ Der Eisbär heißt Eisbär, weil ...

 ▸ Die Eisschmelze hat auch Folgen für uns ...

▸ Eine eigene Lesermeinung schreiben

ÜBER DIE ONLINE-NEWS   REDAKTION   IMPRESSUM   NUTZUNGSBEDINGUNGEN   KONTAKT   JOBS   MEDIENDATEN/WERBUNG

Videonachricht und Zeitungsbericht vergleichen

Ihr könnt den Vergleich auch am Thema „Waldbrand" durchführen (S. 180).

→ Medienpool: „Lärmschutz unter Wasser" (Video)

Ruhe hier unten!
Für Schweinswale ist das Meer zu laut

Der Schweinswal ist der einzige Wal, der an der deutschen Nord- und Ostsee zu Hause ist. Doch es werden immer weniger. Ein internationales Forscherteam untersucht, woran das liegt.

Noch tummeln sich die kleinen Wale mit nur ungefähr 1,60 Meter Länge und durchschnittlich 60 Kilogramm Körpergewicht in der deutschen See. Doch es werden immer weniger. Dänische Meeresbiologen haben das „Sonarsystem" der Wale untersucht und liefern neue Erkenntnisse. Die Wale orientieren sich – ähnlich wie Fledermäuse – mit Hilfe eines Echolotsystems. Dabei senden sie Klickgeräusche aus und erfassen ihre Umgebung anhand des Echos. Auch die Kommunikation untereinander und die Nahrungssuche erfolgen über diese Klickgeräusche.

Die bisherigen Auswertungen zeigen, dass vor allem die steigende Lärmbelästigung im Meer für den Rückgang der Wale verantwortlich ist: Auf Nord- und Ostsee sind täglich rund 2000 Schiffe unterwegs. Diese Schiffe machen viel Lärm. Deshalb nehmen die Wale ihre Umgebung viel schlechter wahr und übersehen beispielsweise bei ihrer Jagd auf Heringe leicht die Maschen der Netze, mit denen Fischkutter ihren Fang einholen wollen. „Die Weltmeere werden immer lauter. Die Wale verlieren die Orientierung und verenden oft qualvoll am Strand", so der Meeresexperte Uwe Johannsen.

Leisere Schiffsmotoren, eine Senkung der Geschwindigkeit oder das Umfahren von Gebieten, in denen besonders viele Schweinswale leben oder jagen, könnten den Tieren helfen. Um die Meeressäuger besser zu schützen, schlagen die Forscher bei Bauarbeiten auch den Einsatz von Vorhängen aus Luftblasen vor. Eine „Wand" aus Blubberblasen soll im Wasser als Schallschutz wirken. So könnten vielen tausend Schweinswalen das Leben gerettet werden.

1 Arbeitet zu zweit.
a) Einer schaut sich das Video an und macht sich Notizen zu den W-Fragen auf dem Zettel.
Der andere sucht und markiert die Antworten auf die W-Fragen im Zeitungsbericht.
b) Vergleicht anschließend eure Ergebnisse:
   – Welche Informationen sind gleich?
   – Welche Unterschiede könnt ihr feststellen?
c) Fasst die Informationen des Videos oder des Textes zusammen. Schreibt dazu eine kurze Meldung.

– Worum geht es?
– Wodurch sind die Tiere bedroht?
– Was haben dänische Forscher herausgefunden?
– Wodurch sind die Tiere besonders gefährdet?
– Welche Folgen ergeben sich für die Tiere?
– Was soll gegen Tierstress und Tiersterben helfen?

2 Lies noch einmal den Zeitungsbericht: Was findest du an diesem Bericht besonders interessant? Warum?

3 Schau dir noch einmal das Video an: Welches Bild oder welche Bilderfolge bleibt dir in Erinnerung und beeindruckt dich am meisten? Begründe deine Entscheidung.

→ Medienpool:
Nutze die Hinweise zu den filmsprachlichen Mitteln im Glossar „Filmsprache".

WISSEN UND KÖNNEN **Über die Wirkung von Bildern nachdenken**

Videonachrichten wirken vor allem über die Bilder. Achte auf die Wirkungen
– der Kameraeinstellungen und -perspektiven,
– der Töne, der Geräusche und der Musik,
– der Farben, die besonders auffallen,
– der Gefühle, die die Töne, Geräusche, Musik und die Bilder auslösen: Neugier, Mitleid, Angst, Freude, Trauer, Unruhe …

4 Vergleiche Videoberichte mit Zeitungsberichten:
a) Was ist gleich? Wo liegen die Unterschiede?
   Nenne Beispiele und begründe deine Ergebnisse.
b) Welche Nachrichten bevorzugst du? Warum?

Videobericht und Zeitungsbericht sind beide sachlich. Das sieht man daran, …

In der Zeitung kann ich noch einmal nachlesen, wenn …

Ich kann mir das Ereignis besser vorstellen, wenn …

Die Wirkung von Fotos beschreiben

Die Aufnahme zeigt die 13-jährige Wennie auf den Philippinen, die im dreckigen Hafenwasser von Manila Plastikflaschen sammelt.

Buschbrände haben 2020 viele Gebiete in Australien zerstört, auch die Lebensräume von Koalas. Einige Koalas wurden von Helfern gerettet und in Sicherheit gebracht.

1 Schaut euch die beiden Fotos aus Fernsehnachrichten an. Sprecht darüber: Welches Foto beeindruckt oder berührt euch am meisten? Warum?

2 „Blättere" in Tageszeitungen oder in Online-Zeitungen.
- Suche ein Foto aus, das dich besonders berührt, das einen spannenden Moment darstellt oder das du einfach schön findest.
- Kopiere das Foto aus dem Internet und drucke es aus oder schneide das Foto aus der Zeitung aus.
- Erkläre, warum du genau dieses Foto ausgewählt hast: Was findest du daran so besonders? Was verbindest du damit? Welche Gedanken fallen dir dazu ein?

> **wortstark!**
>
> Bei dem Foto geht es um das Thema ...
> Das Foto zeigt ...
> Besonders an dem Foto ist ...
> Das Foto beindruckt mich sehr, weil ...

3 Macht eigene Fotos zum Thema „Umwelt, Umweltverschmutzung und Umweltschutz" und beschriftet sie: in der Schule, auf der Straße, im Ort/in der Stadt, im Wald.
Macht Fotos, die Mut machen, und Fotos, die auf Probleme hinweisen.

▶ Erstellt mit den beschrifteten Fotos eine Plakatwand „Fotos der Woche". Ihr könnt euch für jede Woche ein anderes Thema auswählen: Unser Ort/Unsere Stadt, In der Natur, Umweltprobleme, Gesichter ...

Treffend und genau formulieren

1 Aus Irland gibt es Interessantes zu berichten. Die Reporterin Cassidy Connor ist dabei, darüber eine Meldung zu schreiben:

In Irland will die Regierung Bäume pflanzen.

a) Welche Informationen erhältst du? Markiere sie mit verschiedenen Farben:
Was ist geplant? Wer macht das? Wo geschieht das?

b) Die Reporterin hat nicht genau genug formuliert.
Welche Informationen vermisst du?

Wie viele ...

Warum ...

Was für Bäume ...

Wann soll das passieren?

2 Überarbeite den Anfang der Meldung und formuliere genauer.
– überlege, wohin die Informationen auf dem Zettel passen?
– Schreibe die Meldung.

Dublin. ▓▓▓ (bis wann?) will die irische Regierung ▓▓▓ (wie viele?) Bäume pflanzen. Gepflanzt werden sollen ▓▓▓ (welche Bäume?). Es handelt sich um eine Maßnahme ▓▓▓ (wozu?).

– zum Klimaschutz
– bis zum Jahr 2040
– 440 Millionen Bäume
– Nadel- und Laub-bäume, darunter Eichen-, Buchen- und Bergahornbäume

---

WISSEN UND KÖNNEN ▸ **Treffend und genau formulieren**

Eine **Meldung** ist sachlich und genau formuliert. Viele Informationen sind knapp zusammengefasst. Es gibt:
– genaue Benennungen: nicht Bäume, sondern Nadelbäume, ...
– exakte Zahlen, Orts- und Zeitangaben: 440 Millionen Bäume, ...
– Angaben zu Ziel und Zweck: zum Klimaschutz, ...
– (präpositionale) Attribute: das Pflanzen von Bäumen, ...

---

3 So geht die Meldung weiter. Setze die fehlenden Informationen ein.

Studien belegen, dass das Pflanzen ▓▓▓ eine der besten Methoden ▓▓▓ ist. Die irische Regierung startet daher ▓▓▓ Veranstaltungen, um die Gemeinden zu ermutigen, mitzumachen. Irland hat allerdings Konkurrenz. ▓▓▓ hat ▓▓▓ ▓▓▓ ▓▓▓ Bäume gepflanzt.

– überall im Land
– am 29 Juli
– in nur 24 Stunden
– zur Bekämpfung des Klimawandels
– Äthiopien
– 353 Millionen
– von Bäumen

ZEIGE, WAS DU KANNST

Eine Meldung oder einen Leserbrief schreiben

1 Lies den Zeitungsbericht über die Pflanzaktion im Pestruper Moor:

Schüler pflanzen 600 Bäume fürs Klima
Von Ove Bornholt

Pestrup. Großes Gewusel auf einem Acker im Pestruper Moor: Am Montagnachmittag bevölkern mehr als 60 Schüler aus dem ganzen Landkreis Oldenburg die 2000 Quadrat-
5 meter große Fläche, um dort 600 Hainbuchen sowie Sal- und Asch-Weiden zu pflanzen. Die jungen Leute werden zu Klimabotschaftern ausgebildet. Hinter der Aktion steckt eine Kooperation des Landkreises Ol-
10 denburg mit dem Waldpädagogikzentrum Weser-Ems (Landesforsten) und der Initiative „Plant for the Planet".

Mitten zwischen den Schülern stapft Heino Werner vom Forstamt Ahlhorn über den
15 Acker und zieht mit seinen gelben Gummistiefeln Linien in den feuchten Acker. Entlang dieser sollen die Mädchen und Jungen die Bäume pflanzen.

Bevor die Schüler an die frische Luft durf-
20 ten, waren sie im Kreishaus. Dort beschäftigten sie sich mit den Themen „CO_2 und Klimaschutz". Nach dem theoretischen Teil ging es im Bus ins Pestruper Moor. Teagan Kruse und ihre Freundin Mirja Dierks haben

Erst den Spaten in die Erde, dann die Weide hinterher. Auf einem knapp 2000 Quadratmeter großen Acker im Pestruper Moor pflanzten die Schüler 600 Bäume.

sich freiwillig für die Aktion gemeldet. „Der 25 Wald ist besser als die Schule", meint Teagan. Ihre Lehrerin hätte ihnen von der Pflanzung erzählt und da hätten sie mitmachen wollen. „Wir fanden die Idee ganz toll", sagt Teagan. 30

Alle Teilnehmer erhielten am Ende des Tages noch Urkunden vom Landkreis Oldenburg.

2 Wähle auf der nächsten Seite Aufgabe **A** oder **B** aus.

A Schreibe zu dem Zeitungsbericht eine **Meldung**.

a) Bereite die Meldung vor: Fasse in einem Satz zusammen, worum es geht.

    – Unterstreiche: <u>Was ist passiert?</u> <u>Wer ist beteiligt?</u> <u>Wann ist es passiert?</u> <u>Wo ist es passiert?</u> <u>Wie ist es passiert?</u>

    – Fasse in einem Satz zusammen, welche Folgen das Ereignis hat.

b) Schreibe deine Meldung und überprüfe sie. Nutze die Checkliste.

CHECKLISTE ▶ **Eine Meldung schreiben**

✔ Ich habe die Meldung sachlich formuliert und sie enthält alle wichtigen Informationen (Antworten auf die W-Fragen).

✔ Ich habe die Meldung im Präteritum verfasst.

✔ Ich habe nichts hinzuerfunden?

✔ Ich habe die Meldung ohne persönliche Meinung verfasst.

✔ Ich habe die Meldung präzise formuliert, d.h. sie enthält treffende Wörter und genaue Angaben zu Ort, Zeit und Umständen.

B Lies den Zeitungsbericht und schreibe dazu einen **Leserbrief**.

a) Bereite den Leserbrief vor:

    – Fasse in einem Satz zusammen, worauf sich dein Leserbrief bezieht.

    – Formuliere in Stichworten deine persönliche Meinung. Notiere auch Gründe für deine Meinung.

b) Schreibe den Leserbrief. Nutze den Schreibplan und die Formulierungshilfen.

Schreibplan	Formulierungshilfen
Schreibe in der **Einleitung** kurz, auf welchen Artikel und welche Aussage du dich beziehst.	Ich habe Ihren Bericht „...“ mit großem Interesse gelesen. Besonders interessant finde ich ...
Formuliere im **Hauptteil** deinen Standpunkt: Nenne deine persönliche Meinung und begründe sie.	Im Bericht steht, ... Dazu möchte ich sagen ... Meiner Meinung nach ... Dafür gibt es gute Gründe: ...
Bekräftige im **Schluss** noch einmal deine Meinung und appelliere an deine Leser, sich deiner Meinung anzuschließen.	Deshalb hoffe ich ...

Einen Film sehen und untersuchen

Filme erzählen Geschichten. Dabei lernst du oft interessante Menschen und fremde Orte kennen. Der Film, um den es in diesem Kapitel geht, spielt in einer ganz anderen Welt. Bevor du dir diesen Film anschaust, sollst du dich darüber informieren.

TEXTE UND MEDIEN

1 Schaut euch das Filmplakat an und lest den Filmtipp. Sprecht darüber, was ihr über den Film erfahrt.
– Wie heißt der Film? Warum heißt er wohl so?
– Wann spielt der Film? Warum ist das Datum so wichtig?
– Worum geht es in dem Film?
– Was ist besonders an dem Film?

> Mich würde einmal interessieren, wie man „Wadjda" ausspricht.

2 a) Was würdest du noch gern über den Film und die Lebenswelt des Mädchens erfahren? Notiere drei Fragen.

> Wie sehen die Bekleidungsvorschriften für Mädchen denn aus?

b) Arbeitet zu zweit und tauscht die Fragen aus. Beantwortet schriftlich die Fragen des anderen. Recherchiert für eure Antworten im Internet.
c) Tragt eure Fragen und Antworten auf einem Plakat zusammen.

Filmtipp

In Saudi-Arabien war es Mädchen und Frauen lange verboten, öffentlich mit dem Fahrrad zu fahren. Erst seit 2013 ist das erlaubt. Dabei gelten aber immer noch genaue Bekleidungsvorschriften.

Unser Filmtipp spielt vor 2013: Die zehnjährige Wadjda 5
wünscht sich nichts sehnlicher, als mit ihrem Freund Abdullah gemeinsam um die Wette Rad zu fahren.
Das ist aber schwierig für sie.

„Das Mädchen Wadjda" ist der erste Spielfilm, der in Saudi-Arabien gedreht wurde. Regie führte eine saudi- 10
arabische Regisseurin. Der Film hat international schon viele Preise gewonnen.

Filmplakate: Erwartungen formulieren

Filmplakate wollen dich auf den Film aufmerksam machen und dein Interesse für den Film wecken. Wenn du dir ein Filmplakat anschaust, werden deine Erwartungen geweckt ...

1 Schaut euch das Filmplakat noch einmal genauer an.
Sprecht darüber, was ihr alles entdecken könnt.

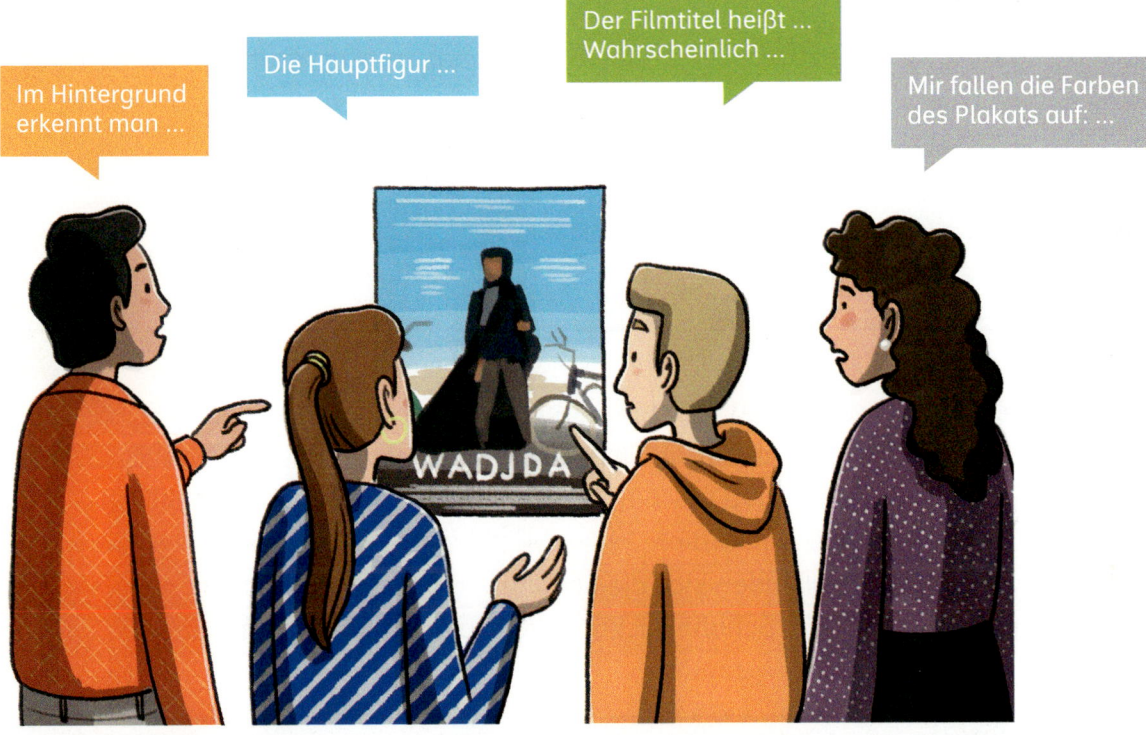

Im Hintergrund erkennt man ...

Die Hauptfigur ...

Der Filmtitel heißt ... Wahrscheinlich ...

Mir fallen die Farben des Plakats auf: ...

2 Beschreibe die Hauptfigur.
a) Beschreibe, was das Mädchen anhat.
b) Vergleiche ihre Kleidung mit deiner Kleidung:
Was ist gleich, was ist unterschiedlich?
c) Wie wirkt das Mädchen auf dich? Begründe deine Entscheidung.
freundlich, traurig, selbstbewusst, ängstlich, wütend, stark, mutig ...
d) Was würdest du das Mädchen gern fragen? Notiere drei Fragen.
e) Recherchiert im Internet, was man unter einer „Abaya" versteht.

3 Sprecht darüber, wie ihr das Plakat findet.
Macht euch das Plakat neugierig auf den Film? Warum?

Trailer: Filmfiguren kennenlernen

Ein Trailer ist ein kurzes Video. Es stellt den Film vor und soll dich auf den Film neugierig machen.

→ *Medienpool:*
Trailer zum Film
„Wadjda"

1 Schau dir den Trailer an.

Wadjda hat einen großen Wunsch. Sprecht über Wadjdas Wunsch.

2 Schau dir nochmals den Trailer an. Sprecht darüber:

a) Welche Figuren werden vorgestellt?

b) Welchen Eindruck hast du von den Filmfiguren?

> Wadjda ist sehr sympathisch.
> In einer Szene ...

> Die Mutter ...

> Abdullah ...

> Die Lehrerin ...

3 Am Anfang werden zwei Nahaufnahmen gezeigt.

Vergleiche die beiden Standbilder.

a) Welches Bild zeigt die Schuhe von Wadjda, welche Schuhe gehören einer Klassenkameradin?

b) Worin unterscheiden sich die Schuhe?

c) Warum sind die Schuhe wichtig? Was kann man daran erkennen? Begründe deine Meinung.

4 Worum geht es in dem Film? Was glaubst du, was im Film passiert?

Ich glaube es geht vor allem um ...

Ich bin gespannt, wie ...

Der Film ist bestimmt interessant, weil ...

Nicht verstanden habe ich, ...

Den Film sehen und darüber sprechen

Einen Film zu sehen soll Spaß machen – egal, ob ihr ihn im Kino oder im Unterricht anschaut. Anschließend sollt ihr mit dem Film ins Gespräch kommen: Ihr könnt darüber sprechen, was ihr interessant findet, was schwer zu verstehen war und womit ihr euch genauer beschäftigen wollt.

Den Film gibt es als DVD, die man in vielen Büchereien ausleihen kann.

1 a) Schaut euch den ganzen Film an. Entscheidet, ob ihr den Film ohne Unterbrechung sehen oder Pausen einlegen wollt.

b) Führt anschließend ein Filmgespräch. Nutzt die Hinweise im Methoden-Kasten.

METHODE ▸ **Ein Filmgespräch führen**

Filmgespräche könnt ihr zu jedem Film führen. Ihr tauscht euch über eure Eindrücke aus und sprecht darüber:

– Welches Bild kommt dir zuerst in den Sinn, wenn du an den Film zurückdenkst?
– Welche Szene findest du besonders wichtig? Warum?
– Wie findest du die Hauptfigur? Begründe deine Meinung.
– Worum geht es deiner Meinung nach in dem Film?
– Welche Fragen hast du?
– Wem würdest du den Film empfehlen? Warum?

...

Ich habe viele Fragen: ...

Besonders wichtig finde ich die Szene, in der ...

Ich glaube, es geht im Film vor allem um ...

Mir ist die Kleidung aufgefallen: In der Schule ... Zu Hause ...

Sich in Filmfiguren hineinversetzen

**Wenn ihr einen Film seht, kommt ihr den Figuren manchmal ganz nah.
Ihr versteht, was sie denken und fühlen.**

1 Schau dir unten auf der Seite die Standbilder aus dem Film an.
  a) Wo befindet sich Wadjda? Was erlebt sie gerade?
     Formuliere zu jedem Bild eine passende Bildunterschrift.
  b) Was denken und fühlen die Personen wohl?
     Schreibe Gedankenblasen.

2 Denke über die Standbilder nach. Vergleiche die Situationen mit deinem eigenen Leben:
  – Was ist ähnlich? Was ist anders?
  – Worüber wunderst du dich?
  – Was würdest du gern wissen?

3 Würdest du Wadjda gern kennenlernen?
  Was möchtest du ihr mitteilen? Was willst du von ihr wissen?
  Schreibe eine E-Mail an Wadjda:
  Liebe Wadjda, ich würde dich gern kennenlernen.
  Ich habe auf den Fotos gesehen, … Es interessiert mich …
  Ich möchte dir auch etwas von mir erzählen …

Ein Filmstandbild beschreiben

Mit den Bildern des Films will die Regisseurin eine bestimmte Wirkung erreichen. Wenn ihr die Filmsprache verstehen wollt, könnt ihr die Standbilder genauer untersuchen.

1 Schau dir das Standbild an: Erinnerst du dich an diese Szene des Films? Erzähle, wie es zu dieser Szene kommt.

> **wortstark!**
>
> Auf dem Standbild sieht man …
> In dieser Szene …
> Der Junge …
> Das Mädchen …
> Ich finde …

2 Untersuche das Standbild.
  a) Nenne die Filmfiguren, die auf dem Standbild zu sehen sind.
  b) Erzähle, was in dieser Szene passiert.
  c) Beschreibe, was die Figuren in diesem Moment wohl denken und fühlen. Schreibe Denkblasen.
  d) Welche Farben spielen auf diesem Standbild eine wichtige Rolle?
  e) Erläutere, wie die Kinder auf dich wirken. Beachte dabei ihren Gesichtsausdruck und ihre Haltung zueinander.

> → *Medienpool:*
> *Nutze zur Beschreibung und Bestimmung der Kameraeinstellungen das Glossar „Filmsprache".*

3 Untersuche genauer, wie das Bild aufgenommen wurde.
  – Kommen wir den Figuren nah oder sind sie weit weg von uns?
  – Welche Kameraeinstellung hat die Regisseurin gewählt? Warum wohl?

4 Schlüpft in die Rollen der Figuren und spielt diese Szene vor. Erklärt nach dem Spiel, wie ihr euch in eurer Rolle gefühlt habt.

Sich eine Meinung über den Film bilden

Du kennst den Film jetzt schon ziemlich gut. Nun kannst du begründen, wie du den Film findest.

1 Bilde dir eine eigene Meinung über den Film „Das Mädchen Wadjda".
- – Welcher Schüleräußerung stimmst du zu?
- – Ergänze die Schüleräußerung.
- – Suche Begründungen für diese Meinung.

Die Hauptfigur ... gefällt mir, weil ...

Ich fand es sehr interessant, ...

Der Film macht Mut, weil ...

Neu für mich war, ...

2 Wähle eine Aufgabe aus.

A Du schreibst für das Internetforum KINO eine kleine User-Kritik.
Schreibe deine Meinung zum Film auf:

Ich habe mir den Film ... angesehen.
In dem Film geht es um ....
Die Hauptfigur ist ... Ich finde ...
Besonders wichtig finde ich folgende Szene: ...
An diesem Film gefällt mir besonders, ...
Ich würde den Film weiterempfehlen, weil ...

B Schreibe für die Zeitschrift „Film ab!" einen Film-Tipp.
Stelle den Film vor. Beantworte dazu die Fragen:
- – Worum geht es deiner Meinung nach in dem Film?
- – Wer sind die Hauptfiguren und was machen sie?
- – Was findest du besonders gut an diesem Film?
- – Wem würdest du den Film weiterempfehlen? Warum?

Ein Filmstandbild beschreiben

1 Mache dich mit dem Standbild vertraut:
- Was fällt dir zuerst auf?
- Was wird an diesem Standbild deutlich? Denke darüber nach.
- Erinnerst du dich, zu welcher Stelle des Films das Standbild gehört?

→ Medienpool:
Nutze zur Bearbeitung
der Aufgaben das
Glossar „Filmsprache".

2 Wähle Aufgabe **A** oder **B** aus:

wortstark!

Auf dem Standbild sieht man ...
Das Standbild zeigt einen wichtigen Moment im Film ...
Bestimmt denkt ... in diesem Augenblick ...
Die Regisseurin hat die Kameraeinstellung ... gewählt.
Dadurch ...
Mir gefällt dieses Standbild besonders, weil ...

A Untersuche das Standbild:
- a) Nenne die Filmfiguren, die auf dem Standbild zu sehen sind.
- b) Erinnerst du dich, was in dieser Szene des Films passiert?
  Schreibe auf, wo sich die Figuren befinden und was sie gerade machen.
- c) Beschreibe, was die Hauptfigur in diesem Moment wohl denkt und fühlt.
  Formuliere eine Sprechblase und eine Gedankenblase.

B Untersuche das Standbild und schreibe deine Ergebnisse auf.
- a) Erzähle, was in dieser Szene passiert.
- b) Beschreibe, was die Figuren in diesem Moment wohl denken und fühlen.
  Schreibe ihre Gedanken auf.
- c) Erläutere, wie die Figuren auf dich wirken. Beachte dabei ihren Gesichtsausdruck und ihre Haltung zueinander.
- d) Welche Kameraeinstellung hat die Regisseurin gewählt? Warum wohl?
- e) Erläutere, warum dir dieses Standbild besonders gefällt/nicht gefällt.

Sprache untersuchen

Unsere Sprache ist nach Regeln aufgebaut.
Diese Regeln nennen wir Grammatik.
Wenn du diese Regeln kennst, fällt dir das Lesen und Schreiben leichter.

SPRACHE UNTERSUCHEN

1 Schaut euch die Übersicht über die Wortarten auf Seite 199 an.
- Welche Wortarten kommen vor?
- Nennt weitere Beispiele für die verschiedenen Wortarten in der Übersicht.

→ Wenn du Informationen zu Fachwörtern wie „konjugierbar" oder „Konjunktion" brauchst, dann schlage in „Wissen und Können" nach.

2 Lest, was die Schülerinnen und Schüler über das Schaubild sagen.
- Beantwortet ihre Fragen.
- Gebt auch Hinweise, wie ihr die Informationen gefunden habt.

→ Ihr könnt wichtige Begriffe auch im Stichwortregister (Seite 288) suchen und die Erklärungen nachschlagen.

3 Habt ihr weitere Fragen zu dem Schaubild? Dann arbeitet zu zweit:
- Einer stellt seine Frage. Der andere hat fünf Minuten Zeit, um die Frage zu beantworten.
- Nutzt für eure Antworten auch die Informationen in „Wissen und Können".

Was bedeutet „deklinierbar"?

Woran erkenne ich, dass ein Nomen dekliniert ist?

Was bedeutet eigentlich „flektierbar"?

Gibt es noch weitere Merkmale von Verben?

Wie konjugiert man das Verb „wegnehmen" denn?

Woran erkenn man Adjektive

Wortarten bestimmen

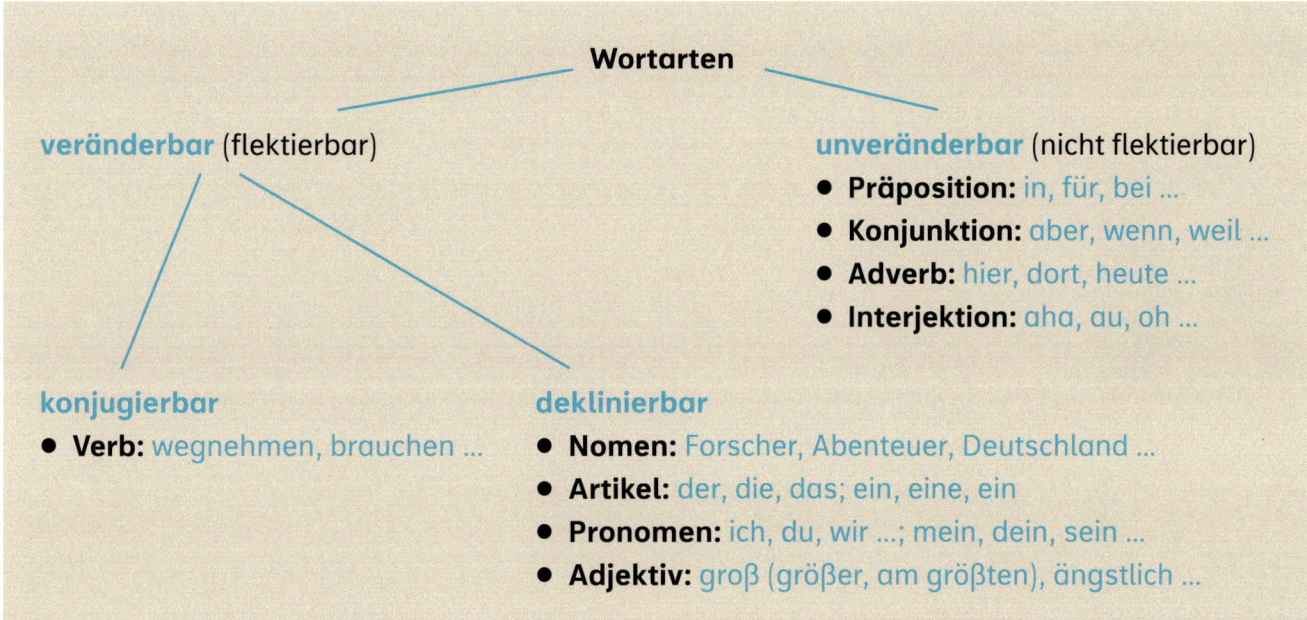

Wortarten

veränderbar (flektierbar)

unveränderbar (nicht flektierbar)
- **Präposition:** in, für, bei ...
- **Konjunktion:** aber, wenn, weil ...
- **Adverb:** hier, dort, heute ...
- **Interjektion:** aha, au, oh ...

konjugierbar
- **Verb:** wegnehmen, brauchen ...

deklinierbar
- **Nomen:** Forscher, Abenteuer, Deutschland ...
- **Artikel:** der, die, das; ein, eine, ein
- **Pronomen:** ich, du, wir ...; mein, dein, sein ...
- **Adjektiv:** groß (größer, am größten), ängstlich ...

1 Im folgenden Text sind alle Wörter kleingeschrieben – bis auf die Satzanfänge.
a) Schreibe den Text ab und schreibe alle Nomen groß.
b) Vergleicht eure Lösungen.
c) Sprecht darüber: Woran habt ihr die Nomen erkannt?

Mahlzeiten mit Make-up

In der werbung sieht essen immer zum anbeißen aus. Das ist nicht verwunderlich. Im fotostudio machen spezialisten nämlich das essen künstlich hübsch. Hier verwandeln sie normale lebensmittel in appetitliche filmstars. Die produkte werden gefärbt und eingesprüht, damit sie
5 auf den fotos schön aussehen. Zeitschriften und firmen beauftragen experten, die lebensmittel mit farbe und ein paar schönheitstricks in filmstars zu verwandeln. Wir sollen lust bekommen, rezepte nachzukochen und diese produkte zu kaufen. Von den vielen sachen im supermarkt sollen wir dann die wählen, die auf den bildern so lecker aussehen.

2 a) Suche im Text je drei Beispiele für die verschiedenen Wortarten.
– Schreibt die Wortarten in der Grundform auf.
– Für welche Wortart findest du keine Beispiele?
b) Vergleicht eure Lösungen.

„sieht aus" ist das konjugierte Verb. Die Grundform dazu heißt ...

Fachwörter erkennen und erklären

1 Lies den Text zum Thema „Vermüllung". Welche Wörter im Text sind Fachwörter? Nutze die Hinweise im Kasten.

– Wie nennt man es, wenn Müll einfach überall weggeworfen wird?
– Was sollte man demgegenüber mit dem Müll machen?
– Was ist in großen Städten zu beobachten?

Vermüllung: Der Begriff „Littering" (englisch für „Vermüllung") beschreibt die Unsitte, Abfall auf Gehwegen, Straßen, auf Park- oder Grillplätzen, an Böschungen oder Ufern achtlos wegzuwerfen oder liegenzulassen, anstatt den Müll in Abfalleimer zu entsorgen. Besonders große Städte vermüllen mehr und mehr.

WISSEN UND KÖNNEN ▸ **Fachwörter erkennen**

Fachwörter sind Wörter, die in einem bestimmten Fachgebiet verwendet werden. Du kennst Fachwörter zum Beispiel aus dem Mathematik-, Biologie- oder Deutschunterricht:

das Dreieck, die Addition ...; die Nährstoffe, die Vitamine ...; die Zusammensetzung, das Passiv ...

Fachwörter kommen häufig aus anderen Sprachen und sind daher oft Fremdwörter mit Schreibbesonderheiten:

Theorie, Physik, Genus, Basis oder Substanz ...

Heute kommen viele Fachwörter aus dem Englischen:

Trailer, Tablet, Recycling ...

Halte dich beim Lesen nicht allzu lange bei den Fachwörtern auf. Lies einfach weiter, auch wenn du ein Wort nicht kennst oder nicht direkt verstehst.

2 Schau dir das Foto auf Seite 201 an und lies den Text dazu.

3 a) An welchen Stellen bist du beim Lesen „gestolpert"? Warum?

b) Unterstreiche alle Fachwörter.

c) Was bedeuten diese Fachwörter? Einweg-Plastikprodukt, To-Go-Lebensmittelbehälter, Styropor, oxo-abbaubares Plastik, Herstellerverantwortung, recycelbar, höhere Produktanforderungen Ihre Bedeutung findest du im Text. Nutze die Hinweise im Merkkkasten.

Verbot von Einweg-Plastikprodukten

Trinkhalme, Einwegbecher und Watte-
stäbchen sind die zehn am häufigsten an
europäischen Stränden gefundenen
Einweg-Plastikprodukte. Deshalb sind seit
5 2021 bestimmte Plastikprodukte verboten,
für die es bereits umweltfreundliche
Alternativen gibt.
Auch To-Go-Lebensmittelbehälter und
Getränkebecher aus hartem Schaumstoff
10 (Styropor), die aus den Geschäften
mitgenommen werden, dürfen nicht mehr
auf den Markt kommen.
Verboten ist außerdem sogenanntes
„oxo-abbaubares Plastik". Das ist ein Materi-
15 al mit Metallbeimischung, das zum Beispiel
für dünne Beutel und Verpackungen
verwendet wird und im Müll in kleinste
Mikroteilchen zerfällt.

Es gilt eine stärkere Herstellerverantwortung: Die Hersteller werden an den Kosten 20
für Reinigung oder Transport von Folien oder
Essensbehältern beteiligt. Das Recycling wird
gefördert. Dies bedeutet, dass Getränkeflaschen einen hohen Anteil an recycelbarem
(wiederverwertbarem) Kunststoff enthalten 25
müssen. Es gelten auch höhere Produktanforderungen: Ab 2024 sollen Deckel fix an
Getränkeflaschen befestigt werden.

WISSEN UND KÖNNEN ▶ **Die Bedeutung von Fachwörtern erschließen**

Beim Lesen von Sachtexten kannst du über Fachwörter „stolpern",
weil du das Wort noch nie gelesen oder gehört hast.
Oft enthält der Text Hinweise auf die Bedeutung der Fachwörter:
– Achte auf die Wörter und Sätze, die vor oder nach dem Fachwort
  stehen. Achte dabei auf Beispiele, Hinweise in Klammern, Doppelpunkte oder Formulierungen wie Dies bedeutet ...   Darunter
  versteht man ... ... ist/beschreibt/bezeichnet ...   Es geht um ...
– Manche Wörter kannst du auch in ihre Bestandteile zerlegen, um
  ihre Bedeutung zu erschließen: Lebensmittelbehälter sind Behälter,
  in denen man Lebensmittel verpackt oder transportiert.

wortstark!

Beispiele für ▬▬ sind ...
▬▬ ist/sind ...
Unter ▬▬ versteht man
  ...
▬▬ bedeutet so viel
  wie ...
▬▬ sorgt dafür, dass ...

---

4 Suche dir drei Fachwörter aus und schreibe Erklärungen wie im Wörterbuch.
Ballaststoffe   Diät   Fett   Jojo-Effekt   Nährstoffe   Vitamine   Zucker

Die vier Fälle bestimmen

Der Apfel ist das Lieblingsobst der Deutschen. Dem Apfel werden wegen seines Vitamin-C-Gehalts viele gesundheitsfördernde Wirkungen zugeschrieben. Drei Äpfel pro Tag schützen bereits vor einer
5 Grippe. Ist die Erkältung schon da, hilft ein Tee aus Schalen des Apfels. Ein Apfel vorm Zubettgehen sorgt für erholsamen Schlaf. Es ist aber wichtig, den Apfel ganz zu verzehren.

1 Arbeite als Sprachexperte.
Lies dazu den Text über den Apfel.
– Unterstreiche alle Formen des Wortes Apfel mit den voranstehenden (bestimmten) Artikeln (Folientechnik).
– Sprecht darüber:
Was fällt euch an den Artikeln und Wortformen auf?

2 Übernimm die Tabelle aus dem Wissen-und-Können-Kasten.
– Schreibe die unterstrichenen Wortformen mit Artikel in die Tabelle.
– Markiere die verschiedenen Fälle. Nutze dazu die Fragen.

WISSEN UND KÖNNEN ▶ **Die vier Fälle (Kasus) bestimmen**

Im Satz können die Endungen des Nomens und der dazugehörige Artikel unterschiedliche Formen annehmen. Das Nomen wird dekliniert und steht in einem bestimmten **Fall** (Kasus). Den Fall kann man mit **Fragewörtern** (Interrogativpronomen) bestimmen:

Fall (Kasus)	**Frage**	**Beispiele**
1. Fall: **Nominativ**	Wer? oder Was?	der Apfel ist …
2. Fall: **Genitiv**	Wessen?	
3. Fall: **Dativ**	Wem?	
4. Fall: **Akkusativ**	Wen? oder Was?	

„Ich esse die Birne mit der Schale", meint Tanja. Die meisten Vitamine befinden sich bei der Birne unter der Schale. Wenn möglich, sollte die Schale
5 der Birne mitgegessen werden. Die Birne ist also reich an Vitaminen. Das Vitamin C der Birne deckt etwa sieben Prozent des Tagesbedarfs eines Erwachsenen.

3 Erstelle für diesen Text ebenfalls eine Tabelle. Trage die Wortformen und Artikel von Birne ein.

4 Vielleicht sprechen in eurer Klasse einige noch andere Sprachen.
Verändern sich in diesen Sprachen auch die Nomen bei Fragen mit Wessen?, Wem?, Wen? oder Was? Nennt Beispiele.

Sprachen miteinander vergleichen

1 Sprachen können ähnlich sein – oder ganz verschieden.
Schau dir die folgenden Wörter aus fünf Sprachen an:

the mouse   la baleine   der Wal   l'ours   the bear   le serpent
fare   ayı   the cow   balina   l'orso   die Maus   inek   die Kuh
yılan   der Bär   il serpente   la balena   the whale   die Schlange

- Welche Gemeinsamkeiten kannst du entdecken?
- Kennst du die Sprachen? Wenn nicht, suche die Wörter im Internet.
- Ordne die Wörter tabellarisch nach Sprache und Bedeutung.

Der Besuch im Nationalpark

Mein Bruder, meine Schwester, meine
Eltern und ich waren gestern im Nationalpark. Der Ranger zeigte uns einen Fuchs,
eine Fledermaus und ein Eichhörnchen.
Die Fledermaus und der Fuchs waren nur
kurz zu sehen. Das Eichhörnchen sprang
von Baum zu Baum.

The visit to the national park

My brother, my sister, my parents and I
went to the national park yesterday.
The ranger showed us a fox, a bat, and
a squirrel. The bat and the fox were only
seen briefly. The squirrel jumped from
tree to tree.

2 Lies den Text „Der Besuch im Nationalpark" auf Deutsch.
a) Markiere die bestimmten Artikel. Trage sie in die Tabelle ein.
b) Unterstreiche alle unbestimmten Artikel. Trage sie in die Tabelle ein.

Artikel	Kasus	männlich	weiblich	sächlich
bestimmt	Nominativ	der		
unbestimmt	Akkusativ			ein

3 Lies den englischen Text „The visit to the national park".
a) Trage die bestimmten Artikel im Nominativ in die Tabelle ein.
b) Trage die unbestimmten Artikel im Akkusativ in die Tabelle ein.

4 Sprecht darüber: In welcher Sprache scheint der Gebrauch der Artikel
einfacher? Warum?

5 Vergleicht die Possessivpronomen im Deutschen und Englischen.
- Unterstreiche die Possessivpronomen in beiden Texten.
- Sprecht über die Unterschiede.

Zeitformen bestimmen und verwenden

Im Herbst ist immer alles grau und die Blätter fallen.

Stella spielt jetzt unglaublich gern im Laub. Sie springt übermütig in alle Laubhaufen hinein und sucht nach dem Ball.

Ich gehe morgen wieder mit Stella in den Wald, denn sie ist richtig süchtig nach Laub …

1 Lies, was Henry über seine Hündin Stella erzählt.

a) Unterstreiche alle Verbformen. Welche Zeitform wird verwendet?

b) Kreise alle Wörter ein, die noch auf die Zeit hinweisen.

c) Welche Sätze weisen auf welche Zeit hin? An welchen Wörtern kannst du das erkennen?

WISSEN UND KÖNNEN   **Das Präsens gebrauchen**

– Das Präsens wird gebraucht, wenn jetzt gerade etwas geschieht.

– Das Präsens wird auch benutzt, um Dauerzustände zu beschreiben.

– Mit dem Präsens kann man außerdem ausdrücken, dass etwas in der Zukunft liegt.

Ungewöhnliche Kundschaft hatte am Sonntag ein Supermarkt in Geisenhausen: Eine entlaufene Kuh drückte die Tür ein und verwüstete den Eingangsbereich. Passanten alarmierten die Polizei.

5   Als die Beamten (eintreffen), (stoßen) sie in der Bäckereiabteilung auf das Jungkalb. „Das Tier (sein) allerdings nicht bereit, seinen Einkaufsbummel abzubrechen", (sagen) ein Polizeisprecher. Der Besitzer (können) das Tier schließlich
10   mit einem Lasso einfangen und (bringen) es zur Mutter auf die Weide zurück.   *(verändert)*

2 a) Lies den Anfang einer Zeitungsmeldung.

– Unterstreiche in den Sätzen alle Verbformen.

– In welcher Zeitform stehen sie?

b) Schreibe die Fortsetzung der Zeitungsmeldung ab und setze dabei die Verben in der passenden Zeitform ein.

c) Warum steht der Text im Präteritum. Nutze die Hinweise im Merkkasten auf Seite 205 oben.

WISSEN UND KÖNNEN · Das Präteritum gebrauchen

Das **Präteritum** benutzt man in der Regel, wenn man über etwas Vergangenes schriftlich erzählt oder berichtet. Deshalb stehen zum Beispiel Märchen, Zeitungsmeldungen oder Berichte im Präteritum.

3 Erzähle, was die Verkäuferin über den Vorfall im Supermarkt berichtet. Erzähle ihr Erlebnis in der passenden Zeitform.

> Gestern ist in unserem Supermarkt etwas Unglaubliches passiert. Ich habe richtig Panik bekommen. Eine Kuh hat …

WISSEN UND KÖNNEN · Das Perfekt gebrauchen

Wenn man mündlich von etwas Vergangenem erzählt oder berichtet, verwendet man meistens das **Perfekt**.
Das Perfekt bildet man mit den Hilfsverben haben und sein im Präsens und dem Partizip II (passiert, bekommen …).

4 a) Was kommt dir an den folgenden Sätzen komisch vor?
a. Nachdem das Kalb die Tür eindrückte, verwüstete es den Eingangsbereich.
b. Nachdem die Kuh die Verkäuferin in Panik versetzte, rief diese die Polizei.
c. Nachdem die Polizisten das Kalb einfingen, brachten sie es auf die Weide zurück.

> Was passiert in den Sätzen eigentlich zuerst?

b) Formuliere die Sätze um. Welche Verben musst du ins Plusquamperfekt setzen?
Nachdem das Kalb die Tür eingedrückt hatte, …

WISSEN UND KÖNNEN · Das Plusquamperfekt gebrauchen

Das **Plusquamperfekt** verwendet man, wenn man etwas erzählt, das noch vor dem geschehen ist, was man im Präteritum ausdrückt:
Nachdem die Polizei den Halter verständigt hatte, eilte dieser schnell herbei.
Das Plusquamperfekt bildet man mit den Hilfsverben haben und sein im Präteritum und dem Partizip II (eingedrückt, eingefangen …).

→ Hinweise, wie man die verschiedenen Zeitformen bildet, erhältst du in „Wissen und Können" auf Seite 277.

Mit dem Passiv einen Vorgang beschreiben

Schokoladen-Geschichte

Heute wird überall auf der Welt Schokolade genascht:
Jeder Deutsche isst ungefähr 8 Kilo Schokolade im Jahr,
am wenigsten essen die Japaner und Brasilianer mit
1–2 Kilo pro Jahr.
Die Menschen lieben Schokolade seit vielen tausend   5
Jahren. Bereits 1000 v. Chr. wurden vom Volk der
Olmeken Kakaobäume am Golf von Mexiko angepflanzt.
Die kleinen, braunen Bohnen wurden zerstampft und
das Pulver wurde mit Wasser verrührt. So stellten die
Olmeken das erste Schokogetränk her.   10

1 Lies den Anfang eines Berichts über die Geschichte und Herstellung von
Schokolade.
- Beschreibe, wer etwas macht und was gemacht wird oder gemacht wurde.
- Übertrage die Tabelle in dein Heft.

Wer macht/machte etwas?	Was wird/wurde gemacht?
Jeder Deutsche isst ungefähr ein Kilo Schokolade.	Heute wird überall auf der Welt Schokolade genascht.
Japaner und Brasilianer ...	Bereits 1000 v. Chr. ...

WISSEN UND KÖNNEN ▸ **Aktiv und Passiv unterscheiden und bilden**

In vielen Sätzen wird betont, wer etwas macht. Diese Sätze stehen
im **Aktiv**: Japaner essen 1 – 2 Kilo Schokolade im Jahr.

Wenn aber der Vorgang betont wird, benutzen wir das **Passiv**:
Überall auf der Welt wird Schokolade genascht.
Das ist oft dann der Fall, wenn derjenige, der etwas macht, unbekannt
oder unwichtig ist. Gebildet wird das Passiv mit dem Hilfsverb werden
(wird) und dem Partizip II (genascht).
Das Passiv hat – wie auch das Aktiv – eigene Zeitformen. Informationen dazu findest du in „Wissen und Können", Seite 277.

2 Wie wird Schokolade hergestellt?
- Schau dir die Bilder an und lies die Textabschnitte.
- Bringe die Textabschnitte in die richtige Reihenfolge und ordne sie
  den Bildern zu.

A Nun die warme Kakaomasse unter anderem mit Kakaobutter und Milchpulver mischen.

B Die Schalen entfernen und die Bohnen in großen Kakaomühlen zu einem dickflüssigen Brei, der Kakaomasse, zermahlen.

C Ganz wichtig ist der nächste Schritt, das „Conchieren". Dabei die Schokoladenmasse langsam, stundenlang und bei niedriger Temperatur rühren.

D Danach die Masse in Formen füllen, abkühlen und als fertige Schokoladentafel aus der Form lösen.

E Zunächst die Kakaobohnen in Fabriken reinigen und anschließend rösten.

F Die grobkörnige Mischung pulverfein walzen. Dabei die relativ großen Zucker- und Kakaopartikel zunächst von gegenläufig rotierenden Walzen mit großem Druck zerkleinern. Anschließend die Masse fein walzen.

3 Berichte, wie Schokolade hergestellt wird.
- Formuliere passende Sätze. Nutze die blau gedruckten Verben.
- Formuliere im Passiv. Unterstreiche die Passivformen.

Von der Kakaobohne zur Schokolade
Am Anfang stehen die Kakaobohnen.
Zunächst werden sie in Fabriken gereinigt und ...

4 Suche dir ein Produkt aus und beschreibe seine Herstellung:
vom Blech zum Auto, vom Mehl zur Pizza, vom Ereignis zur Zeitungsmeldung ...

Satzglieder ermitteln und umstellen

1 Baue aus den Wörtern einen Satz zusammen.
- – Schreibe dazu die Wörter einzeln auf kleine Zettel.
- – Ordne die Zettel zu einem Satz.

aus   dem   der   die   Enkelin   erzählt   Essen
Geschichten   ihrer   nach   Oma   Schulzeit

2 Untersuche den Satz genauer:
a) Welche Wörter bilden zusammen eine Wortgruppe?
   Sie bleiben immer zusammen, wenn du im Satz etwas umstellst.
b) Aus wie vielen Satzgliedern besteht der Satz?
c) An welcher Position steht das Prädikat des Satzes? Stelle dazu die Wort-gruppen so um, dass immer neue Sätze entstehen.

> **WISSEN UND KÖNNEN** ▸ **Satzglieder ermitteln**
>
> Die Wörter eines Satzes, die man allein oder gemeinsam umstellen kann, nennt man **Satzglieder**. Mit der Umstellprobe kannst du heraus-finden, aus wie vielen Satzgliedern ein Satz besteht.
> Das Satzglied, das im Aussagesatz immer an zweiter Position steht, ist das **Prädikat**. Es kann aus zwei Teilen bestehen:
> Die Schüler hörten dem Lehrer aufmerksam zu.

An Urgroßvaters Schule unterrichtete der Lehrer 50 Schülerinnen und Schüler. Jeden Tag mussten alle Kinder aufstehen und den Lehrer mit „Guten Morgen" begrüßen. Vor dem Unterricht zeigten die Kinder dem Lehrer ihre Hände und Fingernägel.

3 Lies den Text über Urgroßvaters Schule.
- – Ermittle die Satzglieder. Mache dazu Umstellproben.
- – Bestimme die Satzglieder genauer. Lege dir dazu eine Tabelle an:

→ Erklärungen und Hinweise zu den Fachwörtern in der Tabelle findest du in „Wissen und Kön-nen", Seite 276-278.

Subjekt	Prädikat	Objekt	adverbiale Bestimmungen
der Lehrer	unterrichtete	...	...

4 a) Bilde aus den folgenden Satzgliedern Sätze. Es gibt mehrere Möglichkeiten, die Satzglieder anzuordnen.

    a. hatten – in früheren Zeiten – die Kinder – weniger Schulfächer

    b. wichtige Fächer – Schönschreiben und Handarbeit – waren

    c. oft – Fangspiele – auf dem Schulhof – die Kinder – spielten – in der Pause

    d. auf dem Pausenhof – Klohäuschen aus Holz – standen – für die Kinder

b) Vergleicht eure Lösungen und sprecht über die Unterschiede.

WISSEN UND KÖNNEN   **Satzglieder hervorheben**

Du kannst die **Umstellprobe** nutzen, um Texte zu verbessern.
Stelle dazu das Satzglied, das du betonen willst, an den Satzanfang.
Mit der Umstellprobe kannst du Wiederholungen vermeiden,
der Text klingt dann abwechslungsreicher:

Schönschreiben und Handarbeit waren wichtige Fächer.
→ Wichtige Fächer waren Schönschreiben und Handarbeit.

---

5 Überarbeite den Text von Kira über Urgroßmutters Schulzeit.
Stelle die unterstrichenen Satzglieder an den Anfang, um sie zu betonen.

Meine Urgroßmutter besuchte die Schule in Schöndorf. Zwei Klassenräume
und die Lehrerwohnung waren <u>im Schulgebäude</u>. Vier Kinder saßen <u>im
Klassenzimmer</u> in einer Bank. Die Jungen saßen <u>rechts im Klassenzimmer</u>,
links saßen die Mädchen. Die Jüngsten saßen immer <u>ganz vorn</u>, und jedes Jahr
rückte man dann eine Reihe nach hinten. Es war <u>im Winter</u> kalt im
Klassenraum. Der Klassenraum wurde mit einem Ofen geheizt. Die Schulkin-
der mussten <u>Holz</u> von zu Hause mitbringen.

6 Überarbeite die Fortsetzung von Kiras Bericht. Schreibe den Text ab und
beachte die Hinweise in den Sprechblasen.

Die meisten Kinder hatten einen weiten Weg. Einige Kinder mussten über
eine Stunde laufen, um zur Schule zu kommen. Die Kinder gingen bei jedem
Wetter zu Fuß zur Schule – bei Regen und bei Schnee. Die Kinder schrieben
auf Schiefertafeln. Jedes Kind hatte einen Griffel und einen Schwamm in
seiner Schultasche.

> Betone, wie lange die Kinder laufen mussten.

> Betone, wann die Kinder zu Fuß gingen.

> Betone, wo Griffel und Schwamm steckten.

Mit Adverbien Textbezüge herstellen

1 Lies, was Adriana über ihren Lieblingsplatz schreibt.
Sie hat ihren Text überarbeitet.
– Was hat Adriana verändert? Nutzt die Hinweise im Merkkasten.
– Sprecht darüber, warum sich der überarbeitete Text besser liest.

Erste Fassung:	Überarbeiteter Text:
Mein Lieblingsplatz ist mein Bett. Ich verbringe viel Zeit in meinem Bett! Ich höre Musik im Bett. In meinem Bett kann ich am besten chillen. Ich liebe mein Bett.	Mein Lieblingsplatz ist mein Bett. Hier verbringe ich viel Zeit! Ich höre manchmal Musik im Bett. Dort kann ich am besten chillen. Deshalb liebe ich mein Bett.

WISSEN UND KÖNNEN ▸ **Adverbien erkennen und verwenden**

In Texten sind die Sätze oft mit Adverbien (Einzahl: das Adverb) miteinander verknüpft.
Adverbien geben zum Beispiel Hinweise auf den Ort und die Zeit:
– **Ortsadverbien:** dort, hier, draußen, hinaus …
– **Zeitadverbien:** heute, später, mittags, gestern, immer, täglich …
– Adverbien wie deshalb oder daher sind **Adverbien des Grundes** und geben nähere Informationen, warum etwas geschieht.

2 Lies, was Jonathan über seinen Lieblingsplatz schreibt.
a) Schreibe den Text ab und ergänze die fehlenden Adverbien:
   dann, hier, stundenlang, dort, darum, da.
   Achte auf die Groß- und Kleinschreibung.
b) Vergleicht eure Lösungen.

Ich liebe unsere Couch im Wohnzimmer. ▭ sitze ich gern mit dem Smartphone. Im Sommer ist mein Lieblingsplatz aber im Garten. ▭ liege ich oft in der Hängematte. ▭ stoße ich mich mit einem Stock vom Boden ab und schaukle. Ich lese auch ▭ in der Hängematte. Ich fühle mich ▭ so was von gut. ▭ wünsche ich mir eine Hängematte für mein Zimmer.

Mit adverbialen Bestimmungen genauer formulieren

Hoch auf dem Ross *(verändert)*

Die Mongolei gehört zu den dünn besiedelten Ländern auf unserem Planeten. Der Weg zum Unterricht ist für die Kinder also häufig lang und beschwerlich. Ein Schulbus kommt selten vorbei. Also reitet dieses Mädchen jede Woche auf einem Pferd ins Internat. Es muss dabei einen Gletscherfluss im Altai-Gebirge durchqueren. Zum Glück ist es nicht allein, aus Vorsicht begleiten Erwachsene den ungewöhnlichen Schulweg. 5

1 Schau dir das Foto an und lies den Text.

a) Welche Informationen enthalten die blau gedruckten Satzglieder?

b) Um welche adverbialen Bestimmungen handelt es sich?
Nutze die Hinweise im Wissen-und-Können-Kasten.

> **WISSEN UND KÖNNEN** **Adverbiale Bestimmungen verwenden**
>
> **Adverbiale Bestimmungen** geben genaue Informationen über den **Ort** (Wo? Wohin?) und die **Zeit** (Wann? Wie lange?) des Geschehens, über dessen Ursachen und Gründe (Warum?) oder über die **Art und Weise** (Wie? Womit?):
>
> – **Ort:** Das Mädchen reitet zum Unterricht. (Wohin reitet …?)
> – **Zeit:** Das Mädchen reitet jede Woche zum Unterricht. (Wann …?)
> – **Art und Weise:** Es reitet auf einem Pferd in die Schule. (Womit …?)
> – **Grund:** Aus Vorsicht begleiten Erwachsene den Schulweg. (Warum …?)

2 Lies, wie Gregory und Silva zur Schule kommen. Überarbeite den Text und setze die fehlenden Informationen ein: im Nordwesten von Venezuela, in einem Boot, auf Pfählen, im Wasser-Taxi.

Alles klar auf dem Boot *(verändert)*

Diese Schüler leben _____ in Südamerika und gehören zur Volksgruppe der Anu. Das heißt so viel wie „Menschen des Wassers". Kein Wunder, haben sie doch ihre Häuser _____ ins Wasser gebaut. Heute lassen sich die Kinder _____ zur Schule bringen. Manchmal ist es weniger bequem, dann sind sie _____ unterwegs und müssen selbst rudern. 5

Mit Relativsätzen Zusatzinformationen geben

1 Lies die Sätze über einen Jungen, der im Regenwald lebt.
- Unterstreiche die Wörter im Hauptsatz, zu denen du weitere Informationen erhältst.
- Markiere die Nebensätze, die weitere Informationen liefern.

Die Regenwald-Kinder

Penghijau, der vermutlich 12 Jahre alt ist, lebt in den Wäldern Indonesiens. Sein Volk, das Orang Rimba heißt, ist bedroht. Seine Familie, die gern im Wald lebt, muss vielleicht bald in die Stadt ziehen.

WISSEN UND KÖNNEN   **Relativsätze bestimmen und nutzen**

Mit Relativsätzen kannst du Zusatzinformationen zu den Nomen eines Satzes geben:
- Relativsätze enthalten **zusätzliche Erläuterungen**:
  Der Junge, der vermutlich 12 Jahre alt ist.
- Mit Relativsätzen kannst du auch Wiederholungen vermeiden:
  Der Junge lebt in den Wäldern. Der Junge ist 12 Jahre alt
  → Der Junge, der 12 Jahre alt ist, lebt in den Wäldern.

Der Relativsatz ist ein Nebensatz, der mit einem **Relativpronomen** eingeleitet wird: der (dessen, dem, den); die (deren, der), das (dessen, dem, das). Vor dem Relativpronomen steht oft eine Präposition: an dem, auf der, in dem, mit dem, ...

> → Du kannst auch mit Adjektivattributen Nomen näher beschreiben. Hinweise findest du auf Seite 75.

2 Erläutere die Nomen im Hauptsatz genauer.
- Unterstreiche das Nomen, das näher erläutert wird.
- Ordne die passenden Relativsätze zu.

> Hauptsatz a passt zu Relativsatz ...
> Der ganze Satz lautet: Es gibt ...

Hauptsätze	Relativsätze
a. Auf Sumatra gibt noch etwa 3500 Orang Rimba,	1. die keinen festen Wohnsitz haben.
b. Es sind Waldnomaden,	2. das sie nur kurze Zeit bewohnen.
c. Zwischen Palmen schlagen sie ihr Lager auf,	3. in der er lesen und schreiben lernt.
d. Nachts schläft der Junge unter einer Plastikplane,	4. die in Großfamilien zusammenleben.
e. Dreimal die Woche geht Penghijau in die Schule,	5. die die Familie aufgespannt hat.

3 Bilde Relativsätze und vermeide die Wiederholung der unterstrichenen Nomen. Überlege, wo der Relativsatz stehen muss.

a. Das ist der 14-jährige Kalel aus den USA.
   Kalel hat einen wertvollen Edelstein gefunden.
   Das ist der 14-jährige Kalel aus den USA, der ...

b. Der Stein lag an einem Fluss. Der Stein sah unscheinbar aus.
   Der Stein, ..., lag an einem Fluss.

c. Der Stein ist ein Rohdiamant mit 7,44 Karat.
   Der Stein ist unglaublich wertvoll.
   Der Stein, ..., ist ein Rohdiamant mit 7,44 Karat.

d. Kalel und seine Eltern hatten einen Ausflug in den Park gemacht.
   In dem Park befindet sich eine der größten Diamantminen der Welt.

e. Dort kann jeder nach Edelsteinen graben.
   Die Edelsteine kann man dann behalten.

f. Experten vermuten, dass der Stein mehrere Tausend Euro wert ist.
   Experten haben den Stein geschätzt.
   Experten, ..., vermuten, dass der Stein mehrere Tausend Euro wert ist.

4 Ergänze die Relativpronomen. Achte auf die richtigen Formen.

Aufnahme läuft

Am Pult ist Freddy, _____ als Synchronsprecher arbeitet.
Kindern aus Filmen oder Serien, _____ in einer anderen
Sprache reden, leiht Freddy seine Stimme. Dafür fährt er in
ein Tonstudio, _____ mit neusten Geräten ausgestattet ist.
Dort bekommt er seinen Text, _____ er genau lesen muss. Er
erhält auch Tipps vom Regisseur, _____ die Aufnahme leitet.

5 Mit den folgenden Sätzen stimmt etwas nicht.
   – Sprecht darüber, was euch merkwürdig vorkommt.
   – Schreibe die Sätze richtig auf. Dazu musst du den Relativsatz direkt
     hinter das Bezugswort setzen.

a. Penghijau jagt im Regenwald mit seinem Vater, der feucht und warm ist.

b. Er sammelt Insekten und Pilze mit seinen Brüdern, die abends auf dem
   Feuer gekocht werden.

Mit Konjunktionen Sätze verknüpfen

An Finns Sätzen erkenne ich an dem Wörtchen „weil", ...

1 Mara und Finn haben den Anfang ihrer Textzusammenfassung geschrieben.
  – Erkläre den Unterschied zwischen Maras und Finns Text.
  – Nutze die Hinweise im Methodenkasten.

Mara: Im Text geht es um das Thema „Computerspiele". Es gibt mit den Eltern oft Streit. Kinder wollen mit dem Computer spielen und die Eltern sind dagegen.

Finn: Der Text behandelt das Thema „Computerspiele". Es gibt mit den Eltern oft Streit, weil die Kinder mit dem Computer spielen wollen und die Eltern dagegen sind.

WISSEN UND KÖNNEN ▸ **Mit Konjunktionen Sätze verknüpfen**

Haupt- und Nebensatz bilden zusammen ein **Satzgefüge**. Im Satzgefüge enthält der Nebensatz wichtige Informationen zum Hauptsatz.
Der Nebensatz wird mit einer **Konjunktion** (Bindewort) eingeleitet:

  – Wir müssen uns absprechen, <u>weil</u> wir nur einen Computer haben. (Grund)
    – Ich darf erst wieder am Computer spielen, <u>wenn</u> ich mehr für die Schule mache. (Bedingung)
    – Ich arbeite viel am Computer, <u>obwohl</u> ich mich noch nicht so gut damit auskenne. (Einschränkung)
  – Wir benutzen den Computer, <u>um</u> im Internet zu recherchieren. (Ziel/Zweck)

Ziel/Zweck
damit,
um ... zu

Einschränkung
obwohl,
trotzdem

Bedingung
wenn, ...
dann

Begründung
weil, da,
denn

2 a) Lies den Text über Handystress auf der nächsten Seite.
   b) Beantworte die Fragen a–d schriftlich in ganzen Sätzen.
      Unterstreiche zunächst die Sätze, in denen die Antworten auf die Fragen stehen, und markiere die Konjunktion.
   a. Warum nutzen wir das Handy? Nenne einen Grund.
   b. Unter welcher Bedingung kommen wir in Stress?
   c. Zu welchem Zweck bekommen wir Tipps?
   d. Aus welchem Grund sollte man das Handy bei Hausaufgaben ausschalten?

Handystress

Mit dem Smartphone ist das Internet in der Hosentasche angekommen. Wir nutzen das Smartphone beispielsweise, weil wir bestimmte Informationen suchen.

Wenn wir aber keine zeitlichen Grenzen setzen, geraten wir dabei leicht in Stress. Hier bekommt ihr ein paar Tipps, um diesen Handystress zu vermeiden. Wenn ihr das Handy ab und zu mal ausschaltet, könnt ihr zur Ruhe kommen. Obwohl ihr euer Handy so oft und gerne nutzt, solltet ihr es nicht immer und überall dabeihaben. Wenn ihr Hausaufgaben macht, solltet ihr das Handy besser ausschalten, weil ihr euch sonst zu leicht ablenken lasst.
Wenn ihr abends schlafen geht, solltet ihr das Handy am besten in ein anderes Zimmer legen. Ihr könnt in euren Familien auch Regeln vereinbaren, damit alle Handypausen haben.

5

10

15

20

3 Stelle zu den beiden letzten Sätzen selbst Fragen.
Lasse sie von einem Partner oder einer Partnerin beantworten.

> Warum ...?

> W...?

4 Schülerinnen und Schüler sprechen darüber, wie sie Medien nutzen. Schreibe die Sätze a – g ab und verbinde sie mit den Konjunktionen in den Klammern.
   – Achte auf die Satzstellung.
   – Denke auch an die Kommas zwischen Haupt- und Nebensätzen.

> Im Nebensatz steht das konjugierte Verb immer ...

a. Das Smartphone ist gut. Man kann mit Leuten in Kontakt bleiben. (weil)
b. Gespräche machen aber keinen Spaß. Die Schüler gucken nur auf ihr Smartphone. (wenn)
c. Schüler stellen Freunden im Chat Fragen. Sie sitzen alle zusammen in der Pausenhalle. (obwohl)
d. Jemand will wirklich etwas. Er ruft an. (wenn)
e. Ich telefoniere oft. Ich will die Reaktionen meiner Freunde direkt mitbekommen. (weil)
f. Ich nutze das Smartphone wenig. „Ja" und ☺ reichen mir nicht! (weil)
g. Das soziale Netzwerk wird in unserer Klasse viel benutzt. Wir teilen direkt lustige Bilder mit den anderen. (um ... zu)

Die Meinung anderer wiedergeben

1 „Sollten Schülerinnen und Schüler für gute Noten Geld bekommen?"
Lies die Statements zu diesem Problem:

Anna, 13 Jahre: So wichtig sind Noten nun wirklich nicht.

Frau Junges, Elternsprecherin: Vielleicht werden Noten ja auch ganz abgeschafft!

Marga Beier, Lehrerin: Geld führt bestimmt nicht zu guten Noten.

Kai, 12 Jahre: Ich bekomme von meinem Opa immer 10 € für eine sehr gute Note!

Carsten Becker, Lehrer: Es kommt immer auf die Situation an.

2 Gib in indirekter Rede wieder, was die Beteiligten sagen.

a) Welches Verb passt zu welchem Beitrag?

   hoffen   behaupten   bezweifeln   erklären   berichten

b) Formuliere dass-Sätze: Erica behauptet, dass Noten gar nicht so wichtig
   sind. Die Elternsprecherin ...

WISSEN UND KÖNNEN ▶ **Indirekte Rede verwenden**

In Diskussionen äußern Personen ihre Meinung. Es gibt verschiedene
Möglichkeiten, ihre Gedanken oder Aussagen wiederzugeben.

– als **direkte Rede**: Anna behauptet: „Noten sind nicht so wichtig!"

– in **indirekter Rede**: Anna behauptet, dass Noten nicht so wichtig
  sind. Vor dem dass-Satz (Nebensatz) steht immer ein Komma.

In Zeitungsberichten und Nachrichten steht das Verb im dass-Satz
oft im **Konjunktiv I**: der Experte betonte, dass die Benotung nicht so
wichtig sei.

Oft lässt sich ein dass-Satz in einen **Infinitivsatz** mit zu umformulieren:
Anna hofft, dass sie einen Computer bekommt. → Anna hofft, einen
Computer zu bekommen. Der Infinitivsatz ist auch ein Nebensatz.

→ Wie man die Formen des Konjunktiv I bildet, erfährst du in „Wissen und Können" auf Seite 277.

3 Welche Meinung vertritt die Schulleiterin Wanda Fox?
  – Unterstreiche die dass-Sätze.
  – Markiere die Redeeinleitungen.

4 Lies, was Wanda Fox über Schulnoten schreibt.
  – Fasse ihre Meinung schriftlich zusammen.
    Nutze die Satzanfänge und formuliere in
    indirekter Rede.

> **Wanda Fox**, Leiterin einer Schule in Washington, hat Geld als Belohnung in ihrer Schule eingeführt. Sie ist überzeugt, dass viele Schüler dadurch besser werden. Sie behauptet, dass Geld motiviert. Die Schulleiterin betont, dass viele Schüler nun viel bessere Leistungen erbringen. 5

a. Wir haben ein neues Punktesystem eingeführt. Wir zahlen den Schülern Geld für gute Leistungen. Wanda Fox berichtet, ...

b. Viele unserer Schüler sind wie ausgewechselt. Sie behauptet, ...

c. Die Lehrer vergeben Punkte und die Schüler bekommen für einen Punkt zwei Dollar. Die Schulleiterin erklärt, ...

d. Die Schüler bekommen beispielsweise für Hausaufgaben und gute Noten jeweils einen Punkt. Sie erläutert, ...

e. Manche kaufen sich für das Geld Kleider, andere sparen für ihre Ausbildung. Wanda Fox berichtet, ...

5 Lies, was der Experte Lorenz Kuhn zu diesem Thema sagt.
Fasse seine Meinung zusammen. Nutze den wortstark-Zettel und formuliere in indirekter Rede: Der Experte Lorenz Kuhn meint, dass ...

> **Lorenz Kuhn:** Geld darf nicht das Lernen bestimmen. Viele nicht so leistungsstarke Kinder haben dann noch weniger Lust zum Lernen. Ein Kind erreicht ohne große Anstrengungen Bestnoten und das andere muss gehörig büffeln, um eine Drei zu erzielen. Es ist nicht fair, nur die guten Schüler zu belohnen. Der Unterricht muss den Kindern 5 Spaß machen! In Zukunft wird der Unterricht sich mehr an den Wünschen der Kinder orientieren.

wortstark!
meinen
hoffen
befürchten
kritisieren
erläutern
der Ansicht sein

6 Schreibe den Beitrag von Lorenz Kuhn als Zeitungsbericht.
Verwende den Konjunktiv I.

Prämie für gute Schüler?
Sollten Schüler Geld für gute Noten bekommen? Darüber haben Experten diskutiert. Lorenz Kuhn ist der Ansicht, dass Geld nicht das Lernen bestimmen dürfe. Er meint, ...

Hauptsätze und Nebensätze unterscheiden

1 Lies den Text über einen Jungen aus Algerien. Sprecht darüber:
- Warum ist es schwer, den Text zu lesen?
- An welchen Stellen müsst ihr beim Lesen eine kleine Pause machen, damit der Text verständlich wird?

Mossa: Ich lebe in der Wüste

Mossa ist ein Junge aus Südalgerien der mitten in der Sahara lebt. Er gehört zum Volk der Tuareg. Mossa und seine Geschwister kriechen aus den Wolldecken wenn es am Morgen hell wird. Ihre Mutter hat vor dem Haus bereits ein Feuer entfacht an dem sich die Kinder wärmen. Das ist nötig weil es noch ziemlich kalt ist. Zum Frühstück gibt es Grüntee und Datteln die die Mutter vorher zubereitet hat. Wenn die Kinder ihr Hirsemus gegessen haben waschen sie sich Gesicht und Hände. Auf dem Foto siehst du wie Mossa aussieht.

5

WISSEN UND KÖNNEN ▸ **Haupt- und Nebensätze unterscheiden**

Hauptsätze sind grammatisch vollständige Sätze, die auch allein stehen können. Das konjugierte Verb steht immer an der zweiten Satzgliedposition: Mossa ist ein Junge aus Südalgerien.

Nebensätze können normalerweise nicht allein stehen, weil eine Information fehlt, ohne die der Satz keinen Sinn macht. Das konjugierte Verb steht am Satzende: ..., der mitten in der Sahara lebt.

Nebensätze werden durch Konjunktionen (weil ...), Relativpronomen (der ...) oder Fragewörter (wie ...) eingeleitet.

Zwischen Haupt- und Nebensätzen steht immer ein Komma.

Beim Lesen sollst du an dieser Stelle eine kleine Atempause machen.

→ *Du kannst dir den Text auch im Medienpool ausdrucken.*

2 Bestimme oben im Text „Mossa: Ich lebe in der Wüste" die Nebensätze:
- Unterstreiche (Folientechnik) das konjugierte Verb.
- Kreise die Wörter ein, die am Anfang des Nebensatzes stehen.

3 Schreibe den Text ab. Setze zwischen Haupt- und Nebensätzen die fehlenden Kommas.

4 Lies die Fortsetzung des Textes.
– Unterstreiche alle Nebensätze.
– Was fällt dir auf? Nutze die Hinweise im Wissen-und-Können-Kasten.

> Die Nebensätze stehen an verschiedenen Stellen, zum Beispiel …

Um halb acht steht Mossa mit den anderen Kindern auf dem Schulhof. 10
Wenn der Lehrer erscheint bilden Mädchen und Jungen zwei Reihen.
Der Lehrer versteht nicht was die Kinder miteinander reden.
Die Tuaregkinder sprechen ihre eigene Sprache wenn sie unter sich sind.
Am Abend sitzt Mossa am Feuer und lauscht den Geschichten die die 15
Großen erzählen. Nachts hört er die Schakale heulen die es auf die
Ziegen abgesehen haben. Mossa hat keine Angst um die Tiere weil die
Hunde die Herde gut bewachen. Wenn das Futter nicht mehr aus-
reicht laden sie ihre Sachen auf die Kamele und ziehen weiter zum
nächsten Weideplatz den der Vater ausgesucht hat. Mossa ist da zu 20
Hause wo sich seine Familie gerade aufhält. *(verändert)*

5 Wähle eine Aufgabe aus.

A Schreibe den Text ab und setze die fehlenden Kommas ein.

B Schreibe den Text ab.
– Setze die fehlenden Kommas ein.
– Formuliere die markierten Sätze so um, dass der Nebensatz in den Hauptsatz eingeschoben ist.

WISSEN UND KÖNNEN ▸ **Stellung von Nebensätzen erkennen**

Nebensätze können an verschiedenen Stellen stehen:
– Der Nebensatz steht nach dem Hauptsatz. Das Komma steht nach dem Hauptsatz: Sie sprechen ihre Sprache, wenn sie unter sich sind.
– Der Nebensatz steht vor dem Hauptsatz. Das Komma steht am Ende des Nebensatzes: Wenn sie unter sich sind, sprechen sie ihre Sprache.
– Wenn der Nebensatz in den Hauptsatz eingeschoben ist, wird er durch zwei Kommas vom Hauptsatz getrennt:
Sie sprechen, wenn sie unter sich sind, ihre Sprache.

Über die Zeichensetzung sprechen

1 Lies auf dem Zettel das Rätsel „Gefangen!".

a) Sprecht darüber: Warum ist das Lesen schwierig?

b) Schreibe den Text ab und setze alle notwendigen Satzzeichen.

– Überlege, wann ein neuer Satz anfängt.

– Achte auf die Groß- und Kleinschreibung.

– Vergleicht eure Lösungen.

Gefangen!

Ein böser Zauberer hat euch gefangen genommen und in einen dunklen Raum verschleppt zwei Türen die nicht verschlossen sind führen nach draußen hinter der ersten Tür ist allerdings eine riesige Lupe angebracht die das Sonnenlicht bündelt und jeden sofort verbrennt der in der Tür erscheint hinter der zweiten Tür wartet ein Drache der Feuer speit wie könnt ihr entfliehen

5

Ihr wartet, bis die Sonne untergegangen ist, und nehmt die Tür mit der Lupe.

2 Bearbeite mit einem Partner/einer Partnerin das Rätsel „Nur keine Panik".

– Erklärt euch in einem Frage-Antwort-Gespräch die Zeichensetzung.

Achtung! Zwei Kommas sind zu viel gesetzt!

– Der eine stellt warum-Fragen. Der andere antwortet.

Stellt Nachfragen, wenn ihr mit der Antwort nicht zufrieden seid.

– Wechselt nach jedem Frage-Antwort-Schritt die Rollen.

Warum steht nach „Albtraum" ein Doppelpunkt?

Doppelpunkte stehen immer dann, wenn ...

Warum steht vor „und" ein Komma?

Das kommt mir komisch vor, denn ...

Nur keine Panik!

Welch furchtbarer Albtraum: Ihr liegt in der Badewanne, und wollt das Wasser abstellen. Aber das geht nicht! Es plätschert weiter aus dem Hahn, läuft über den Wannenrand, steigt im Badezimmer hoch. Die Tür ist abgeschlossen und so dicht, dass kein Tropfen herauslaufen kann. Das Bad, in dem ihr euch befindet, hat auch keine Fenster. Nach fünf Minuten, steht euch das Wasser bis zur Hüfte. Nachdem weitere fünf Minuten vergangen sind, steht euch das Wasser schon bis zur Nasenspitze. Hilfe! Was macht ihr, um euch zu retten?

5

Ganz einfach, den Stöpsel aus der Badewanne ziehen, dann fließt das Wasser ab.

Ein Lernvideo zur Zeichensetzung nutzen

1 Du bist von einem Freund auf ein Lernvideo aufmerksam gemacht worden.
Schaut dir das Video an und sprecht anschließend darüber.

→ Medienpool:
„Komma setzen?
Puh ..."

   a. Worüber geht das Lernvideo? Formuliert einen passenden Titel.

   b. Was will der Sprecher den Schülerinnen und Schülern vermitteln?

      Der Sprecher will, dass die Schülerinnen und Schüler lernen, ...

   c. Welche Kommaregeln werden im Video erklärt?

      Der Sprecher erklärt drei Kommaregeln: Erstens die Kommasetzung
      bei Satzreihen, zweitens die Kommasetzung bei ... und drittens
      die Kommasetzung bei ...

2 Schau dir im Lernvideo noch einmal die Kommasetzung bei Wortgruppen an.

   – Formuliere dafür Regeln, die genannt werden, mit eigenen Worten
     für ein Lernplakat.

   – Nenne für jede Regel ein eigenes Beispiel.

3 Du möchtest in diesem Satz das Komma setzen:

   Das ist der Film den ich am liebsten sehe.

Es handelt sich bei
deinem Satz um
ein Satzgefüge!

   – Suche die Stelle im Lernvideo, an der du hierzu
     die passende Information bekommst.

   – Formuliere die Regel mit eigenen Worten.

4 Du willst dem Freund, der dich auf das Lernvideo
aufmerksam gemacht hat, eine Rückmeldung geben.

   – Formuliere deine Meinung zu diesem Lernvideo.

   – Du kannst die Formulierungshilfen nutzen.

Ich habe mir das Lernvideo ... angesehen.
Mir hat das Video gefallen/nicht gefallen, weil ...
Gut fand ich zum Beispiel ...
Nicht so gut ist ...
Was ich nicht verstanden habe, ist die Sache mit ...
Neu gelernt habe ich ...
Sollen wir nicht einmal gemeinsam ein Lernvideo
zum Thema ... schreiben?

Satzzeichen im Überblick

.	der Punkt
,	das Komma
;	der Strichpunkt
:	der Doppelpunkt
–	der Gedankenstrich
/	der Schrägstrich
?	das Fragezeichen
!	das Ausrufezeichen
...	die Fortführungspunkte
„ "	die Anführungszeichen
( )	die Klammern

Satzzeichen setzen

❶ Lies den Anfang des Textes „Die Geschichte der Satzzeichen".

    a) Warum sind die Sätze schwer zu verstehen?

    b) Schreibe den Text mit der richtigen Groß- und Kleinschreibung sowie
       mit den passenden Wortzwischenräumen und Satzzeichen ab.

Auf dem Bild siehst du einen Mönch, der dabei ist, ein Buch abzuschreiben. Das nennt man „kopieren".

Die Geschichte der Satzzeichen

GARNICHTSOLEICHTEINENTEXTOHNEPUNKTUNDKOMMA
ZULESENODERGAROHNELEERZEICHENDOCHMANCHE
MÖNCHEIMFRÜHENMITTELALTERMUSSTENSICHMIT
GENAUSOLCHENBUCHSTABENKETTENHERUMÄRGERN   5
ZUMGLÜCKERFANDENSIEIRGENDWANNKLEINBUCH
STABENUNDDASLEERZEICHENUNDNACHUNDNACHGE
SELLTENSICHAUCHPUNKTEUNDKOMMAS HINZU

❷ Lies die Fortsetzung des Textes. Setze die fehlenden Satzschlusszeichen:
Punkte, Ausrufezeichen, Doppelpunkt (Folientechnik).

Lotsen sind Personen, die z. B. ein Schiff durch eine gefährliche Stelle des Flusses, Hafens oder Meeres leiten.

Satzzeichen als Lese-Lotsen

Heutzutage wäre ein Text ohne Satzzeichen völlig unvorstellbar   10
Schließlich geben die kleinen Lese-<u>Lotsen</u> vielen Sätzen erst ihren
Sinn oder verdrehen ihn gar Einst sollte ein Schurke hingerichtet
werden Zuvor wurde der König jedoch um Begnadigung gebeten
Der gab seinem Boten einen Zettel mit, auf dem stand „Ich komme
nicht töten." Was meinte er bloß Vielleicht „Ich komme, nicht töten"   15
Oder: „Ich komme nicht, töten"

❸ Sprecht darüber:

    a) Warum werden Satzzeichen als Lese-Lotsen bezeichnet?

    b) Erkläre beim letzten Satz, inwiefern das Komma den Sinn verändert.

❹ Lies auf Seite 223 oben, was die Mönche machten.

    a) Markiere (Folientechnik) die Stellen, an denen ein Hauptsatz endet und
       ein neuer Hauptsatz beginnt.

    b) Schreibe den Text ab. Setze zwischen den Hauptsätzen Punkte. Achte auf
       die Großschreibung am Satzanfang.

→ *Hinweise zum Unterschied von Haupt- und Nebensätzen findest du auf den Seiten 218/219.*

    c) Sprecht darüber: An welchen Stellen kann man statt einem Punkt auch
       ein Komma setzen? Nutzt die Hinweise im Wissen-und-Können-Kasten.

Mönche waren Kopisten

Vor ungefähr 1200 Jahren schrieben Mönche in den Klöstern alte
lateinische und griechische Schriften ab das war wirklich kein
leichter Job in den Schriften gab es nämlich keine Leerzeichen
es gab keinen Punkt und kein Komma es fehlten Fragezeichen und
Ausrufezeichen laut murmelten die Mönche die Texte vor sich hin sie
hörten Pausen und gesprochen verstanden sie den Sinn.

20

WISSEN UND KÖNNEN ❯ **Das Komma zwischen Hauptsätzen**

Im Normalfall steht am Ende eines Hauptsatzes ein Punkt.
– Werden die Hauptsätze direkt aneinandergereiht,
 dann werden sie durch ein Komma getrennt:
 Der Vorhang hebt sich, es wird leise, der Film beginnt.
– Steht zwischen den Hauptsätzen ein Bindewort (Konjunktion) wie und,
 oder, sowie usw., dann kann ein Komma stehen, muss aber nicht:
 Der Vorhang hebt sich(,) und es wird leise(,) und der Film beginnt.

→ Hinweise zur Komma-
setzung bei Neben-
sätzen findest du auf
den Seiten 218/219.

❺ Lies, was die Erfindung des Buchdrucks mit der Zeichensetzung zu tun hat.
Erkläre, warum an den markierten Stellen ein Komma steht.

Die Erfindung des Buchdrucks

Im 15. Jahrhundert erfindet Johannes Gutenberg
in Mainz den Buchdruck mit beweglichen Lettern.
Die Setzer in den Druckereien brauchen nun einheit-
liche Zeichen, weil Bücher jetzt massenweise „ko-
piert" werden. So entstehen endlich die Satzzeichen,
die uns bis heute sicher durch die Texte leiten.

25

30

❻ Lies die Fortsetzung über die Erfindung des Buchdrucks.
– Markiere alle Nebensätze. Unterstreiche die Konjunktionen.
– Sprecht darüber: An welchen Stellen fehlen die Kommas?

Seit es E-Mails gibt haben die Satzzeichen sogar selbst sprechen
gelernt. Diese drei Tastaturanschläge :-) sagen schließlich mehr als
1000 Worte auch wenn sie in vielen Textnachrichten mittlerweile
oft schon wieder durch Emojis ersetzt werden.

(verändert)

Rechtschreiben lernen und üben

Die Silbenprobe durchführen, Wörter verlängern, ableiten, sie in Wortbausteine zerlegen, die Erweiterungsprobe mit dem Adjektiv – Rechtschreibstrategien helfen euch, Fehler beim Schreiben zu vermeiden. Wenn ihr sie bei den Aufgaben in diesem Kapitel nutzt und mit ihnen übt, werdet ihr immer sicherer in der Rechtschreibung.

RICHTIG SCHREIBEN

1 Schülerinnen und Schüler der Klasse 7b haben sich dazu geäußert, was sie beim Rechtschreiblernen weiter machen wollen.
Lies ihre Aussagen auf dem Whiteboard.

2 Wählt zu zweit Schüleraussagen aus.
   a) Sprecht darüber, was Ina und die anderen sich besonders vornehmen.
   b) Blättert im Kapitel und sucht nach Aufgaben, die ihnen helfen können.

3 Wie ist das bei euch?
   a) Sprecht darüber, welche Aussagen auch auf euch zutreffen.
   b) Formuliert, was bei euch möglicherweise anders ist.
   c) Blättert im Kapitel und sucht nach Aufgaben und Übungen
      zur Auffrischung eures Wissens und Könnens, zum Beispiel
      zum Ableiten von Wörtern oder zur Schreibung des s-Lautes.

Ich möchte

... Texte am Bildschirm schreiben und dabei weiter ein Rechtschreibprogramm nutzen. Viele Fehler kann ich so vermeiden. (Ina)

... einsilbige Wörter verlängern (↷→). Dabei finde ich in meinen Texten häufig noch Fehler, die ich beim Schreiben nicht bemerke. (Lorenz)

... üben, die Wörter im Satz zu finden, die man großschreiben muss. (Neno)

... beim Schreiben im Kopf eine Mitsprechform nutzen, zum Beispiel: schätzen mit ä, weil: Schatz. (Lotte)

... beim Kontroll-Lesen vor allem auf die langen Wörter achten. In Lieblingsfarbe gab es bei mir drei Fehler! (Junis)

... zum Schluss den Text kontrollieren – am besten zu zweit. (Mia)

▶ Führt regelmäßig zu zweit, in kleinen Gruppen oder mit der ganzen Klasse **Rechtschreibgespräche** und zeigt dabei euer Rechtschreibwissen und -können:

– Jeder notiert auf einem vorbereiteten Papierstreifen in Großbuchstaben gut lesbar einen Satz aus einem eigenen Text:

ICH FAHRE HEUTE LIEBER MIT DEM FAHRRAD ZUM KICKEN.
(Ina)

NACH DEM FÖHNEN FAND ICH MEINE FRISUR RICHTIG TOLL.
(Lorenz)

– Einer zieht aus den gesammelten Satzstreifen einen Satz und schreibt ihn richtig auf – mit Groß- und Kleinschreibung.
– Zu dem Satz äußert ihr euch im Rechtschreibgespräch. Ihr nennt eure Beobachtungen und begründet eure Aussagen mit Regeln und Rechtschreibstrategien.
– Nach dem Rechtschreibgespräch tauscht ihr euch darüber aus, was ihr schon gut könnt und was ihr noch lernen wollt.

Die Schreibung bei Silbengelenken erkennen

Erinnere dich!
Wissen und Können,
S. 279

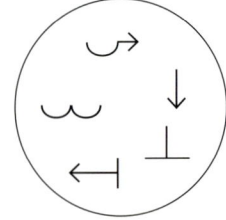

1 Lies die Wortpaare und schaue sie dir genau an:

die Spinner – die Finder   die Helden – sie bellen

sie falten – sie knallen   sie rennen – die Kinder

a) Welche Wörter haben als Besonderheit ein Silbengelenk? Notiere sie.

b) Erkläre jeweils das Silbengelenk mit Hilfe der Silbenprobe.

   Womit endet die erste Silbe und womit beginnt die zweite?

   Warum ist das so?

2 Schau dir die fett gedruckten Wörter in den Sätzen genau an:

a. **Hunde** und ihre **Halter** wünschen sich **Wasserstellen**.

b. **Schlaffe** Leute **schlafen** oft den **ganzen** Tag.

Warum wird manchmal verdoppelt und manchmal nicht?

Erkläre das im Gespräch mit einem Partner oder einer Partnerin.

Welche Strategien helfen euch dabei?

3 Finde die Fehler in den folgenden Sätzen:

a. Die Renwagen rollen knaternd zur Startaufstelung.

b. Ihre Motoren heullen und donnern.

c. Das Rennen begint. Die Zuschauer staren gebannt auf die Strecke.

d. Später wird das Rennen mit der Zielflage beendet.

– Unterstreiche die Fehler (Folientechnik) und berichtige sie.

– Notiere darüber die Zeichen der Proben, die dir dabei geholfen haben.

– Vergleiche deine Lösung mit jemandem.

4 Wann wird ein Konsonantbuchstabe verdoppelt?

Denke dir eine Rechtschreibhilfe aus und schreibe sie auf.

Ein Konsonantbuchstabe wird verdoppelt, wenn ...

5 Was klingt in den folgenden Wortbeispielen gleich, wird aber unterschiedlich geschrieben?

der Fall   der Knall   der Falter

Markiere es (Folientechnik) und erkläre jemandem die Schreibweise.

Welche Strategien helfen dabei?

6 Übe unterschiedlich: Wähle von jedem der drei Zettel immer je eine Übung
aus. Oft brauchst du einen Partner oder eine Partnerin für eine Übung.

A Schreibe Wörter mit Silbengelenk auf, die du kennst.

B Bilde mit den Wortstämmen hoff, fall, komm, nenn, klapp, rett
möglichst viele verwandte Wörter. Unterstreiche die Bestandteile,
die gleich geschrieben werden: hoffen, die Hoffnung, hoffentlich ...

C Bilde aus den folgenden Wortbausteinen möglichst viele neue Wörter:
stimm   ver-   -ung   be-   -haft   -los   -en   -t
Ein Partner oder eine Partnerin zerlegt sie anschließend.

D Bilde zu einigen Übungswörtern Reimwörter. Unterstreiche jeweils den
doppelten Konsonantbuchstaben.
nennen, rennen, ...   nannte, brannte, ...   Fall, ...   nett, ...
Das geht auch zu zweit: Einer fängt an, der andere ergänzt.

E Bilde zu sie bitten, sie fallen, sie reiten, sie treffen das Präteritum.
sie bitten – sie baten, ...
Erkläre einem Partner die unterschiedliche Schreibweise der Wörter.

F Begründe einem Partner die Wortschreibungen mit Rechtschreibstrategien.
  – Warum du bittest mit tt und du batest mit t?
  – Warum wir reiten mit t und wir ritten mit tt?

G Formuliere ähnliche Fragen wie in Übung F mit anderen Wörtern.
Ein Partner oder eine Partnerin soll sie dir beantworten.

H Begründe, welches Wort nicht in die Reihe passt.
der Griff   er griff   gegriffen   du greifst   griffbereit

I Bilde eine ähnliche Wortreihe wie in Übung H mit anderen Wörtern.
Ein Partner begründet, welches Wort nicht in die Reihe passt.

J Macht zu zweit ein **Klopfdiktat**:
  – Bilde eine Wortreihe, die Wörter mit und ohne Silbengelenk enthält.
  – Lies sie einem Partner vor.
  – Er klopft, wenn er ein Wort mit Silbengelenk hört, notiert es und
    erklärt die Schreibung.

K Bildet mit Übungswörtern kurze Sätze für ein Partnerdiktat.

Die Schreibung bei besonderem Silbengelenk erkennen

Erinnere dich!
Wissen und Können,
S. 280

1 Lies die Wortpaare auf dem grünen Zettel und schau sie dir genau an.

a) Was fällt dir auf? Was ist besonders?
Erkläre es einem Partner oder einer Partnerin.

b) Ergänze weitere ähnliche Wortpaare.

> die Wippe – die Witze
> die Kralle – die Glatze
> die Wette – die Ecke
> die Spinne – die Blicke

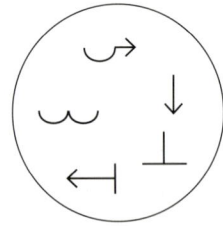

2 Notiere vom Zettel die Wörter mit dem besonderen Silbengelenk.

a) Begründe die Schreibung mit Hilfe der Silbenprobe.

b) Formuliere eine Rechtschreibhilfe, wie du sie im Zweifel nutzen kannst.
Mit ck und tz, wenn …
Arbeite mit der Methode „Nachdenken – Austauschen – Vorstellen" (S. xy).

3 Wann steht tz oder ck, wann z oder k?

a) Ergänze in den Wörtern die fehlenden Buchstaben.

b) Begründe deine Lösung mit Hilfe der Rechtschreibstrategien.

tz oder z?

die Ta█e   die Bli█e   wir blin█eln   wir scher█en   der Wei█en

spi█er   tan█t   der Pu█lappen   der Schnau█bart   er kreu█t

ck oder k?

der Rü█en   die Wol█e   wir pflü█en   der Ha█en   wir quie█en

der E█tisch   der Par█wärter   das Glü█   wel█   er qua█t

4 a) Berichtige die Fehler in dem Text der Schülerin.

b) Begründe im Gespräch mit einem Partner die berichtigte Schreibung.

> Beim Finden von Fehlern werde ich immer beßer, auch bei zusamenge-
> sezten Wörtern. Ich möchte anmercken, dass ich im Wort „Glükspiltz"
> zwei Rechtschreibfehler entdekt habe. Vielleicht reitzt es dich, auch die
> anderen Fehler in den Säzen zu berichtigen. Ich drüke dir die Daumen,
> dass du Fehler findest. Manche erkent man nicht auf den ersten Blik.
> Man darf sich beim Lesen nicht hezen lasen.

5 der Spatz – wir spazieren: Was klingt in diesen Wortbeispielen gleich, wird aber unterschiedlich geschrieben? Markiere es (Folientechnik) und erkläre jemandem die Schreibweise. Welche Strategien helfen dabei?

6 Übe unterschiedlich: Wähle von jedem der drei Zettel immer je eine Übung aus. Oft brauchst du einen Partner oder eine Partnerin für eine Übung.

A Schreibe abwechselnd je ein Wort mit tz und ck auf. Unterstreiche das Silbengelenk in den Wörtern.
  der Schmutz – der Ruck, die Spitze – der Bäcker …
B Suche zu einigen Wörtern mit tz und ck verwandte Wörter. Unterstreiche den gemeinsamen Wortstamm:
  die Stütze, wir stützen, …   die Decke, die Deckung, …
C Setze Wörter mit tz und ck, die du kennst, mit anderen Wörtern zusammen: der Blitz, blitzblank …; das Glück, das Glückskind, das Losglück …
D Bilde mit einigen Übungswörtern Reimwörter. Unterstreiche jeweils das Silbengelenk: wir schmatzen – die Glatzen, das Glück – das Stück …

E Welches Wort passt nicht in die Reihe? Begründe!
  – wir tanzen   der Ranzen   wir pflanzen   wir glänzen   wir platzen
  – das Glück   das Stück   wir pflücken   wir lenken   wir rücken
F Spielt „Ein Wort passt nicht":
  – Bildet eine ähnliche Wortreihe wie in Übung E mit anderen Wörtern.
  – Ein Partner begründet, welches Wort nicht in die Reihe passt.
G Begründe einem Partner Oder einer Partnerin die Wortschreibungen:
  – Warum die Tatze mit tz und wir tanzen und die Brezel mit z?
  – Warum die Zacken mit ck und wir zanken und wir quieken mit k?

H Macht ein Klopfdiktat mit Wörtern mit einem k- oder z-Laut:
  – Bilde eine Wortreihe, die Wörter mit und ohne Silbengelenk enthält.
  – Lies sie einem Partner vor.
  – Er klopft, wenn er ein Wort mit Silbengelenk hört, notiert es und erklärt die Schreibung.
I Bilde mit Übungswörtern eine kurze Geschichte oder ein lustiges Gedicht:
  Vor dem Haus sitzt meine Katze am liebsten auf der Decke im Schatten vor der Hecke. Sieht sie einen Spatz, macht sie einen …

7 Lies die Fremdwörter und markiere die Besonderheit (Folientechnik). Übe damit besonders, mit Übungen wie auf Seite 240.
  die Skizze   die Pizza   die Razzia   der Grizzly   der Jazz   das Puzzle
  Mekka   das Sakko   der Brokkoli   das Akkordeon   der Akkusativ

Stimmloses s – mit s, ss oder ß?

Erinnere dich!
Wissen und Können,
S. 280

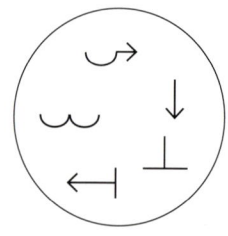

Schwierigkeiten bereitet mir nicht die Schreibung des s-Lauts in die Lose, sondern in das Los, er lost oder die Lostrommel; nicht in die Bisse, sondern in der Biss oder bissfest; nicht in die Grüße, sondern in der Gruß oder die Grußformel.

1 a) Sprich mit einem Partner: Welchen Tipp könnt ihr Karl geben?
b) Und wie ist das bei euch? Sprecht auch darüber und nennt Beispiele.

rasen: er raste,
ras nicht so!,
die Raserei,
er rast vor Wut

messen: du
misst, er maß,
miss genau!,
das Messgerät,
die Messung,
messbar

gießen: du gießt,
er goss, gieß(e)!
die Gießerei,
die Gießkanne,
der Guss

2 Schau dir die Auszüge aus einem Wörterbuch genau an.
a) Wie wird der s-Laut in den Wortbeispielen gesprochen, wie geschrieben?
b) Untersuche die Wortbeispiele genauer. Nutze Rechtschreibstrategien.
– Wie endet in den blau gedruckten Stichwörtern jeweils die erste Silbe und wie beginnt die zweite Silbe?
– Welche Eintragungen werden anders geschrieben als die blauen Stichwörter? Markiere sie (Folientechnik).
– Wie lassen sich die unterschiedlichen Schreibweisen jeweils begründen?
Arbeitet mit der Methode „Nachdenken – austauschen – vorstellen" (S. xy).

3 Füge in den Wörtern s, ss oder ß ein und schreibe sie richtig auf.
Begründe beim Einsetzen im Kopf. vergaß mit ß, weil: wir vergaßen
er verga▢ – verge▢lich – die Verge▢lichkeit   wir le▢en – er lie▢t – le▢bar
genie▢en – er geno▢ – genie▢bar   e▢en – er a▢ – e▢bar

4 Wann s, wann ss, wann ß?
Denkt euch zu zweit eine Rechtschreibhilfe aus und schreibt sie auf.
Vergleicht sie mit Lösungen anderer Partnergruppen.
Mit s, wenn ...   Mit ss, wenn ...   Mit ß ...

5 Was klingt in den fett gedruckten Beispielen gleich? Wie wird es geschrieben? Markiere es (Folientechnik) und erkläre jemandem die Schreibweise.
der **Reis** – **Reiß** es nicht kaputt!
die **Gans** – Es geht mir **ganz** gut.
die **Weis**heit – **weiß** wie Schnee

6 Übe unterschiedlich: Wähle von jedem der drei Zettel immer je eine Übung aus. Oft brauchst du einen Partner oder eine Partnerin für eine Übung.

A Ergänze die Wortreihen mit weiteren verwandten Wörtern.
Markiere darin die Problemstellen. Nutze das Wörterbuch.
  – wir fre<u>ss</u>en, er fri<u>ss</u>t, er fra<u>ß</u>, die Fre<u>ss</u>sucht ...
  – wir schlie<u>ß</u>en, geschlo<u>ss</u>en, abschlie<u>ß</u>bar ...
  – wir rei<u>ß</u>en, der Ri<u>ss</u>, rei<u>ß</u>fest ...
B Schreibe die falsch zusammengesetzten Wörter mit Artikel richtig auf:
die Schließzwecke, das Reißfach, der Fressriss, der Filmnapf.
C Sortiere Wörter mit s/ss/ß nach Reimwörtern und unterstreiche s/ss/ß:
schlie<u>ß</u>en, flie<u>ß</u>en, gie<u>ß</u>en ...   go<u>ss</u>en, die Flo<u>ss</u>en, geno<u>ss</u>en ...
schlie<u>ß</u>t, sprie<u>ß</u>t, schie<u>ß</u>t ...   go<u>ss</u>, flo<u>ss</u>, scho<u>ss</u> ...
D Schreibe ähnliche Wortverdreher wie in Übung B auf.
Ein Partner oder eine Partnerin soll sie richtig aufschreiben.

E Begründe einem Partner oder einer Partnerin die Wortschreibungen
mit Rechtschreibstrategien.
  – Warum er fra<u>ß</u> mit ß und er fri<u>ss</u>t mit ss?
  – Warum der Prei<u>s</u> mit s und das Ro<u>ss</u> mit ss?
F Welches Wort passt nicht in die Reihe? Begründe!
der Spaßvogel   der Grashalm   der Maßstab   barfuß
G Bilde eine ähnliche Wortreihe wie in Übung **F** mit anderen Wörtern.
Ein Partner soll das Wort, das nicht passt, finden und begründen.
H Formuliere ähnliche Fragen wie in Übung **E** mit anderen Wörtern.
Ein Partner oder eine Partnerin soll sie dir beantworten.

I Finde die Fehler.
Klaus riß schliesslich so fest am Reißverschluß, dass er sich nun nicht
mehr schliessen läßt. Der Preis: Die Jacke muß er nun unverschlossen
lassen.
Schreibe die Wörter richtig mit Symbol für die Rechtschreibstrategie auf.
J Bilde mit einigen Übungswörtern kurze Sätze für ein Partnerdiktat.
Er aß mit Genuss. Wir sollen in Maßen essen ...

7 Diese Wörter werden immer mit s geschrieben. Ihre Schreibweise musst du
dir merken: am be<u>s</u>ten, ander<u>s</u>, be<u>s</u>onder<u>s</u>, du bi<u>s</u>t, darau<u>s</u>, die mei<u>s</u>ten, fe<u>s</u>t,
niemal<u>s</u>. Benutze viele davon in einem Satz.

Wörter ableiten – ein verwandtes Wort suchen

Erinnere dich!
Wissen und Können,
S. 279/280

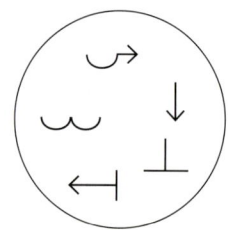

Im Park stehen Beume/Bäume mit mächtigen/mechtigen Kronen.
In unseren Gerten/Gärten wachsen verschiedene Kräuter/Kreuter.

❶ Lies die Sätze: Welche Schreibung der fett gedruckten Wörter ist richtig?
a) Schreibe die Sätze richtig auf.
b) Begründe deine Lösung im Gespräch mit einem Partner/einer Partnerin.

❷ die Parkbänke – die Fahrradständer – die Umzäunung – die Apfelbäume:
Begründet die Schreibung dieser Wörter in einem Rechtschreibgespräch mit
Hilfe von Rechtschreibstrategien. Formulierungen dafür findet ihr auf dem
wortstark!-Zettel.

wortstark!

Ich denke dabei an …
Hier mit ä (äu), weil …
Bei … denke ich an …
Das Wort … kommt
von …
Ein verwandtes Wort
mit a/au heißt …
Außerdem …

❸ Lies den Einkaufszettel: Welche Wörter sind falsch geschrieben?
Berichtige sie und begründe deine Lösung im Gespräch mit einem Partner.

> Partysachen nicht vergessen:
> kalte Getrenke, ~~Geschänke~~ Geschenke für Ida
> Kreuterkäse (für die Dips), drei Sorten Reucherfisch
> Kerzen und passende Servietten → breunlich!
> beim Becker: 15 Brötchen
> bei Ilse abholen: Kissen für die ~~Bänke~~ Benke

ent oder end?

- Ent-/ent- ist
  ein Präfix:
  ent|decken.
- Der Wortstamm
  end steht nur,
  wenn man das
  Wort Ende mit-
  denken kann.
  Der Wortstamm
  end ist immer
  betont.

❹ a) Probiere die Rechtschreibhilfe auf dem Zettel aus und
setze im folgenden Text d oder t in die Lücken ein.
b) Begründe deine Lösung im Gespräch mit einem Partner/einer Partnerin.

> **En▮gültige En▮scheidung**
>
> En▮lich habe ich es geschafft, mich für ein Geburtstagsgeschenk
> für meinen Bruder zu en▮scheiden. Anfangs war ich nämlich ziemlich
> unen▮schieden: neue Fische für sein Aquarium oder ein Computer-
> spiel? Ich dachte en▮los darüber nach. Schließlich wollte ich ihn
> nicht en▮täuchen. Ich war schon en▮mutigt, da hatte ich en▮lich die
> rettende Idee: ein Computerkurs für Aquariumfreunde!

5 a) Lies die Rechtschreibhilfe zu -lich und -ig am Rand.

b) **-lich:** bräunlich (braun + lich) ...

-ig: kantig (die Kante + ig) ...

Setze die beiden Reihen mit den folgenden und mit eigenen Wörtern fort:

höflich   mutig   freundlich   gründlich   kräftig

hässlich   rissig   ...

c) Begründe das -ig in diesen Wörtern:

eilig   ölig   mehlig   pummelig   stachelig   willig   winkelig

eil|ig, ...

-lich oder -ig?
- Ob in Wörtern -lich oder -ig steht, kannst du meist daran erkennen, ob vor dem i ein l steht.
- Es gibt Wörter, da gehört das l zum Wortstamm. Deshalb schreibt man sie mit -ig.

6 Übe unterschiedlich: Wähle von jedem der drei Zettel immer je eine Übung aus. Oft brauchst du einen Partner oder eine Partnerin für eine Übung.

A Schreibe Wörter mit ä und äu auf, die du kennst.

B Setze Wörter mit ä und äu mit anderen Wörtern zusammen.

C Schreibe Wörter mit -lich und -ig auf, die du kennst.

D Schreibe Wörter mit ent- und dem Wortstamm end auf, die du kennst.

E Einer schreibt ein Wort mit ä/äu auf, ein anderer fügt ein verwandtes Wort mit a/au hinzu.

F Warum schreibt man endlich mit d und nicht mit t?

G Warum schreibt man ölig mit -ig und nicht -lich?

H Welches Wort passt nicht in die Reihe? Begründe.

nebelig   schwindelig   hügelig   endlich   stachelig

I Stelle ähnliche Fragen wie in F, G und H mit anderen Wörtern.

J Bilde mit den Übungswörtern kurze Sätze.

K Nutzt die Sätze aus Übung H für ein Partnerdiktat.

7 Zu einigen Wörtern mit ä/äu findest du kein verwandtes Wort mit a/au. Ihre Schreibweise muss du dir merken und mit ihnen besonders üben, mit Übungen wie auf Seite 238.

das Gerät   wir grätschen   der Käse   wir kläffen   die Krähe

wir lärmen   das Mädchen   wir mähen   der März   die Säge

schräg   die Träne   ...

der Knäul   die Säule   sich sträuben   sich räuspern   ...

Wörter verlängern

Erinnere dich!
Wissen und Können,
S.279

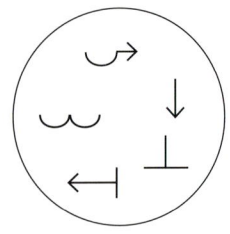

- das Sieb – plump, der Hund – bunt, der Berg – krank ...
- der Herr, das Bett, dumm ...
- das Reh, froh, er ruht ...
- das Los, die Laus, das Gras ...
- der Blick, dick, der Platz, spitz, der Pelz, der Park ...

1 Lies die Wörter der fünf Wortreihen: Was hörst du, wie schreibst du?
a) Nenne im Gespräch mit einem Partner oder einer Partnerin jeweils die Stelle, wo man beim Schreiben aufpassen muss.
b) Erkläre mit Hilfe von Rechtschreibstrategien, was man nacheinander tun kann, um dort Fehler zu vermeiden.
c) Ergänze die Wortreihen mit eigenen Beispielen.

2 Welches Wort passt nicht zu den anderen Wörtern in der Reihe?
– er pflückt, es sackt, er hetzt, der Blick
– der Narr, das Schiff, der Wind, das Brett
– es blüht, er fleht, früh, sie hupt, es zieht
– ratlos, grundlos, schuldlos, hellwach
a) Unterstreiche das Wort (Folientechnik). Begründe deine Entscheidung, indem du Rechtschreibstrategien nutzt.
b) Bilde ähnliche Wortreihen mit anderen Wörtern. Ein Partner soll das Wort finden, das nicht passt, und seine Entscheidung begründen.

3 Führt zu Wörtern wie das Gepäcknetz, kreisrund, der Klebstoff, der Blickfang, das Rehkitz oder der Bremsweg ein Rechtschreibgespräch.
Begründet, warum man das Wort so und nicht anders schreibt.
Nutzt die Formulierungen auf dem wortstark!-Zettel.

wortstark!

Das Wort besteht aus ...
Man hört ..., man schreibt ...
Die zweisilbige Form ... zeigt an ...
Im einsilbigen Wort höre ich ...,
in der zweisilbigen Form ...
Die ... Silbe ist offen/geschlossen.
Die Silbe endet mit ...
Das Wort ... hat ein Silbengelenk.
Wörter wie ... und ... schreibt mit ...
Außerdem ...

4 Suche die falsch geschriebenen Wörter mit den Rechtschreibstrategien und schreibe sie richtig auf. Begründe die Berichtigung im Gespräch mit einem Partner.
a. Unten am Berkhang sa ich ein Rekitz.
b. Hakbraten mag ich lieber als Pilsgerichte.
c. Die Lauß sitzt unserem Jagdhunt im Rückenpels.
d. Die Bank am Wekende ist mein Lieblingsplaz.

5 Übe unterschiedlich: Wähle von jedem der drei Zettel immer je eine Übung aus. Oft brauchst du einen Partner oder eine Partnerin für eine Übung.

A Schreibe Wörter mit b/p, d/t, g/k am Ende auf, die du kennst.
B Schreibe einsilbige Wörter auf, die du kennst. Unterstreiche die Stelle, an der du besonders aufpassen musst.
C Schreibe einige einsilbige Wörter geordnet nach ihrer Rechtschreib-schwierigkeit auf: mit ll, ck, ...
D Bilde mit einigen einsilbigen Wörtern Wortzusammensetzungen.

E Übt zu zweit: Einer notiert eine einsilbige Wortform, der andere markiert den Problembuchstaben und schreibt eine zweisilbige Form hinzu, die die einsilbige begründen kann.
F Finde eine Wortform, die den unterstrichenen Buchstaben begründet. Schreibe die Wortform dazu. der Erdteil – die Erde
  – der Erdteil, schädlich, biegsam, lieblich, der Staubsauger
  – der Bremsweg, der Felsspalt, die Kreisfläche, lesbar, die Preistafel
  – der Frühsport, begehbar, die Rohkost, fröhlich, der Nahverkehr
  – der Dummkopf, brennbar, die Pappnase, die Irrfahrt, der Stillstand
  – das Gepäcknetz, der Glückspilz, das Stockwerk
G Bilde ähnliche Wortreihen wie in Übung F mit anderen Wörtern. Markiere die Problemstelle im Wort. Ein Partner oder eine Partnerin soll den markierten Buchstaben mündlich begründen.

H Übt zu zweit: Schreibt einsilbige Wörter auf Wortkarten. Nutzt dazu das Wörterbuch. Legt sie auf einen Stapel in die Tischmitte. Hebt nacheinan-der eine Karte ab und erklärt die Schreibweise des Wortes.
I Nutzt die Karten aus Übung H: Schreibt zu den einsilbigen Wörtern eine zweisilbige Wortform auf, die die Schreibung der einsilbigen Wortform begründen kann.

6 Zu den markierten Buchstaben findet man keine Wortform, die die Schreib-weise begründet. Die Schreibweise dieser Wörter musst du dir merken und mit ihnen besonders üben, mit Übungen wie auf Seite 238.

die Angst   der Herbst   der Hengst   hübsch   sie leugnen   niedlich
das Obst   ...

Schreibbesonderheiten in Merkwörtern erkennen

der Haarschnitt
der Wasserhahn
der Kühlschrank
die Bootsausstel-
lung
die Hochbeet-
gewächse
die Fahrradstraße

1 Schau dir die Wörter auf dem Zettel genau an. Was ist hier besonders?
a) Unterstreiche die Stellen im Wort, die Schwierigkeiten bereiten können (Folientechnik).
b) Tausche dich mit einem Partner darüber aus.

2 Schülerinnen und Schüler haben für ein Rechtschreibgespräch das Wort der Haarschnitt ausgewählt. Was stellen sie fest und wie begründen sie es? Unterhalte dich darüber mit jemandem. Wollt ihr etwas ergänzen?

Bei Schnitt denke ich an: wir schnitten.

tt lässt sich erklären, aa aber nicht.

Das Wort hat zwei Bausteine: Haar und Schnitt.

Haar – Haare: in der offenen Silbe zwei Vokalbuchstaben: aa.

Das ist abweichend, das muss man sich merken.

Haare wie Paare.

der Haarschnitt

Das gibt es auch bei Boote.

wortstark!

Das Wort hat … Wort-
bausteine.
Es lässt sich verlän-
gern/nicht verlängern.
Es kommt von …
Bei … denke ich an …
Das Wort … wird auch
so geschrieben.
Die Silbenprobe
zeigt …

3 Nutzt euer Rechtschreibwissen und führt ein Rechtschreibgespräch zu anderen zusammengesetzten Wörtern auf dem Zettel zu Aufgabe 1. Wie lässt sich die Schreibung schwieriger Stellen begründen? Nutzt Formulierungen wie auf dem wortstark!-Zettel.

4 Alle Wortlisten zu den Aufgaben a) – d) enthalten Schreibbesonderheiten, die du dir besonders merken musst. Bearbeite die Aufgaben dazu.

a) In der Regel steht bei offener Silbe <u>ein</u> Vokalbuchstabe am Ende der ersten Silbe: der Bote, In einigen wenigen Wörtern ist das anders:
die Aale, die Beere, die Boote, die Haare, die Meere, die Moose …
   – Schreibe die Wörter auf und mache die Silbenprobe. Was beobachtest du? Unterstreiche die Schreibbesonderheit.
   – Ergänze die Liste mit weiteren Wörtern.
   die Aale, die Beeren …

b) In manchen Wörtern wird ein h zur besonderen Markierung der offenen Silbe verwendet. Überprüfe das mit der Silbenprobe.
die Bühne   wir fahren   die Fohlen   die Höhle   sie nehmen
der Rahmen   sie rühren   die Sahne   sie strahlen   die Uhren
sie wohnen   sie zähmen
   – Überprüfe, wie die erste Silbe endet. Nenne deine Beobachtung.
   – Überprüfe, welche Konsonantbuchstaben dem h folgen. Nenne sie.
   – Viele Wörter haben kein Dehnungs-h. Überprüfe die Regel auf dem Zettel an Wörtern im Wörterbuch.

> Beginnt ein Wort mit T/t, Sch/sch, Sp/sp, Kl/kl, Kr/kr, Qu/qu, kommt **kein Dehnungs-h** vor.

c) Der ks-Laut wird in diesen Wörtern unterschiedlich geschrieben:
die Achse   wir boxen   die Hexe   wir kraxeln   der Lachs   wir mixen
ein Sechstel   das Taxi   der Text   das Wachs   wir wachsen   wir wechseln
   – Schreibe die Wörter getrennt nach ihrer Schreibbesonderheit auf. Unterstreiche jeweils die Schreibbesonderheit.
   die Achse, der Lachs …   wir boxen, die Hexe …

d) Der f-Laut wird in diesen Wörtern unterschiedlich geschrieben:
der Vater   die Pflanze   der Vogel   wir pfuschen   von   der Pfeffer
vor   das Volk   pfiffig   wir pflegen   …
   – Schreibe die Wörter getrennt nach ihrer Schreibbesonderheit auf.
   der Vater, der Vogel …   die Pflanze, wir pfuschen …

5 Erstelle deine persönlichen Wörterlisten. Übernimm dazu aus den Wörterlisten zu a) – d) die Wörter, die dir wichtig sind. Beachte: Alle Wörter deiner Listen sollen immer nur <u>eine</u> besondere Schwierigkeit haben.
Wörter mit Dehnungs-h   Wörter mit …

6 Übe mit Merkwörtern deiner persönlichen Wörterlisten unterschiedlich:
Wähle von jedem der drei Zettel immer je eine Übung aus. Oft brauchst du
einen Partner oder eine Partnerin für eine Übung.

A Schreibe möglichst viele Übungswörter deiner Wörterliste auf.
Unterstreiche jeweils die Merkstelle.

B Bilde verschiedene Formen:
– zu Nomen den Plural,
– zu Verben die du-Form und die er-, sie- oder es-Form,
– zu Adjektiven eine Steigerungsform.

C Wähle ein Wort aus und suche mit dem Wörterbuch verwandte Wörter.
Unterstreiche jeweils die gemeinsame Merkstelle.
wir bohren, die Bohrmaschine, durchbohren …

D Bilde mit Merkwörtern Wortzusammensetzungen, auch merkwürdige:
moosgrün, die Ruderboote, die Moosuhren, die Ohrenboote …

E Welches Wort passt nicht in die Reihe? Begründe!
das Boot   das Moor   die Not   der Zoo

F Bilde ähnliche Wortreihen wie in Aufgabe E mit anderen Merkwörtern.
Ein Partner oder eine Partnerin soll die Wörter finden, die nicht passen.

G Suche drei Wörter, die mit Dehnungs-h geschrieben werden,
und drei, die kein Dehnungs-h haben können.
Ein Partner oder eine Partnerin soll die Schreibung begründen.

H Bilde Sätze mit möglichst vielen Merkwörtern. Sie können auch lustig sein.
Vielleicht gelingt ein Zungenbrecher oder eine lustige Geschichte.

I Lasse dir Wörter diktieren oder mache ein Eigendiktat und schreibe fünf
Minuten lang möglichst viele Merkwörter auf.
Überprüfe anschließend die Rechtschreibung mit dem Wörterbuch.

J Erstelle für ein Klopfdiktat Wortlisten mit Merkwörtern und mit Wörtern,
die diese Merkstelle nicht haben.
– Lies sie einem Partner vor.
– Er klopft, wenn er ein Merkwort hört, notiert das Wort,
markiert die Merkstelle und erklärt die abweichende Schreibweise.

Merkstellen in Fremdwörtern erkennen

1 Lies die Wörter, die die Klasse 7a gesammelt hat, und schau sie dir genau an:
 – Welche Wörter erscheinen dir „fremd"?
 – Überlege, woran das liegen könnte.

> die Handyhülle das Kartoffelpüree
> der Museumsbesuch der Streamingdienst
> der Mozzarella der Kameratyp
> die Lyrik die Sneakers
> die Currywurst das Physikbuch
> das Jeanshemd das Leinensakko

2 Wonach lassen sich die Wörter ordnen?
 a) Sucht zu zweit nach unterschiedlichen Möglichkeiten und probiert sie aus.
 b) Vergleicht eure Lösungen mit anderen Partnergruppen.

3 die Tour die Synagoge die Pizza die Garage die Toilette
 das Symbol der Kakao das Baby der Sheriff der Porree
 der Jongleur der Chef das Theater der Typ

Untersucht diese Wörter zu zweit.
 a) Sucht danach, worauf man beim Schreiben der Wörter achten sollte.
  – Welche Buchstaben und Buchstabenverbindungen sehen fremd aus?
  – Welche Laute hören sich fremd an?
 b) Schreibt die Wörter untereinander auf und markiert solche Stellen. Sucht zu den Wörtern ein deutsches Wort mit einem Buchstaben, der diesen Laut wiedergibt.
 c) Sucht weitere ähnliche Beispiele und schreibt sie als Wortpaare auf. Nutzt das Wörterbuch.

> die Tour – der Flur
> die Synagoge – müde
> die Pizza – ...

4 Lies die Wörter der beiden Wortreihen. Worauf sollte man beim Schreiben besonders aufpassen? Sprich mit jemandem darüber.
 – die Funktion die Multiplikation die Produktion die Subtraktion
 – wir subtrahieren wir funktionieren wir produzieren wir multiplizieren
 a) Suche zu jedem Verb das passende Nomen und zu jedem Nomen das passende Verb und schreibe sie als Wortpaare auf.
 b) Vergleiche die Schreibweisen im Gespräch mit einem Partner oder einer Partnerin.
 c) Formuliert, was ihr entdeckt, als Schreibhilfe. Vergleicht eure Lösung auch im Gespräch mit anderen Partnergruppen.
 d) Sucht weitere Beispiele und schreibt sie als Wortpaare auf.

5 Welche Schreibhilfe lässt sich für die Schreibung der Wörter in dieser Wörterreihe finden?

die Pandemie   die Chemie   die Batterie   die Prärie   die Melodie
die Lotterie   die Kolonie   die Energie   die Therapie   …

a) Lies die Wörter und schreibe sie auf.
b) Markiere, was sie gemeinsam haben. Formuliere eine Rechtschreibhilfe.
c) Ergänze die Liste mit weiteren Wörtern. Nutze Wörterbuch und Internet.

6 Übe mit den Fremdwörtern unterschiedlich: Wähle von jedem der drei Zettel immer je eine Übung aus. Oft brauchst du einen Partner oder eine Partnerin für eine Übung.

A Schreibe Fremdwörter auf, die du kennst.
B Suche zu einzelnen Fremdwörtern ein verwandtes Wort. Unterstreiche in beiden Wörtern die Stelle, auf die man beim Schreiben aufpassen musst.
C Bilde zu einigen Fremdwörtern Wortzusammensetzungen und schreibe sie auf.

D Welches Wort passt nicht in die Reihe? Begründe.
das Theater   das Thema   der Tee   der Thron
E Bilde eine ähnliche Wortreihe wie in Übung D mit anderen Wörtern.
Ein Partner soll das Wort, das nicht passt, finden und begründen.

F Bilde Sätze mit möglichst vielen Merkwörtern.
G Übt und spielt nach den Regeln „Stadt-Land-Fluss":
Wer findet die meisten Wörter und schreibt sie richtig?
  – Einigt euch auf Bereiche wie Mode, Sport, Musik, Medien …
  – Legt eine Tabelle an:

Mode	Sport	…	…

  – Einer nennt einen Buchstaben und dann geht es los.
H Wähle Fremdwörter aus einem Sachgebiet aus, zum Beispiel Hobbys, Physik, Biologie. Verstecke sie in einem Gitterrätsel. Ein Partner oder eine Partnerin soll sie suchen und ihre Bedeutung erklären.

Zu Fremdwörtern in Wörterbüchern recherchieren

- Interwiev   Interview   Interwief
- Shampu   Schampo   Shampoo
- Sound   Saunt   Saund

1 Arbeitet zu zweit:

a) Welches Wort in den drei Wortreihen ist richtig geschrieben? Schreibt es auf.

b) Überprüft eure Lösung mit unterschiedlichen Wörterbüchern, auch im Internet: Gebt dazu euer Lösungswort in das Suchfeld ein und verfeinert die Suche, indem ihr als Stichwort „Rechtschreibung" hinzufügt.

c) Was habt ihr bei eurer Recherche entdeckt und was war besonders hilfreich? Sprecht darüber.

→ *In Wörterbüchern wird statt „Nomen" auch das Wort „Substantiv" gebraucht.*

2 Recherchiert zu zweit zu den Wörtern auf dem Zettel oder eigenen Fremdwörtern in unterschiedlichen Wörterbüchern, auch im Internet.

a) Sucht Antworten zu den folgenden Fragen:
- Wie werden die Wörter ausgesprochen?
- Was bedeuten sie?
- Wie lautet der Plural?
- Welche Trennungsmöglichkeiten gibt es?

b) Vergleicht und diskutiert in einem Rechtschreibgespräch mit anderen Partnergruppen, was ihr herausgefunden habt.

c) Sprecht auch darüber, wie ihr bei der Recherche vorgegangen seid:
- Was war erfolgreich?
- Wo gab es Schwierigkeiten?
- Worauf muss man besonders achten?

das Fondue
der Pyjama
der Ingenieur
die Taille
das Cabriolet
das Barbecue

3 Übt zu zweit mit Fremdwörtern. Geht so vor:
- Legt fest, wo ihr nachschlagen oder suchen wollt.
- Einer nennt ein Fremdwort aus dem Wörterbuch. Der andere schreibt es auf. Gemeinsam überprüft ihr die Rechtschreibung.
- Oder: Einer spricht mehrere Male ein Fremdwort aus dem Wörterbuch vor. Der andere hört genau hin und überprüft mit dem Wörterbuch Aussprache und Bedeutung.

Groß oder klein?
Nominale Kerne im Satz ermitteln

Erinnere dich!
Wissen und Können,
S. 81

Du weißt: Lassen sich Wörter im Satz mit einem Adjektiv erweitern (Erweiterungsprobe), dann sind es nominale Kerne, die großgeschrieben werden.

1 Eli überprüft mit dieser Regel die Groß- und Kleinschreibung in seinem Text. Lies die Sätze und was in den Denkblasen steht.

> Lächeln
> Ist erweiterbar:
> sein cooles Lächeln.
> Wird großgeschrieben.

> Eigentlich heißt Olli ja Oliver, aber so ruft ihn kaum jemand, manchmal seine Klassenlehrerin, wenn sie sauer auf ihn ist.
> Sein Lächeln (?) verrät ihn sofort.
> Aus seinem Gesicht blitzen (?) zwei dunkelgrüne Augen (?) ...

> blitzen
> Ist nicht erweiterbar.
> Wird kleingeschrieben.

> Augen
> Ist erweitert:
> zwei dunkelgrüne Augen.
> Wird großgeschrieben.

2 Überprüfe jetzt selbst die Groß- und Kleinschreibung mit der Erweiterungsprobe. Die Fragezeichen im Text sind Signale für Zweifel.

seine coole Klassenlehrerin ...

3 Überprüfe auch die Zweifelsfälle im weiteren Text wie in Aufgabe 2.

> Sein mittelbraunes Haar (?) versteckt er unter einer Kappe (?).
> Am liebsten (?) trägt er Jeans (?) und seine schwarze Lederjacke (?).
> Ollis Lieblingsfarbe ist Schwarz (?).
> Seine Turnschuhe (?) zieht er nur zum Schlafen (?) aus.
> Mit Olli unterhält man sich über Computer (?) und Hochseilklettern (?).
> In seiner Nähe (?) kommt Langeweile (?) fast nie auf.
> Mit ihm erlebt (?) man immer wieder überraschende Dinge (?).
> Bei ihm ist man an der richtigen Adresse (?).
> Olli ist ein irrer Typ (?).
> Mit ihm kommt man gut (?) aus.

4 Vergleicht die folgenden Satzpaare. Sprecht darüber:
- Was ist mit den markierten nominalen Kernen passiert?
- Was bleibt im zweiten Beispiel jeweils unklar?

Sein mittelbraunes Haar versteckt er unter einer Kappe.
Es versteckt er unter ihr.

In seiner Nähe kommt Langeweile fast nie auf.
Dort kommt sie fast nie auf.

5 a) Lies die Sätze auf den Zetteln:

Wer denn? Was denn?

Sie lesen **sie**.
Sie enthalten **sie**.
Sie können **sie** wecken.
Sie können **sie** wiedergeben.

Wann denn? Wo denn?

Sie lagen **neulich** noch **dort**.
Manchmal machen wir **sie** damit.
Sie lesen **so** vor.

Was denn?
Wie denn?

b) Ersetze mit Hilfe der Fragen die fett gedruckten Pronomen und Adverbien durch erweiterte nominale Kerne zum Thema „Bücher lesen".
Achte auf die Großschreibung.

c) Besprecht, was sich verändert und was dadurch erreicht wird.

6 a) Lies die folgenden Sätze. Was stellst du fest?

Die Haare des Jungen sind blond.
Die Haare sind lockig.
Die Haare bedecken die Ohren.
Er trägt die Haare offen.
Manchmal bindet er die Haare hinten zusammen.
Eigentlich findet er die Haare ganz gut.

b) Ersetze die nominale Gruppe, die ständig wiederholt wird, an manchen Stellen durch Pronomen.

c) Besprecht, was sich verändert und was wird dadurch erreicht wird.

Großschreibung in nachgestellten nominalen Kernen erkennen

1 Lest den Text und begründet im Gespräch die Großschreibung der nominalen Kerne im Satz.

Bei der Erkundung habe ich meinen Rucksack in der Garderobe vergessen.
Beim Verlassen habe ich nicht mehr daran gedacht.
Es ist ein kleiner Rucksack. Auf den Taschen sind Knöpfe.
An einer Kordel baumelt eine Figur. Sie sieht aus wie eine Maus.

2 Füge die folgenden Ausdrücke nacheinander an passenden Stellen in die Sätze zu Aufgabe 1 ein.

Ihrer Firma   aus braunem Kunstleder
des Betriebs
mit dem Logo vom Zoo   des Rucksacks   in leuchtenden Farben
aus Plüsch   mit rotem Fell

3 Untersucht die erweiterten Sätze.
– Welche nominalen Kerne wurden erweitert?
   Unterstreicht sie.
– Welche Wortgruppen bilden jetzt eine nominale Gruppe?
   Macht die Umstellprobe und setzt sie in Klammern.
– Unterstreicht die nominalen Kerne und begründet die Großschreibung.
– Was ändert sich durch diese Erweiterung?
   Lest den Text mit und ohne Erweiterungen und sprecht darüber.

4 Bei der Betriebserkundung habe ich meinen Rucksack vergessen.
Es ist ein kleiner Rucksack.

a) Erweitert diese beiden Sätze durch die folgenden Relativsätze:
   der in der Garderobe stand
   auf den Taschen aufgesetzt sind
   Vergesst nicht, die Kommas zu setzen. Im ersten Satz sind es zwei.
b) Unterstreicht den nominalen Kern, der durch den Relativsatz
   erweitert wird.
c) Begründet die Großschreibung des nominalen Kerns im Relativsatz.
d) Was ändert sich durch die Erweiterung? Sprecht auch darüber.

5 Wähle aus den Aufgaben A – C aus.
- Überprüfe deine Lösung im Gespräch mit anderen.
- Sprecht auch darüber, was leicht war und was euch schwerfiel.

A Lies die Verkaufsanzeige. Die nominalen Gruppen sind in Großbuchstaben geschrieben.
- Schreibe sie richtig auf.
- Unterstreiche die nominalen Kerne (Folientechnik).

→ Medienpool: Verkaufsanzeige

Zu verkaufen

Ich verkaufe MEIN JUGENDRAD MIT ZUBEHÖR. SEINE RÄDER VON 24 ZOLL sind mir zu klein geworden. DAS RAD MIT KETTENSCHALTUNG ist gut gepflegt. Es hat EIN RAHMENROHR AUS ALUMINIUM und ist IN EINEM BLAU MIT METALLIC-EFFEKT lackiert.
Darauf klebt EIN AUFKLEBER MIT EINER REGISTRIERNUMMER.
Es ist EIN MOUNTAINBIKE IN VOLLAUSSTATTUNG.
Es hat EINE LICHTANLAGE MIT NABENDYNAMO. DER SATTEL MIT FEDERSTÜTZE ist sehr komfortabel. EINE FAHRRADTASCHE AUS KUNSTLEDER und EIN KABEL MIT ZAHLENSCHLOSS gebe ich kostenlos dazu.

B Überprüfe, welche Wörter großgeschrieben werden müssen.
- Ermittle die Wortgruppen mit der Umstellprobe.
- Unterstreiche die nominalen Kerne (Folientechnik).
- Schreibe den Text richtig ab. Achte auf die Groß- und Kleinschreibung.

→ Medienpool: Mein kleiner wuffi

Mein kleiner wuffi ist entlaufen. Es ist ein dackelmischling mit hellbraunem fell. Am halsband aus rotem leder hängt eine marke, in die adresse und telefonnummer eingraviert sind. Ein auffälliges kennzeichen sind die ohren, die schwarze spitzen haben. Am rechten hinterbein hat er eine verletzung von einem verkehrsunfall. Deshalb hinkt er ein wenig.

C Überprüfe, an welchen Stellen in den beiden Texten zu A und B nominale Kerne durch einen Relativsatz ergänzt werden können.
- Unterstreiche diese Stellen (Folientechnik).
- Formuliere einen Vorschlag.
- Diskutiere mit einem Partner oder einer Partnerin, was sich dadurch ändert und ob der Relativsatz nötig ist.

Unbestimmte Zahlwörter als Signale für die Großschreibung erkennen

1 a) Lies die beiden Sätze auf dem grünen Zettel und schau sie dir genau an.

b) Warum wird das fett gedruckte Wort mal groß-, mal kleingeschrieben?
Finde eine Antwort mit Hilfe der Angaben im Wissen-und-Können-Kasten.

c) Vergleiche dein Ergebnis mit einem Partner oder einer Partnerin.

> a. Er liest gern etwas **Spannendes**.
> b. Er macht es gern etwas **spannend**.

WISSEN UND KÖNNEN ▸ **Signale für die Großschreibung**

Unbestimmte Zahlwörter (Indefinitpronomen) wie etwas, manches, viel, wenig, nichts, alles können darauf hinweisen, dass das folgende Wort großgeschrieben wird. Es hat dann eine Endung:
etwas Spannend**es**, viel Neu**es**, wenig Gut**es**.
Beim Umstellen bleiben sie als Wortgruppe zusammen:
Er liest gern (etwas Spannendes). – (Etwas Spannendes) liest er gern.

> manches Schöne
> etwas Witziges
> viel Kluges
> wenig Nettes
> nichts Buntes
> alles Gruselige
> manches Über-
> raschende

2 Bilde mit einigen Ausdrücken vom Zettel kurze Sätze. Achte auf die Groß-schreibung und begründe sie im Gespräch mit jemandem.

3 Wie werden die Wörter in Großbuchstaben in dem Brief geschrieben? Besprecht es zu zweit. Wenn ihr unsicher seid, macht die Umstellprobe.

> Liebe Oma,
> viel NEUES gibt es aus dem Urlaub nicht zu berichten. Mir ist manchmal LANGWEILIG. Papa sagt immer: Wir müssen viel INTERESSANTES sehen. Es ist auch manches INTERESSANT. Aber nicht alles ist so AUFREGEND, wie er sich das vorstellt. Gestern ist dann doch etwas BESONDERES passiert. Anika ist am Strand in etwas SPITZES getreten. Die Wunde fing gleich an zu bluten. Es ging aber alles GUT aus. Jetzt humpelt sie etwas UMSTÄNDLICH durch die Gegend. Noch etwas UNERFREULICHES ist passiert: Ich habe mein Handy am Strand verloren. Aber sonst ist alles ganz NETT. Ich wünsche dir alles LIEBE und GUTE.
> Tschüss Michel

4 Bilde mit den Wörtern vom Zettel kurze Sätze, wo sie mal groß-, mal kleingeschrieben werden. Überprüfe sie im Gespräch mit jemandem.

Nominale Kerne entdecken – Übungen mit Texten

1 Unterstreiche im Text alle Wörter, die großgeschrieben werden müssen (Folientechnik). Vergleiche deine Lösung mit einem Partner/einer Partnerin.

→ Medienpool:
Text „Mister Batman"

So wird aus dem blonden Florian Mister Batman

Zunächst setzt man die markierungspunkte der flügel in das gesicht des models. Mit schwarzem schminkstift werden die umrisse einer fledermaus um die augen gemalt.

Zum auftragen der grundierung tupft man mit einem feuchten schwämmchen ein wenig blaue schminke auf das gesicht.

Dabei muss man aber darauf achten, dass in die fledermausform nichts blaues getupft wird.

Mit schwarzer schminke aus wasserfarbe wird jetzt die form der fledermaus ausgemalt. Beim ausmalen nimmt man mit einem kleinen flachpinsel viel farbe auf und trägt sie sorgfältig auf.

Auch die lippen werden schwarz ausgemalt.

2 Finde die Fehler im zweiten Teil des Textes und berichtige sie. Erkläre im Gespräch, warum die Wörter groß- bzw. kleingeschrieben werden müssen.

Jetzt muss man alles gut Trocknen lassen.

Mit schwarzem schminkstift setzt man in das blau viele schwarze Sterne.

Die augen und Seitenkonturen der fledermaus werden mit einem rundpinsel aus härteren Borsten Weiß eingezeichnet.

Vergesst nicht, Blonde haare für das Batman-Gesicht mit Kräftigem schwarz Einzufärben.

3 Erstelle selbst einen Übungstext.
- Du kannst zum Beispiel im Internet einen Text aus einer Jugendzeitschrift recherchieren und so verändern, dass alles kleingeschrieben ist.
- Jemand anders soll ihn richtig aufschreiben.

Anredepronomen in der Höflichkeitsform erkennen

Wenn man Anredepronomen erkennt und richtig schreibt, kann man vermeiden, dass es zu Missverständnissen kommt.

> Liebe Frau Mischke,
> Ihre Zwillinge Jakob und Lena haben ihre Portmonees bei mir vergessen. Damit Sie nicht denken, die beiden hätten sie verloren, wollte ich Sie anrufen, doch Ihr Telefonanschluss war immer besetzt. Also habe ich sie eingepackt und in den Briefkasten gesteckt. Übrigens war es nett mit ihnen, sie haben sich hier auf dem Bauernhof so richtig ausgetobt.
> Viele Grüße
> Elisabeth Groß

1 a) In diesem Brief sind einige Pronomen markiert. Mit diesen Pronomen sind verschiedene Personen und Dinge gemeint:
  – Frau Mischke, die angeredet wird: Unterstreiche die Pronomen <u>rot</u> (Folientechnik).
  – Die Kinder, von denen die Rede ist, und die beiden Portmonees, die die Kinder verloren haben: Unterstreiche diese Pronomen <u>blau</u> (Folientechnik).
  b) Ergänze: Wenn Frau Mischke angeredet wird, schreibt man die Pronomen ..., alle anderen Pronomen werden ...geschrieben.

2 a) Über den folgenden Brief war Herr Schmidt zuerst sehr böse. Doch dann hat er darüber gelacht. Warum wohl?
  b) Schreibe den Brief richtig auf. Beachte den Wissen-und-Können-Kasten auf Seite 249.

> Sehr geehrter Herr Schmidt,
> gestern sind Sie mit Ihren Hunden Gassi gegangen. Dabei habe ich Sie beobachtet, wie Sie direkt vor unserer Tür Häufchen gemacht haben. Das machen Sie öfter so und Sie müssen das ja auch irgendwo tun. Wenn Sie das bei Ihren Hunden zulassen, sollten Sie das Zeug auf jeden Fall in eine Tüte packen und mitnehmen. Wir können doch nicht ständig Ihre Häufchen beseitigen!
> Mit freundlichen Grüßen
> Lena und Frieda Müller

3 Schreibe Brief **A** oder Brief **B** richtig auf.

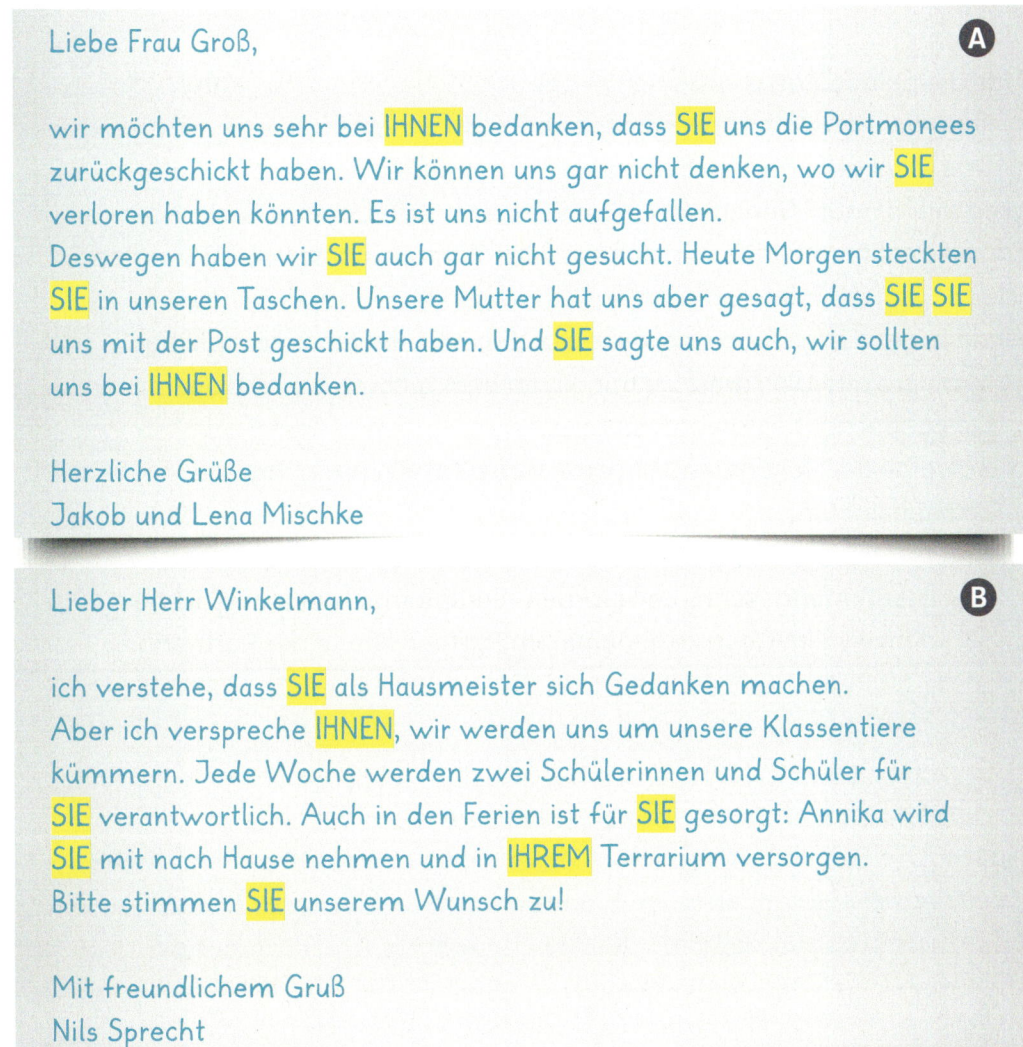

Liebe Frau Groß,   Ⓐ

wir möchten uns sehr bei IHNEN bedanken, dass SIE uns die Portmonees
zurückgeschickt haben. Wir können uns gar nicht denken, wo wir SIE
verloren haben könnten. Es ist uns nicht aufgefallen.
Deswegen haben wir SIE auch gar nicht gesucht. Heute Morgen steckten
SIE in unseren Taschen. Unsere Mutter hat uns aber gesagt, dass SIE SIE
uns mit der Post geschickt haben. Und SIE sagte uns auch, wir sollten
uns bei IHNEN bedanken.

Herzliche Grüße
Jakob und Lena Mischke

Lieber Herr Winkelmann,   Ⓑ

ich verstehe, dass SIE als Hausmeister sich Gedanken machen.
Aber ich verspreche IHNEN, wir werden uns um unsere Klassentiere
kümmern. Jede Woche werden zwei Schülerinnen und Schüler für
SIE verantwortlich. Auch in den Ferien ist für SIE gesorgt: Annika wird
SIE mit nach Hause nehmen und in IHREM Terrarium versorgen.
Bitte stimmen SIE unserem Wunsch zu!

Mit freundlichem Gruß
Nils Sprecht

4 Schreibe einen Brief, in dem es zu Missverständnissen kommen kann,
weil auch Pronomen großgeschrieben sind, die keine Anredepronomen sind.
Ein anderer soll die Fehler berichtigen.

WISSEN UND KÖNNEN ▸ **Höflichkeitsanreden großschreiben**

Die Pronomen sie, ihr, ihnen werden auch als Anredepronomen in der
Höflichkeitsform verwendet. Dann werden sie großgeschrieben: Sie, Ihr,
Ihnen ... Wenn man das beachtet, vermeidet man Missverständnisse.

Zusammen oder getrennt? – Wortgrenzen erkennen

1 Lies die beiden Sätze:

a. Du willst mehr die **Umwelt schonen**.

b. Das **Umweltschonen** ist aber auch anstrengend.

Was fällt dir auf? Sprich mit einem Partner und findet eine Begründung.

Dazu könnt ihr die Hilfen im Wissen-und-Können-Kasten (S. 251) nutzen.

2 Finde in dem Brief die Wortgrenzen und mache ihn leserfreundlicher.

a) Markiere alle Wortgrenzen mit einem senkrechten Strich (Folientechnik).
   Lies dabei am besten halblaut mit.

b) Schreibe den Text ab und beachte dabei Großschreibung und
   Zeichensetzung.

c) Unterstreiche in den Sätzen die Wortgruppen, die mal getrennt,
   mal zusammengeschrieben werden. Erkläre ihre unterschiedliche
   Schreibweise im Gespräch mit einem Partner oder einer Partnerin.

> Hallo Milan,
>
> duhastmichrichtigverstandenabheutewerdeichnurnochmitdemradfahren
> dasradfahrenistjaauchgutfürdenumweltschutzdumusstjetztwohlallein
> mitdembusfahrenbeimbusfahrenmusstdujedenfallskeinenhelmtragen
> dashelmtragenbleibtmirnatürlichnichterspart
>
> Tschüss
> Josi

3 **Zusammen oder getrennt?**

> Sie will vor der Klasse **frei sprechen**.
> Der Richter wird die Jugendlichen **freisprechen**.

a) Schau dir die beiden Sätze auf dem Zettel genau an und lies sie laut.

b) Finde im Gespräch eine Begründung für die Getrennt- und die Zusammen-
   schreibung der fett gedruckten Ausdrücke. Nutze die Angaben im Wissen-
   und-Können-Kasten auf der nächsten Seite.

4 a) Schau dir die Bilder an und vervollständige die Sätze mit den Ausdrücken am Rand.

b) Kläre im Gespräch mit Hilfe der Angaben im Wissen-und-Können-Kasten die unterschiedliche Schreibweise.

c) Schreibe die Sätze richtig auf.

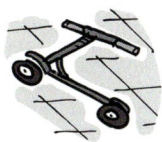 Über dieses Hindernis kann man ...

 Die Testaufgaben werden euch ... leicht + fallen

 Mit der schweren Tasche musste er ...

 Dieser Versuch konnte nur ... schief + gehen

 Er will seine Arbeit wieder ...

 Das werde ich wieder ... gut + machen

5 Bilde selbst Sätze mit den Ausdrücken der Aufgabe 4 und begründe ihre Schreibweise.

6 Verwende die folgenden Beispiele in kurzen Sätzen:

groß+schreiben   fest+nehmen   zusammen+fahren   gerade+stehen

Begründe ihre Schreibweise. Nutze auch eine Nachschlaghilfe.

WISSEN UND KÖNNEN ▸ **Wortgrenzen erkennen**

Wortgruppen werden **getrennt** geschrieben. Du erkennst sie oft daran, wenn du ein oder mehrere Wörter dazwischen einschieben kannst:
Sie will frei (ihren Text) sprechen.

Zusammensetzungen schreibt man **zusammen**. Das erkennst du oft daran, dass beim Sprechen die Betonung nur auf einer Stelle im Wort liegt: Die Angeklagten müssen wohl freigesprochen werden.

Das Wörtchen „dass" verwenden

1 a) Lies die Sätze auf den Zetteln. Welche Meinungen werden hier vertreten?

b) Unterhalte dich mit jemandem darüber, welche Begründungen
zu den Meinungen angeführt werden könnten.

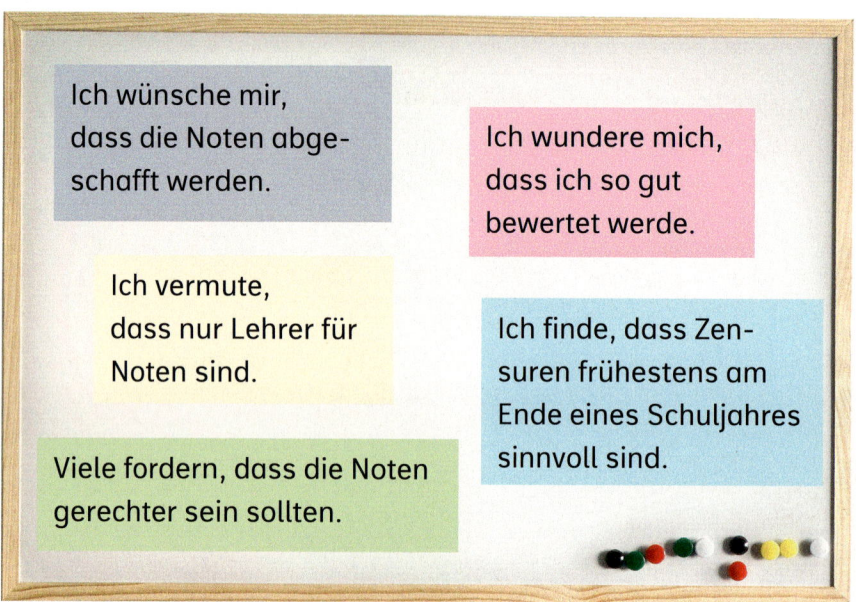

Ich wünsche mir,
dass die Noten abge-
schafft werden.

Ich wundere mich,
dass ich so gut
bewertet werde.

Ich vermute,
dass nur Lehrer für
Noten sind.

Ich finde, dass Zen-
suren frühestens am
Ende eines Schuljahres
sinnvoll sind.

Viele fordern, dass die Noten
gerechter sein sollten.

2 Untersucht zu zweit die dass-Sätze:

Lies dazu auch in
„Wissen und Können"
auf Seite 253.

– Was geht den dass-Sätzen voraus? Achtet besonders auf die Verben.
– Lest das folgende Beispiel:
  Ich möchte (was denn?) →, dass meine Noten besser werden.
– Sprecht so auch über die Sätze auf den Zetteln.
– Wozu werden die dass-Sätze jeweils gebraucht? Formuliert mit dem,
  was ihr herausgefunden habt, den Satz zu Ende: Sätze mit dass …

3 a) Ergänze mit einigen der folgenden Wörter, was du über Zensuren weißt,
denkst oder vermutest.

befürchten   damit rechnen   denken   vermuten   wissen

Ich weiß, dass …   Ich vermute …

b) Überprüfe deine Sätze im Gespräch mit jemandem.

4 Suche dir ein anderes Thema aus (z. B. Umwelt, Klassenfahrt …) und schreibe
auf, was du weißt, vermutest, denkst, wünschst, erwartest oder befürchtest.
Die Sätze sollen so anfangen, dass sich ein dass-Satz anschließt oder dass
der dass-Satz am Anfang steht.

„Das" und „dass" unterscheiden

Dieses

Das geschieht dir ganz recht.
Das Missgeschick, das du meinst, ist nicht meine Schuld.

welches

1 Lies die Sätze und was in den Sprechblasen steht:
   a) Was zeigt die Ersatzprobe mit dieses oder welches?
   b) Setze für die Wörter mit den Lücken dieses oder welches ein.
      Achtung: In einem Satz klappt das nicht! Warum nicht?
      Begründe es mit den Informationen im Wissen-und-Können-Kasten.
      Da▮ kannst du anderen erzählen, aber mir nicht.
      Ich glaube dir da▮ nicht. Ich weiß, da▮ es anders sein muss.
      Hoffentlich ist da▮ kein Versprechen, da▮ schon bald nicht mehr gilt.

WISSEN UND KÖNNEN ▶ dass oder das?

Mit der **Ersatzprobe** kann man ausprobieren, ob man anstelle
von das/dass dies(es) oder welches einsetzen kann. Klappt das nicht,
muss man dass schreiben.

Beispiel:	Ich hoffe, das/dass (?) die Sonne scheint.
Ersatzprobe:	Ich hoffe, ~~dieses~~ die Sonne scheint.
	Ich hoffe, ~~welches~~ die Sonne scheint.
Beides geht nicht – also:	Ich hoffe, dass die Sonne scheint.

---

2 Schreibe den Text ab oder lade ihn aus dem Medienpool herunter.
   Probiere bei den blauen Lücken, ob du dieses oder welches einsetzen kannst.
   Setze dann das oder dass richtig ein. Vergleiche mit jemandem.

→ Medienpool:
Meine Meinung

Meine Meinung ist, ▮ Umweltschutz in der Schule anfängt. Ich finde es
unmöglich, ▮ manche meinen, ▮ ▮ Wegwerfen von Flaschen, Dosen
oder anderem Unrat nicht so schlimm sei. Was ist denn so schwierig
daran, ▮ der ganze Abfall in die Abfalleimer geworfen wird? Ich meine,
▮ müsste für jeden selbstverständlich sein. Für ▮ Verhalten, ▮ manche
an den Tag legen, gibt es für mich keine Entschuldigung. Umweltschutz
ist ein Problem, ▮ alle angeht.

Rechtschreibwissen für das Korrekturlesen nutzen

Beim Korrekturlesen eigener oder fremder Texte stößt man auf Wörter, deren Schreibung Schwierigkeiten bereitet und Zweifel auslöst.
Dann stellen sich Fragen, wie sie auf dem Zettel stehen:

> Wann mit ä, wann mit äu?
> Wann mit ck? Wann mit tz?
> Wann s, wann ss, wann ß?
> Wann …

1 Arbeitet zu zweit.
   a) Nennt zu den Fragen Wortbeispiele, die solche Zweifel auslösen können: einsilbige Wörter, zweisilbige Wörter, Wörter mit mehreren Bausteinen.
   b) Ergänzt weitere Fragen und notiert sie mit Wortbeispielen.

2 Probiert das Korrekturlesen an einem Text, den Svenja aus der Klasse 7b geschrieben hat.
   a) Lest Svenjas Text und tauscht euch aus, worüber sie schreibt.
   b) Wählt für das Korrekturlesen eine der beiden Methoden A oder B auf der Seite 255 aus.
   c) Sprecht nach dem Korrekturlesen darüber, was euch schon gut gelungen ist und was ihr ändern wollt.

> Gestern war wirklich nicht mein Tag. Als wir nach der Erdkundestunde vor dem Musikraum warten mussten, hatte ich gleich angst, das sich ein paar aus meiner Klasse wieder etwas ausdenken könten, um mich zu ärgern. Und wirklich: Ich wollte mich gerade möklichst unauffällig neben die Tür stellen, als ich an Vina vorbeikamm. Sofort riß sie mir meinen Schal vom hals.
> Ich wusste zuerst gar nicht, was ich machen sollte, aber plötzlich stieg die wut in mir hoch. Vina rante weg und schluk Haken.
> „Mensch, gip entlich den Schal zurück", konnte ich gerade noch herausbringen. Da merkte ich auch schon wieder diesen bescheuerten Klos im Hals. Jetzt bloß nicht losheulen, dass wollen die doch nur! Da sehe ich, dass mir Marlene den Schal entgegenhelt.
> Endlich hatte dieses blöde spiel ein ende …

METHODE **Texte mit Regelkarten Korrektur lesen**

Schreibt zu typischen Rechtschreibproblemen Regelkarten
mit Rechtschreibhilfen, die ihr im Zweifel nutzen könnt.
Nutzt dazu euer Rechtschreibwissen.

> Wann mit ä, wann mit äu?
> Wörter mit ä oder äu haben meistens
> Wortverwandte mit a oder äu.
> – Räder, weil: das Rad
> – Mäuse, weil: die Maus

1. Die Regelkarten liegen für alle gut lesbar auf dem Tisch.
2. Der erste Satz des Textes wird vorgelesen.
3. Jeder, der möchte, nennt ein Wort oder eine Wortgruppe und begründet, welche Schwierigkeit er sieht. Diese Stelle wird markiert.
4. Gemeinsam wird eine passende Regelkarte ausgewählt.
   Wenn eine Regelkarte fehlt, ergänzt sie.
5. Mit der Regelkarte wird untersucht, ob die markierte Stelle richtig oder falsch geschrieben wurde.
   So wird der Text Satz für Satz durchgegangen.

METHODE **Texte schrittweise Korrektur lesen**

Überprüft die Rechtschreibung in eigenen oder fremden Texten mit
eurem Rechtschreibwissen so:
1. Mit dem **Blick auf das einzelne Wort**:
   Lest den Text Wort für Wort rückwärts – von unten nach oben.
   Achtet dabei darauf, ob ein Buchstabe fehlt oder ein Laut mit einem falschen Buchstaben geschrieben ist.
2. Mit dem **Blick auf die Großschreibung**:
   Geht den Text Satz für Satz durch und probiert, ob ein Wort mit einem Adjektiv erweiterbar ist. Das Adjektiv bekommt dann eine Endung (-e, -er, -es, -em oder -en).
3. Mit dem **Blick auf das Wörtchen dass**:
   Überprüft, ob damit ein Gedanke fortgesetzt und ein Satz vervollständigt wird.

Diktiertes aufschreiben – Übungsschwerpunkte finden

Wenn du testen und einschätzen willst, was du schon ganz gut kannst und wo du noch unsicher bist und weiter üben möchtest, kannst du das auch mit einem Partner tun.

→ Medienpool: Diktattext zur Rechtschreibkontrolle (Audio)

1 Arbeitet zu zweit: Diktiert euch gegenseitig den folgenden Text oder nutzt den Medienpool und lasst ihn euch diktieren.

Nutze während des Schreibens die folgenden Tipps:
- Lass immer eine Zeile für eine mögliche Korrektur frei.
- Sprich beim Schreiben in Murmelstimme mit.
- Notiere bei Unsicherheit in Klammern Schreibweisen, die du für möglich hältst.

Es war ein Fehler, dass ich mir selbst die Haare geschnitten habe. Hinterher musste ich doch zum Frisör gehen. Aber meine ganze Haarpracht war dahin. Mein Spiegel verriet mir das Unglück. Auch der Fachmann konnte meine Frisur nicht retten. Er musste mir einen kurzen Stachelputz verpassen. Wie wird es morgen in der Schule sein? Ich beschloss, dass ich mir zur Tarnung sofort eine Kappe aufsetzte. Das passte aber eigentlich nicht zu mir.
Die Überraschung kam am nächsten Tag. Meine Freundinnen rissen mir die Kappe vom Kopf. Aber sie klopften mir auf die Schulter. Sie fanden meinen neuen Haarschnitt richtig cool. Das hatte ich nicht erwartet.

2 Überprüfe nach dem Diktat die Rechtschreibung:
a) Lies deinen aufgeschriebenen Text Wort für Wort, Satz für Satz. Streiche Falschschreibungen durch, die du beim Korrekturlesen entdeckst. Korrigiere sie in der Korrekturzeile.
b) Vergleiche nun gemeinsam mit dem Partner deinen Text mit dem Originaltext. Markiere die Wörter, die für dich noch schwierig sind.
c) Tauscht euch darüber aus, was man beim Schreiben tun kann, um Fehler in diesen Wörtern zu vermeiden.

Silbengelenk (ll, mm, … tz, ck) nicht erkannt		( )
s, ss, ß verwechselt		( )
Großschreibung nicht erkannt		( )
ä/e und äu/eu verwechselt		( )
d/t, g/k, b/p verwechselt		( )
Merkstellen in Merkwörtern nicht erkannt		( )

3 Finde heraus, was du besonders üben solltest.

a) In der Tabelle findest du einige Problembereiche der Rechtschreibung. Übertrage die Tabelle auf einen Zettel. Du kannst die Tabelle so ändern (erweitern, kürzen …), dass sie für dich passend ist.

b) Ordne deine berichtigten Wörter aus dem Diktat auf Seite 254 in die Tabelle ein. Markiere die berichtigte Fehlerstelle.

c) Sammle in der Tabelle auch eine Zeit lang nach schriftlichen Arbeiten die berichtigten Fehlerwörter. Unterstreiche die berichtige Fehlerstelle.

d) Schätze dich ein und finde heraus, was du besonders üben solltest:

(+) Das kann ich schon ganz gut

(-) Das sollte ich üben

4 Wähle eigene Texte aus, mit denen du den Erfolg des Übens zeigen kannst. Begründe deine Auswahl.

→ Portfolio (Seite 266)

5 Wenn du deine persönliche Rechtschreibschwäche kennst, solltest du regelmäßig üben, um sie Schritt für Schritt zu überwinden.

a) Blättere mit einem Partner in diesem Kapitel und sucht gemeinsam nach passenden Übungsaufgaben.

b) Sucht auch in geeigneten Zusatzmaterialien und im Internet nach passenden Übungen. Lasst euch dabei von eurer Lehrerin oder eurem Lehrer beraten.

Arbeitsaufträge verstehen

Im Unterricht musst du in Klassenarbeiten oder Tests unterschiedliche Aufgaben bearbeiten. Es ist wichtig, dass du die Arbeitsaufträge verstehst, damit du weißt, was von dir verlangt wird. Das kannst du hier Schritt für Schritt an Aufgaben zu einem Sachtext üben.

METHODEN

1 Die Schülerinnen und Schüler der 7a haben das Arbeitsblatt bekommen, das du auf Seite 259 siehst. Sie sollen Aufgaben zu einem Sachtext bearbeiten.
- Lies dir zunächst nur die Aufgabenstellungen zum Text durch.
- Auf den nächsten Seiten bekommst du Tipps, wie du diese Aufgaben verstehen musst, um sie Schritt für Schritt zu lösen.

2 Lies, was die Schülerinnen und Schüler über die Aufgaben sagen.
- Welche Probleme haben sie mit den Aufgaben?
- Was kannst du ihnen antworten? In einigen Aufgaben findest du dazu schon Hinweise.

1. **Verschaffe dir zunächst einen Überblick über den Text:**
   – Was für ein Text ist es?
   – Was ist das Thema des Textes?
   – Wie ist der Text aufgebaut?

2. **Lies den Text genau.** Schreibe aus dem Text wichtige Informationen heraus. Stelle dazu W-Fragen.

3. **Denke über den Text nach.**
   Welche Meinung vertritt der Autor in diesem Text?

4. **Arbeite mit deinen Ergebnissen weiter.**
   Wähle Aufgabe **A** oder **B** aus.
   A Schreibe einen kurzen Text zum Foto.
   B Gib zum Text eine kurze Stellungnahme ab.

ARBEITSBLATT

Wenn sich Tiere begegnen ...

Spielen, kuscheln und ein bisschen miteinander abhängen. Diese Tiere sehen so aus, als wären sie Freunde. Ich frage mich aber: Geht das im Tierreich überhaupt? Der Grü-
5 ne Baumpython hat eine hervorragende Technik, seine Beute zu erlegen. Die Schlange wartet bewegungslos, bis kleine Tiere ihr nahekommen. Dann schnellt sie mit dem Kopf nach vorn und beißt zu.

10 In einem Zoo in Indonesien konnte ein Fotograf jedoch beobachten, wie ein Frosch lange auf einem Python herumturnte. Die beiden Tiere schienen sich zu verstehen. Ich denke aber nicht, dass man deswegen gleich
15 von Freundschaft sprechen kann. Denn wir Menschen neigen dazu, Tieren Gefühle oder menschliche Eigenschaften anzudichten. Vielleicht mögen sich Schlange und Frosch, weil sie beide in Gefangenschaft aufge-

wachsen sind? Meistens stimmt das nicht. 20

Sicher ist, dass es im Tierreich immer ums Überleben geht. Tiere haben in der Regel einen guten Grund, sich zu treffen: Sie wollen miteinander Nachwuchs zeugen oder können sich in der Gruppe besser gegen An- 25
greifer verteidigen. Bei Tieren unterschiedlicher Arten ist es oft noch einfacher: Der eine will den anderen fressen. Es gibt aber im Tierreich das, was auch unter Menschen vorkommt: Zwei verbringen Zeit miteinan- 30
der – einfach so, ohne dass es ihnen etwas nützt. Das ist vielleicht so etwas Ähnliches wie Freundschaft. Beweisen kann man freundschaftliche Gefühle bei Tieren allerdings nicht. Ich meine, dass es auch eine 35
andere Erklärung geben kann. Zum Beispiel, weil die Schlange einfach keine Frösche mag. *(Aus dem Jugendmagazin „Dein Spiegel")*

1. **Verschaffe dir zunächst einen Überblick über den Text:**
   – Was für ein Text ist es?
   – Was ist das Thema des Textes?
   – Wie ist der Text aufgebaut?

Was musst du genau machen, wenn du dir einen Überblick verschaffen sollst? Bearbeite dazu die folgenden Aufgaben.

Wenn sich Tiere begegnen ...

❶ Lies die Überschrift und schau dir das Foto an. Worum könnte es im Text wohl gehen?
– Welche Tiere sind abgebildet?
– Wie verhalten sie sich normalerweise, wenn sie sich begegnen?
– Sind die abgebildeten Tiere wohl Freunde? Was meinst du?

❷ Lies den ganzen Text zunächst einmal still für dich durch.
– Lies auch dann weiter, wenn du etwas nicht verstehst.
– Formuliere für den Text eine andere Überschrift.

❸ Wie ist der Text aufgebaut? Ordne die Überschriften den Textabschnitten zu.
– Überfliege dazu die einzelnen Abschnitte.
– Achte darauf, ob die Überschrift den Abschnitt zusammenfasst.

Achte auch darauf, ob in den Abschnitten und der Überschrift die gleichen Wörter oder Wörter mit ähnlicher Bedeutung vorkommen.

Tiere sind keine Menschen   **Gründe, warum Tiere sich treffen**
Beobachtungen im Zoo von Indonesien

❹ Formuliere in einem Satz, worum es im Text geht.
– Beginne den Satz mit einer Formulierung vom wortstark-Zettel.

wortstark!

Im Text geht es um ...
Im Text geht es darum, ...
Der Text handelt von ...
Thema des Textes ist ...
Der Text geht über ...

METHODE ▸ **Sich einen Überblick über den Text verschaffen**

– Finde heraus: Wo ist der Text erschienen? Wer hat den Text geschrieben? Was will der Autor/die Autorin mit dem Text erreichen?
– Überlege: Welche Hinweise enthalten Überschrift und Fotos?
– Gliedere den Text in Sinnabschnitte und gib ihnen eine Überschrift.
– Formuliere in einem Satz, worum es im Text geht.

2. Lies den Text genau. Schreibe aus dem Text wichtige Informationen heraus. Stelle dazu W-Fragen.

Was musst du genau machen, wenn du wichtige Informationen heraus-arbeiten sollst? Bearbeite dazu die folgenden Aufgaben.

1 Lies den Text noch einmal still – Abschnitt für Abschnitt.
 – Markiere in jedem Abschnitt wichtige <u>Schlüsselwörter</u>. Markiere höchstens drei bis vier Wörter.

Schlüsselwörter sind Wörter, die für das Verstehen des Abschnitts oder Textes wichtig sind. Wörter, die oft in einem Abschnitt vorkommen, sind häufig Schlüsselwörter. Viele Wörter können Schlüsselwörter sein. Du musst nur begründen können, warum du ein Wort als Schlüsselwort ausgewählt hast.

2 Stelle zu jedem Abschnitt W-Fragen und beantworte sie.
 – Nutze dazu die markierten Schlüsselwörter.
 – Schreibe die Antworten auf ein Blatt.

a) 1. Abschnitt: Ergänze die Fragen.
 – Was fragt sich der ...?
 – Was kann der Grüne ...?

b) 2. Abschnitt: Formuliere Fragen mit den W-Wörtern.
 – Was ...?
 – Warum ...?

c) 3. Abschnitt: Formuliere selbst W-Fragen und beantworte sie.
 – ...?
 – ...?

METHODE ▸ **Wichtige Informationen herausarbeiten**

Du kannst wichtige Informationen aus einem Text herausarbeiten, wenn du W-Fragen stellst: Wer? Was? Wann? Wo? Weshalb? Warum? Du kannst die Antworten auf diese Fragen im Text markieren. Du kannst die Antworten aber auch herausschreiben. Tipp: Wenn ihr einen Text gemeinsam bearbeitet, könnt ihr euch auch gegenseitig Fragen stellen und beantworten.

3. Denke über den Text nach.
Welche Meinung vertritt der Autor in diesem Text?

Was musst du genau machen, wenn du die Meinung des Autors erkennen sollst? Bearbeite dazu die folgenden Aufgaben.

❶ Um welches Problem geht es im Text? Beantworte die Fragen schriftlich.
– Was beobachtete ein Fotograf in einem indonesischen Zoo?
– Was könnte man wegen dieser Beobachtung glauben?

wortstark!

Seine Meinung ausdrücken
– Ich meine/denke/glaube, ...; ich frage mich ...
– bestimmt, sicher(lich), auf alle Fälle, meistens, vielleicht, möglicherweise, ...
– Das ist gut/schlecht, weil ...
– Das stimmt/stimmt vielleicht/ stimmt nicht, weil ...

Seine Meinung begründen
– weil, denn, deshalb, daher, darum, aus diesem Grund

❷ Welche Meinung vertritt der Autor dazu?
– Unterstreiche alle Textstellen, an denen du erkennst, dass der Autor seine Meinung ausdrückt. Nutze die Hinweise auf dem wortstark-Zettel.
– Was meint der Autor?
Der Autor fragt sich, ob ...
Er ist sich unsicher, ob ...
Er meint, ...
Er ist sich sicher, ...
Er ...

❸ Wie begründet der Autor seine Meinung?
– Markiere (Folientechnik) die Stellen im Text.

METHODE ▸ **Über den Text nachdenken**

Texte enthalten nicht nur Informationen, oft drückt die Autorin oder der Autor auch ihre/seine Meinung aus. Dies ist häufig dann der Fall, wenn im Text Probleme oder Fragen thematisiert werden.
– Achte auf Textstellen, in denen der Autor oder die Autorin nicht nur informiert, sondern auch bewertet und eine Meinung ausdrückt (vgl. die Hinweise auf dem wortstark-Zettel).
– Markiere Stellen, an denen der Autor oder die Autorin Erklärungen oder Beispiele gibt oder Gründe nennt.

4. Arbeite mit deinen Ergebnissen weiter.
Wähle Aufgabe **A** oder **B** aus.
A Schreibe einen kurzen Text zum Foto.
B Gib zum Text eine kurze Stellungnahme ab.

Bearbeite dazu Aufgabe 1 oder Aufgabe 2.

1 „Schreibe einen kurzen Text zum Foto."
a) Schau dir das Foto genau an.
Denke darüber nach:
– Was ist auf dem Foto zu sehen?
– Warum passt das Foto zum Text?
– Welche Informationen aus dem Text passen zum Foto?
b) Damit du besser „durchstarten" kannst, findest du oft Satzanfänge, die dich direkt ins Schreiben bringen.
– Nutze die Formulierungshilfen vom wortstark-Zettel.

wortstark!

Auf dem Foto sieht man ...
Das Foto zeigt, was ein Journalist in Indonesien beobachtet hat: ...
Normalerweise verhält sich ein Grüner Baumpython ganz anders: ...
Trotzdem kann es vorkommen, ...
Oft gibt es dafür aber einfache Erklärungen: ...

2 „Gib zum Text eine kurze Stellungnahme ab."
Nutze dazu den Schreibplan und die Formulierungshilfen.

Gliederung	Formulierungshilfen
Einleitung Nenne Titel, Autor und Thema des Textes.	Der Text geht über ...
Hauptteil – Fasse die Informationen kurz zusammen. – Nenne das Problem, um das es im Text geht. – Welche Meinung vertritt der Autor?	Ein Journalist hat in Indonesien beobachtet, ... Im Text geht es dabei um das Problem, ... Der Autor ... glaubt, ... Er begründet seine Meinung so: ...
Schluss Nenne deine Meinung zum Problem und begründe sie.	Ich bin der gleichen Meinung/anderer Meinung, weil ... Ich glaube .../Ich kann dafür auch ein Beispiel nennen: ...

Aufgaben gemeinsam bearbeiten

Gemeinsam Aufgaben bearbeiten und lernen macht Spaß – und ist oft besonders erfolgreich: Ihr bringt eigene Ideen ein und nutzt Anregungen der anderen. Dabei setzt ihr bestimmte Methoden ein. Ihr findet solche Methoden hier und auch in anderen Kapiteln.

METHODEN

→ *Die Methoden für das gemeinsame Lernen aus wortstark 5 und 6 könnt ihr in Wissen und Können nachlesen (S. 282/283):*
- *Nachdenken – Austauschen – Vorstellen*
- *Lerntempo-Duett*
- *Zwischendurch-Gespräche*
- *Textlupe*
- *Placemat*
- *Stuhlwechsel*

▶ Besprecht und klärt über das Lernen mit einer Methode jeweils
- – zu Beginn den Ablauf und ob etwas vorzubereiten ist.
- – nach der Arbeit, was geklappt hat oder was ihr anders machen wollt.

Karussellgespräch (Doppelkreis)

Wenn ihr ein Thema bearbeitet habt und euch dazu untereinander austauschen wollt, dann könnt ihr ein Karussellgespräch führen.

> **METHODE** **Karussellgespräch (Doppelkreis)**
>
> **1.** Bildet einen Innen- und Außenkreis. Jeweils eine Person aus dem Innenkreis und ihr Gegenüber im Außenkreis sind Gesprächspartner.
>
> **2.** Die Personen im Außenkreis berichten ihren Partnern im Innenkreis, was ihnen zum Thema einfällt und wichtig ist. Die Partner im Innenkreis hören zu und fragen nach, wenn sie etwas nicht verstanden haben oder etwas noch genauer wissen möchten.
>
>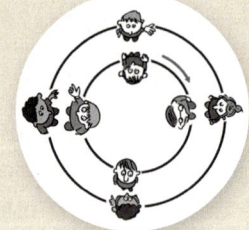
>
> **3.** Die Gesprächspartner wechseln, indem die Personen im Innenkreis auf ein Zeichen einen oder mehrere Plätze weiterrücken. Jetzt äußern sich die Personen im Innenkreis zum Thema, die Partner im Außenkreis hören zu und stellen ihre Fragen. Der Platz- und Rollenwechsel wird zwei- bis dreimal wiederholt.

Nutzt dazu die Fragen aus dem Unterricht.

Textcheck

**Ihr sollt eine schriftliche Rückmeldung zu einem Textentwurf geben?
Dann arbeitet mit dem Textcheck. Der geht so:**

Textcheck für: _____

Das melden wir zurück:

Das ist gelungen, weil ...	Hier etwas ergänzen/ändern, weil ...
...	...

METHODE **Textcheck**

1. Textstellen auswählen

- Lies den Text zunächst einmal still durch und mache dich mit ihm vertraut.
- Wähle dann die Textstellen aus, die dir beim Lesen ins Auge fallen, und denke darüber nach, warum das so ist.

2. Über Textstellen nachdenken

- Lies jemandem die Textstellen vor und nenne die Gründe, warum du sie ausgewählt hast: Was gefällt dir daran besonders oder was eher nicht?
- Stellt Fragen an die Textstellen und diskutiert eure Antworten: Was tut die Schreiberin/der Schreiber? Was beachtet sie/er dabei? Wie formuliert sie/er? Welche anderen Ausdrücke könnte sie/er auch wählen? Was muss noch überarbeitet werden?

← Nutzt dazu die Schreibhilfen (Checklisten) aus dem Unterricht.

3. Zu Textstellen eine Rückmeldung formulieren

Legt eine Tabelle für eure Rückmeldung an (wie oben). Notiert darin das Ergebnis eures Textchecks in Stichworten.

Portfolio

**Was du während der Beschäftigung mit einem Thema gelernt hast, kannst du in einem Portfolio zeigen (dokumentieren).
Als Leser/-in oder als Zuhörer/-in während einer Präsentation gibt du dazu eine Rückmeldung.**

METHODE ▶ **Portfolio**

1. Wähle Texte, Zeichnungen, Übersichten, ... aus, die du während der Beschäftigung mit einem Thema erstellt hast und die deine besonderen Leistungen zeigen können.

wortstark!

Gelungen ist mir ...
Ich habe dieses Beispiel ausgewählt, weil ...
Ich habe gelernt, dass ...
Spaß gemacht hat mir besonders ...
Schwierig war für mich ...

2. Schreibe nacheinander zu jedem Beispiel in wenigen Sätzen auf, warum du gerade dieses Beispiel ausgewählt hast. Formulierungshilfen findest du auf dem wortstark! -Zettel.

3. Fertige für die Veröffentlichung ein Deckblatt mit Thema, Name, Fach und Schuljahr und ein Inhaltsverzeichnis an. Muster für Deckblatt und Inhaltsverzeichnis findest du auf der nächsten Seite.

4. Präsentiere das fertige Portfolio deinen Mitschülerinnen und Mitschülern, deiner Lehrerin oder deinem Lehrer mündlich oder gib es ihnen zum Lesen und Anschauen.

wortstark!

Ich habe mir ... angeschaut/angehört.
Besonders gut/Weniger gut gefällt mir ...
Ich kann daraus lernen ...
Mein Tipp für dich: ...

5. Als Leser/-in oder Zuhörer/-in gibt du deiner Mitschülerin oder deinem Mitschüler eine Rückmeldung. Formulierungshilfen findest du auf dem wortstark! -Zettel.

▶ Du kannst deinem Portfolio am Ende hinzufügen und mitteilen,
- woran du gern gearbeitet hast und worüber du dich besonders freust,
- was dich überrascht hat und worauf du noch neugierig bist
- oder auch, was du bedauerst.

▶ Ihr könnt ein Portfolio auf Papier veröffentlichen (als Kopie oder Ausdruck)
oder als Bildschirmversion, wenn ihr es mit einem Textverarbeitungs-
programm am Bildschirm erstellt.
Besprecht miteinander, was dazu nötig ist, und gebt euch bei der Arbeit
in Zwischendurch-Gesprächen Tipps und Hilfestellungen.

CHECKLISTE ▸ **Ein Portfolio anlegen**

✓ Ich mache alle Angaben auf dem Deckblatt: Thema, Name,
Fach, Schuljahr.
✓ Ich übernehme im Inhaltsverzeichnis die Seitenüberschriften
mit Seitenangabe.
✓ Im Portfolio sind alle angekündigten Materialien enthalten.
✓ Ich begründe die Auswahl der Beispiele kurz und verständlich.
✓ Ich achte auf eine lesbare Schrift, auf Rechtschreibung und
Zeichensetzung und auf eine ansprechende Gestaltung.

WISSEN UND KÖNNEN

Sprechen und Zuhören

Gespräche führen

Wenn zwei oder mehrere Personen abwechselnd miteinander sprechen, führen sie ein Gespräch. Die Gespräche in literarischen Texten nennt man Dialoge. An Gesprächen und Dialogen sind immer Sprecher und Zuhörer beteiligt.

– In einer **Diskussion** diskutiert man miteinander. Man äußert und begründet seine Meinung und versucht, die anderen zu überzeugen. → S. 10 – 17
– Im **Streitgespräch** tauscht man Standpunkte aus und versucht sich zu einigen.
– Im **Unterrichtsgespräch** sprecht ihr gemeinsam mit dem Lehrer oder der Lehrerin über ein Thema.
– Im **Literaturgespräch** könnt ihr eure Gedanken über einen literarischen Text austauschen. → S. 136 / 137

Gesprächsregeln beachten

Gesprächsregeln brauchen wir, damit unsere Gespräche geordnet ablaufen.
Einige wichtige Gesprächsregeln sind:
– Wir lassen andere ausreden.
– Wir hören anderen aufmerksam zu.
– Wir melden uns zu Wort und reden nicht einfach los.
– Wir gehen fair miteinander um.
Wenn man Gespräche beobachtet, kann man viel für das eigene Gesprächsverhalten lernen.

Sich am Unterrichtsgespräch beteiligen

Im Unterrichtsgespräch sprecht ihr in Gruppen oder zusammen mit dem Lehrer oder der Lehrerin über ein Thema. Hört dabei gut zu und beteiligt euch aktiv am Gespräch. Ihr könnt das lernen, indem ihr das Gesprächsverhalten im Unterricht beobachtet und bewertet. In Unterrichtsgesprächen sollt ihr:
– Beiträge abgeben und eure Meinung äußern,
– zuhören und auf den Gesprächspartner eingehen („Du-Botschaften" formulieren),
– euch mit den anderen einigen.

Hören und Zuhören

Zuhören ist mehr als nur stilles Hinhören. Aufmerksame Zuhörer nehmen mit ihren Gesprächspartnern Blickkontakt auf und unterbrechen sie (meistens) nicht. Oft wird von dir als Zuhörer verlangt, einen Hörtext (z. B. ein Gespräch, einen Vortrag, ein Interview) oder einen Hör-Seh-Text (z.B. ein Video, einen Film) zu bearbeiten. → S. 26 – 33, 190-197 Dabei kannst du so vorgehen:
1. Erwartungen formulieren;
2. herausfinden, worum es geht;
3. wichtige Informationen heraushören und festhalten;
4. mit den Informationen weiterarbeiten.
Du kannst dabei Aufgaben vor dem Hören/Sehen, während des Hörens/Sehens und nach dem Hören/Sehen bearbeiten.

Mündlich erzählen

Erzählen macht Spaß: Der Erzähler versucht seine Zuhörer zu unterhalten oder ihnen etwas über seine Wünsche, Interessen und Plänen mitzuteilen. Es ist ein schönes Gefühl, wenn andere dir aufmerksam zuhören. Das Erzählen und Zuhören könnt ihr am Beispiel von Erzählspielen → S. 19, Erzählvideos → S.20/21 oder Erzählrunden → S. 24/25 üben.

Einen Kurzvortrag halten und digital präsentieren

Oft präsentierst du Arbeitsergebnisse in einem Kurzvortrag. Ihr könnt auch gemeinsam eine Präsentation vorbereiten und durchführen. → S. 34-41
Gehe Schritt für Schritt vor:

1. Lege das Thema fest, recherchiere zum Thema (z.B. im Internet) und erstelle eine Gliederung.
2. Formuliere und gestalte Präsentationsfolien und Redekarten.
3. Präsentiere dein Thema digital und lasse dir Feedback geben.

Miteinander diskutieren

In der Schule, unter Freunden oder zu Hause diskutiert ihr über unterschiedliche Themen und tauscht dabei eure Meinungen aus. Beim Diskutieren solltet ihr Folgendes beachten:
- Bildet euch eine Meinung, äußert und begründet sie. → S. 12-13
- Hört den anderen Gesprächsteilnehmern genau zu und geht auf ihre Meinung ein. → S. 14

Das Diskutieren könnt ihr üben, z.B. in einer Fishbowl-Diskussion. → S. 17

Ein Interview planen und durchführen

In einem (Experten-)Interview befragt ein Interviewer eine Person, von der er sich wichtige oder interessante Auskünfte verspricht.

1. Plane das Interview: Mache dich vor dem Interview mit dem Thema vertraut → S. 44 und nimm Kontakt mit einem Experten oder einer Expertin auf.
2. Formuliere gute Interviewfragen und erstelle eine Frageliste. → S. 45-56
3. Führe das Interview durch und lasse dir von Beobachtern Feedback geben. → S. 49

Beachte Gesprächsregeln und gehe auf deinen Interviewpartner ein. → S. 48

Videoreportagen nutzen → S. 26-33

In Videoreportagen kannst du dich über fremde Länder oder interessante Personen informieren. Dabei musst du zwischen Informationen und Meinungen unterscheiden und auf die Wirkung von Bild und Ton achten.

Szenisch spielen → S. 50-57

Theaterspielen macht Spaß: Du kannst dabei in verschiedene Rollen schlüpfen und mit Sprache, Mimik und Gestik Gedanken und Gefühle der Figuren ausdrücken.
- Ihr erprobt Stimme und Sprache, um unterschiedliche Gedanken und Gefühle auszudrücken.
- Ihr nutzt Mimik, Gestik und Stimmführung, um Gedichte besser zu verstehen.
- Ihr studiert Spielszenen ein, führt sie auf und lasst euch Rückmeldungen geben.

Schreiben

Schreibaufträge beachten

Wenn du einen Text verfasst, schreibst du ihn meistens nicht nur für dich selbst. Oft hast du einen ganz bestimmten Schreibauftrag:

– Du schreibst nach einem Muster, z.B. E-Mails und Briefe → S. 90-99 , Berichte → S. 58-67 oder Beschreibungen → S. 68-77 .
– Du formulierst deinen Standpunkt zu einer strittigen Frage und begründest ihn. → S. 78-89
– Im Umgang mit Geschichten schreibst du z. B. einen Tagebucheintrag → S. 139 , eine Geschichte weiter → S. 131 oder einen Nachdenktext → S. 135 .
– Beim Umgang mit Sachtexten fasst du z. B. Sachtexte zusammen → S. 100-118 , schreibst einen kurzen Text, wie er im Lexikon stehen könnte → S. 123 oder entwirfst ein Plakat → S. 123 .

Schreibplan beachten

Wie unterschiedlich die Schreibaufträge auch sein mögen, die Vorgehensweise beim Verfassen eines Textes ist fast immer gleich:

– Du liest den Schreibauftrag sorgfältig,
– sammelst Ideen für das Schreiben,
– legst fest, in welcher Reihenfolge du schreibst (Anfang, Hauptteil, Schluss),
– formulierst und überarbeitest deinen Text.

Am Bildschirm schreiben und gestalten

Alles was du für andere schreibst, sollte gut lesbar sein. Wenn du deine Texte besonders gliederst und übersichtlich gestaltest, macht es mehr Spaß, sie zu lesen. Dies gelingt dir besonders gut am Bildschirm.

Du kannst dazu

– Schreibprogramme nutzen,
– Sätze und Abschnitte einfügen, verändern oder löschen,
– Sätze, Abschnitte oder ganze Texte unterschiedlich formatieren oder
– Sätze, Abschnitte oder Texte mit Bildern oder Fotos illustrieren.

Persönliche Briefe schreiben

Persönliche Briefe sind private Briefe. Du nimmst darin Kontakt auf zu einer Person, die du gut kennst. Du formulierst z. B. Einladungen, Freundschaftsbriefe, Dankschreiben und Trostbriefe. Briefe schreibt man nach einem bestimmten Muster, d.h. ein Brief besteht aus verschiedenen Textbausteinen: Anrede, Datum, Brieftext, Gruß, Unterschrift.

Offizielle Briefe schreiben → S. 90-99

Offizielle Briefe schreibst du an Erwachsene, die du nicht persönlich kennst, aber auch an die Öffentlichkeit. Offizielle Briefe enthalten Mitteilungen zu einem bestimmten Thema, z. B., um dich zu bedanken, Informationen zu bekommen oder etwas zu reklamieren. Formuliere dazu sachlich und verwende treffende Ausdrücke. Vermeide „Allerweltswörter", direkte Bewertungen und Wörter, die negative Wertungen enthalten → S. 97

Wichtige Mitteilungen schreiben

Wenn du jemandem etwas mitteilen möchtest, kannst du das in einem Brief oder einer E-Mail tun. **E-Mails** bestehen aus verschiedenen Textbausteinen: Absender,

Adressat, Betreff, Anrede, Text, Gruß, Name des Absenders.

Beim Schreiben von E-Mails musst du die Textbausteine beachten und deinen Text entsprechend planen, entwerfen, formulieren und überarbeiten. Dabei spielt der Empfänger eine besondere Rolle, denn die Formulierungen hängen von den jeweiligen Adressaten ab (z.B. Anreden oder Grüße). Auch die Formulierung des E-Mail-Textes muss genau überlegt sein sowie die Formulierung des Anliegens in der Betreffzeile. → S. 97

Anleitungen schreiben

Es gibt verschiedene Anleitungen, z.B. Bastelanleitungen, Rezepte oder Spielanleitungen. Eine Anleitung formulierst du kurz, anschaulich und genau. Anleitungen schreibt man auch nach einem bestimmten Muster: Überschrift, Materialliste, Vorgehen in der richtigen Reihenfolge, Schluss. Fotos und andere Abbildungen erleichtern häufig das Textverständnis und ergänzen sich. Anschaulich und verständlich erklären kannst du auch mit **Erklärvideos**, da sie den Handlungsablauf über „laufende Bilder" genau abbilden.

Beim Formulieren von Anleitungen musst du auch auf die unterschiedlichen Formen des Aufforderns achten:

- Imperativ: Schäle die Kartoffeln.
- Grundform (Infinitiv): Kartoffeln schälen.
- Du-Form: Du musst die Kartoffeln schälen.

Zielgerichtet beschreiben → S. 68-77

Wenn du einen Gegenstand, ein Gerät, eine Person oder ein Tier beschreibst, dann tust du dabei Unterschiedliches:

- Du benennst das Objekt, um das es geht.
- Du beschreibst das Aussehen (Details und Besonderheiten).
- Du beschreibst besondere Eigenschaften oder Fähigkeiten.
- Du ordnest die Textteile in einer sinnvollen Reihenfolge an.

Was du im Einzelnen beschreibst und wie du deinen Text aufbaust, hängt davon ab, was du erreichen willst: Wenn du z. B. etwas wiederhaben willst, dann hebst du besondere Merkmale hervor, an denen man das Objekt erkennen kann. Deine Beschreibung wird informativer, wenn du wichtige Nomen durch Attribute näher erläuterst. → S. 75

Geschichten entwerfen und schreiben

Wenn du eine Geschichte schreibst, kannst du von Erlebnissen erzählen, die du tatsächlich erlebt hast. Du kannst aber auch Geschichten erfinden. Oft ist es nützlich zu untersuchen, wie „Profis" spannende Geschichten schreiben. Beachte beim Schreiben einer Geschichte folgende Schritte:

- eine Schreibidee entwickeln,
- ins Schreiben kommen,
- schreiben, was weiter passiert und die Geschichte beenden.

Beim Formulieren von Geschichten kannst du erzählen, was die Figuren hören, riechen, tasten, fühlen und auf Ungewöhnliches und Geheimnisvolles hinweisen. Auch mit besonderen Adjektiven (z.B. blutrot, mulmig, geheimnisvoll) kannst du Spannung erzeugen.

Über Ereignisse berichten

Oft musst du über ein Ereignis genau informieren und darüber berichten (z.B. über Unfälle, Diebstähle oder besondere Aktionen). Beachte dabei den Aufbau eines Berichts:

- Einleitung: Was ereignete sich? Wann und wo? Wer war beteiligt?
- Hauptteil: Wie ereignete sich der Vorfall? Was passierte nacheinander?
- Schluss: Welche Folgen hat das Geschehen?

Von eigenen Erfahrungen berichten → S. 58-67

Wenn du über eigene Erfahrungen berichtest, möchtest du etwas wahrheitsgetreu mitteilen und den Leserinnen und Lesern interessante Informationen wiedergeben. Ein solcher Erfahrungsbericht

- hat eine Überschrift, die deutlich macht, worum es geht,
- ist sinnvoll aufgebaut und gegliedert,
- ist eher sachlich formuliert,
- enthält nur die Informationen, die für die Leser interessant sind,
- gibt auch Meinungen, Einschätzungen und Gefühle des Verfassers wieder.

Als Leser schriftlich Stellung nehmen → S. 78-89

Als Leser kannst du zu Äußerungen Stellung nehmen. Dabei kannst du ausdrücklich zustimmen, widersprechen oder dich abwägend äußern. In jedem Fall solltest du deine Meinung mit Argumenten begründen. Argumente werden überzeugender, wenn du sie mit Beispielen aus deiner eigenen Erfahrung oder mit recherchierten Belegen ausbaust.

Inhalte erzählender Texte wiedergeben → S. 100-108

Wenn du den Inhalt eines erzählenden Textes wiedergeben willst, musst du ihn genau gelesen und verstanden haben. Du markierst und notierst das Wesentliche aus jedem Abschnitt und fügst die einzelnen Notizen zu einer zusammenhängenden Inhaltswiedergabe zusammen. Dabei achtest du darauf,

- nichts Wesentliches wegzulassen, aber auch nichts hinzuzuerfinden,
- mit eigenen Worten zu formulieren,
- wörtliche Rede zu vermeiden → S. 107,
- im Präsens zu schreiben.

Mit einer Einleitung und einem Schlussteil kannst du die Inhaltswiedergabe erweitern und abrunden → S. 106

Sachtexte zusammenfassen → S. 100-118

Manchmal musst du einen Sachtext mit eigenen Worten zusammenfassen.
Eine Zusammenfassung hilft dir, den Inhalt eines Sachtextes wieder in Erinnerung zu rufen, wenn du ihn brauchst.
Deine Zusammenfassung muss sachlich sein. Du darfst nichts dazuerfinden und du sollst auch keine eigene Meinung abgeben. Schreibe im Präsens.

- In der Einleitung nennst du den Titel des Textes und das Thema. Nenne auch Autor/-in und Textquelle, falls bekannt.
- Im Hauptteil fasst du die wichtigsten Informationen des Textes Abschnitt für Abschnitt mit eigenen Worten zusammen. Lass alles weg, was nicht unbedingt erwähnt werden muss.
- Im Schluss kannst du den zentralen Gedanken des Textes noch einmal nennen.

Lesen —Texte und Medien

Lesefertigkeit ist die Fähigkeit, Texte flüssig zu lesen oder anderen anschaulich vorzulesen. Dazu musst du dich mit dem Lesetext vertraut machen und den Text zum Vorlesen vorbereiten. Erst wenn du in die Geschichte „eintauchst" und die Gedanken und Gefühle der Figuren nachempfindest, kannst du den Text so vorlesen, dass die Zuhörer alles nachempfinden können und gern zuhören. Du kannst am Beispiel von Balladen üben, wie man Texte wirkungsvoll vorliest. → S. 155

Leseverstehen ist die Fähigkeit, geschriebene Texte zu verstehen, über sie nachzudenken und sie zu bewerten. Es gibt verschiedene Arten von Texten:
Zu den **literarischen Texten** gehören erzählende Texte (z.B. Geschichten, Fabeln, Märchen, Jugendbücher und Graphic Novels), Gedichte, Balladen und Theaterstücke. Literarische Texte sind von einem Autor oder einer Autorin verfasst worden, um uns zu unterhalten oder zum Nachdenken zu bringen.
Zu den **Sachtexten** zählen Lexikonartikel, Zeitschriftenbeiträge aus (Jugend-)Magazinen oder dem Internet, Interviews, Reportagen, Werbeanzeigen, Zeitungstexte, Grafiken oder Karikaturen. Auch Online-Texte, Hörtexte oder Videos zählen zu den Sachtexten. Sachtexte wollen die Leser informieren, zum Nachdenken anregen oder ihre Meinung beeinflussen. Daher muss man bei Sachtexten Informationen und Meinungen auseinanderhalten → S. 120-129 und auf die Wirkung von Text und Bildern achten. → S. 32-33, 184-186, 195

Ein Jugendbuch lesen und vorstellen

– Zunächst überlegst du dir, welches Buch du lesen und vorstellen möchtest.
– Für eine Buchvorstellung kannst du dir eine Leserolle anlegen, in der du Notizen, Kopien und Abschriften oder auch Gegenstände, die zum Buch passen, sammelst.
– Du machst dich mit Autor/-in, Titel, Cover, Klappentext und Abbildungen vertraut.
– Anschließend beschäftigst du dich intensiv mit dem Buch: Du beschreibst die Hauptfiguren (z. B. in Steckbriefen), erstellst zu interessanten Textstellen Comics oder eine kleine Fotostory, notierst wichtige Textstellen, die du vorlesen möchtest, oder sammelst Gegenstände, über die du etwas erzählen möchtest.

Eine Graphic Novel lesen und verstehen

In Graphic Novels werden Geschichten mit Texten und Bildern erzählt. Graphic Novels erscheinen meist in Buchform, unterscheiden sich aber von Jugendbüchern. Wenn du eine Graphic Novel liest, musst du dich
– darüber orientieren, welche Figuren vorkommen, wo und wann die Geschichte spielt und wie die Handlung verläuft. → S. 170-171
– mit dem Aufbau und den Besonderheiten der Graphic Novel (Text-Bild-Verhältnis) beschäftigen. → S. 172-175
– die Hauptfiguren und ihre Beziehungen beschreiben und charakterisieren. → S. 176
Eure Leseergebnisse könnt ihr auf unterschiedliche Art und Weise festhalten oder in der Klasse vorstellen (Portfolio, Plakat, Karussellgespräch). → S. 177

Geschichten lesen und verstehen

In Geschichten lernen wir Menschen in unterschiedlichen Situationen kennen: Wir erfahren, was sie machen, und versuchen auch, ihre Gedanken und Gefühle zu verstehen. Personen, die in Geschichten vorkommen, nennt man **Figuren**.

Beim Lesen von Geschichten musst du erkennen, was passiert (**äußere Handlung**) und was in den Figuren vorgeht (**innere Handlung**). → S. 142-143 Bei der Beschreibung der äußeren Handlung helfen dir die W-Fragen (Wer? Was? Wann? Wo? Warum? usw.). Um die Gedanken und Gefühle der Figuren zu bestimmen, liest du „zwischen den Zeilen" und erzählst aus der Perspektive von Figuren. Wichtig ist auch die **Erzählperspektive**, denn der Autor/die Autorin schreibt zwar die Geschichte, schlüpft dabei aber in verschiedene Erzählrollen → S. 144-147:

Der **Ich-Erzähler** oder die **Ich-Erzählerin** erzählt aus seiner/ihrer Sicht in der Ich-Form von eigenen Gedanken und Gefühlen. Der **Er-Erzähler** oder die **Sie-Erzählerin** blickt von außen auf die Figuren und weiß, was in ihnen vorgeht. Die Geschichte wird in der Er- oder Sie-Form erzählt. → S. 144/145 Neben Alltagsgeschichten gibt es auch Geschichten, in denen etwas Merkwürdiges oder Unglaubliches passiert. → S. 130-139 Um sie besser zu verstehen, ist es sinnvoll, gemeinsam über diese Geschichten zu sprechen → S. 131/132. Ihr könnt euch dabei gegenseitig Fragen stellen und beantworten. → S. 133. In solchen **Literaturgesprächen** → S. 136/137 tauscht ihr eure Ideen aus und es gelingt euch, gemeinsam die Geschichte Schritt für Schritt zu verstehen. → S. 134-135

Gedichte untersuchen → S. 160-167

Gedichte (lyrische Texte) unterscheiden sich von erzählenden Texten vor allem durch ihre äußere Form: Sie sind in **Versen** geschrieben, die oft in **Strophen** zusammengefasst werden. Die Verse können sich am Ende **reimen**, müssen es aber nicht. → S. 160-163 Wenn du ein Gedicht untersuchst, willst du verstehen, welche Stimmungen, Gefühle und Eindrücke der Dichter oder die Dichterin vermitteln will. → S. 160-163 Du musst dabei auf besondere Wörter und sprachliche Besonderheiten achten, z.B. auf

- **Wortwiederholungen**: Sie können der Verstärkung dienen (bin ich nicht, bin ich nicht, bin ich nicht);
- **Personifizierungen**: Pflanzen, Tiere oder Dinge werden wie Menschen dargestellt (sonst schweigt die Stadt);
- **Sprachbilder** sollen Vorstellungen hervorrufen (Das kleine Haus unter Bäumen am See);
- **Vergleiche**: Zwei Dinge werden miteinander verglichen (Das Feuer ist so rot (wie) deine Haare);
- **Lautmalereien**: Durch den Klang der Wörter werden Stimmungen erzeugt (In dürren Blättern säuselt der Wind).

Balladen lesen und verstehen

Balladen sind Gedichte, in denen Geschichten erzählt werden. Sie haben also Verse und Strophen. Viele Balladen sind auch gereimt. Die Figuren einer Ballade befinden sich oft in einer dramatischen und bedrohlichen Lebenssituation. Das Dramatische in Balladen wird sprachlich z.B. ausgedrückt durch die Dialoge und sprachliche Merkmale wie Ausrufewörter (Feuer!), Ellipsen (unsere

Liebe sein Lohn), verkürzte Wörter (halt's statt halt es) oder Pausen (Ja Herr, ich halt's ...), die die Leser mit eigener Fantasie füllen müssen. → S. 154

Das Dramatische von Balladen lässt sich gut in im Vortrag → S. 155, in Standbildern → S. 153 oder Projekten → S. 158 umsetzen.

Sachtexte lesen und verstehen

Sachtexte kannst du nach der **5-Schritt-Lesemethode** bearbeiten:

1. Mache dir klar, was du schon über das Thema weißt. Schau dir dazu Bilder und die Überschrift an.
2. Überfliege den Text: Worum geht es? Du sollst nur das Wichtigste erfassen.
3. Finde heraus, wie der Text aufgebaut ist. Achte auf Abschnitte und Zwischenüberschriften.
4. Suche wichtige Informationen im Text. Nutze W-Fragen: Was? Wer? Wie? Wann? Wo? Warum?
5. Denke über den Text nach und bilde dir eine eigene Meinung.

Die Autoren oder Autorinnen von Sachtexten wollen ihre Leser oft nicht nur informieren, sondern auch dadurch beeinflussen, dass sie Personen, Ereignisse oder Dinge bewerten. Du musst daher in Sachtexten lernen, Informationen und Meinungen auseinanderzuhalten. → S. 120-129 Bewertungen erkennst du z.B. an Adjektiven (eine berühmte Pilotin), an der Wortbildung (Starpilotin), an direkten Formulierungen (Das finde ich klasse!) → S. 28, 74, 124-125 – aber auch an Fotos und Bildern → S. 32.

Im Internet recherchieren

Informationen könnt ihr im Internet recherchieren. Dabei müsst ihr überlegen, wie ihr Informationen findet, wie ihr die Verlässlichkeit der Internetquelle prüft und bewertet, wie ihr die gefundenen Informationen einschätzt und bewertet und wie ihr Texte miteinander vergleicht und einschätzt.

Digitale und gedruckte Zeitungen lesen

Wenn du dich über aktuelle Ereignisse informieren willst, kannst du Zeitungen lesen – auf Papier oder online. Dort findest du Meldungen, Berichte, Kommentare, Leserbriefe, Fotos, Anzeigen – online auch Hörtexte und Videos. → S. 178-181 Wenn man gedruckte Zeitungen und Online-Zeitungen sowie Video- und Zeitungsnachrichten vergleicht → S. 182-185, wird deutlich, welche besonderen Wirkungen Fotos und bewegte Bilder haben. → S. 185/186, Medienpool: Glossar „Filmsprache"

Filme sehen und untersuchen

Filme versetzen uns in eine andere Welt: Wir fühlen mit den Figuren, lachen oder sind traurig oder identifizieren uns mit Filmfiguren. So kannst du Filme sehen und untersuchen:

- Informiere dich über den Film mit Filmbesprechungen oder -plakaten. → S. 190-191
- Du gewinnst einen ersten Eindruck von den Filmfiguren und der Filmhandlung, wenn du dir den Trailer anschaust. → S. 192
- Nach dem Sehen des Films sollt ihr ein Filmgespräch führen. → S. 193
- Nun könnt ihr euch einzelne Szenen genauer anschauen, um euch in die Filmfiguren hineinzuversetzen → S. 194, Filmstandbilder zu beschreiben → S. 195, 197 und eine Meinung über den Film zu bilden → S. 196.

Sprache untersuchen

Wortschatz

Zum **Wortschatz** gehören alle Wörter, Wortbildungen und Redensarten der Sprache. Wenn wir Texte lesen oder hören, müssen wir verstehen, was mit den Wörtern gemeint ist (z.B. um Bewertungen zu erkennen → S. 125). Beim Sprechen und Schreiben gebrauchen wir die Wörter selbst, z.B. beim Diskutieren → S. 15, Argumentieren → S. 83, beim Formulieren des treffenden Ausdrucks → S. 64, beim sachlichen Formulieren → S. 96 oder wenn wir mit eigenen Worten zu formulieren → S. 116. Wir sprechen anders als wir schreiben. Kennzeichen der **gesprochenen Sprache** sind z.B. Redepausen, Wortwiederholungen, kurze Sätze, Satzabbrüche (Ellipsen), umgangssprachliche Wörter, Interjektionen. Beim **Schreiben** achten wir auf die korrekte Grammatik und Rechtschreibung. → S. 22/23, 154 **Fachwörter** (Vitamine, Recycling, Passiv ...) werden in bestimmten Fachgebieten (z.B. Mathematik, Biologie oder Deutschunterricht) verwendet, um sich genau verständigen zu können. → S. 200/201

Wortarten

Nomen
So kannst du Nomen erkennen → S. 199, 246-247
1. Vor Nomen kannst du einen bestimmten (der, die, das) oder unbestimmten **Artikel** (ein, eine) setzen: der Baum, ein Haus;
2. Nomen stehen in der **Einzahl** (Singular) und der **Mehrzahl** (Plural): der Baum, die Bäume;

3. Vor Nomen stehen **Signalwörter**:
– Artikel (der Montag) oder Präpositionen mit „verstecktem" Artikel (am = an dem Montag);
– Zahlwörter (zwei, einige, viele ... Tage);
– Pronomen (mein, dein, ihr ... Buch);
– Adjektive (ein blaues Hemd).
Nomen werden im Satz dekliniert (gebeugt), d.h. in die vier **Fälle** gesetzt. Mit W-Wörtern kannst du die Fälle bestimmen → S. 202:
Nominativ (Wer oder Was?),
Genitiv (Wessen?), **Dativ** (Wem?),
Akkusativ (Wen? oder Was?).

Pronomen
1. **Personalpronomen** stehen als Ersatz für ein Nomen (Ich sehe den Hund. Er ist noch jung). Mit Personalpronomen kannst du Wiederholungen vermeiden.
2. **Possessivpronomen** geben an, wem etwas gehört: Mein Hund heißt Bella.
3. **Demonstrativpronomen** weisen auf etwas zurück oder voraus: Wir haben gefeiert. Diese Feier hat allen gefallen.
4. **Relativpronomen** leiten einen Relativsatz ein: Der Junge, der neben uns wohnt, heißt Timo.
5. **Interrogativpronomen** (Fragepronomen) stehen in einem Fragesatz: Wer hat angerufen?
6. **Anredepronomen** (du, ihr; Sie, Ihnen) werden in Briefen verwendet. → S. 93 In der Höflichkeitsform werden sie großgeschrieben: Herr Müller, wir gratulieren Ihnen zu Ihrem Geburtstag. → S. 248-249
7. **Indefinitpronomen** verwendet man, wenn man Personen oder Sachen nicht genau kennt, z.B.: man, jemand, irgendein, niemand, einige.

Verben

Verben stehen im Wörterbuch in der Grundform (**Infinitiv**), im Satz werden sie **konjugiert** (gebeugt). Das konjugierte Verb im Satz nennt man **Prädikat**.

Es gibt **trennbare** und **untrennbare Verben**: Ich umfahre das Hindernis (umfahren: untrennbar). Ich fahre mit dem Auto vor (vorfahren: trennbar).

Verben stehen in verschiedenen Zeitformen: → S. 204/205

1. **Präsens** (Gegenwart): ich gehe, du gehst, …
2. **Präteritum**: ich ging, du gingst, …
3. **Perfekt** wird gebildet mit den Hilfsverben sein oder haben und dem Partizip II: ich habe gespielt; ich bin gegangen.
4. **Plusquamperfekt** wird gebildet mit den Hilfsverben sein oder haben im Präteritum und dem Partizip II: ich hatte gespielt; ich war gegangen.
5. **Futur** wird gebildet mit dem Hilfsverb werden und dem Infinitiv des Verbs: ich werde gehen.

Aktiv und Passiv

1. Sätze stehen im **Aktiv**, wenn betont wird, wer etwas tut: Biologen erforschen die Arktis. Wenn der Vorgang betont wird, steht das **Passiv**: Auf der Forschungsstation wird geforscht. Das Passiv wird gebildet mit dem Hilfsverb werden und dem Partizip II. → S. 206/207
3. Das Passiv steht in verschiedenen Zeitformen:
- Präsens: Es wird geforscht.
- Präteritum: Es wurde geforscht.
- Perfekt: Es ist geforscht worden.
- Plusquamperfekt: Es war geforscht worden.
- Futur: Es wird geforscht werden.

Konjunktiv I

1. In der **indirekten Rede** steht das Verb oft im Konjunktiv I. → S. 107, 216/217 Dies ist immer dann der Fall, wenn z.B. in Nachrichten oder Zeitungsartikeln wiedergegeben wird, was jemand anderes gesagt hat: Die Zeitung berichtet, der Präsident besuche das Katastrophengebiet.
2. Die Formen des Konjunktiv I im Präsens: ich besuche, du besuchest, er/sie/es besuche, wir besuchen, ihr besuchet, sie besuchen.
3. Die Formen des Konjunktiv I von haben und sein: ich habe, du habest, er habe, wir haben, ihr habet, sie haben; ich sei, du seist, er sei, wir seien, ihr seiet, sie seien. Meistens wird die 3. Person Singular (er/sie/es besuche, habe, sei, …) gebraucht.

Adjektive → S. 74, 199

Adjektive kannst du steigern:
- Grundstufe: schön, gut
- Vergleichsstufe: schöner, besser
- Höchststufe: am schönsten, am besten

Präpositionen

1. Präpositionen sind Wörter wie an, auf, in, hinter, nach, vor, über, um, unter, zwischen.
2. Sie geben Hinweise auf den Ort (in Berlin), die Richtung (auf die Insel), den Zeitpunkt (um vier Uhr), die Zeitdauer (über eine Stunde) oder den Grund (wegen des schlechten Wetters).
3. Manche Verben werden immer mit einer bestimmten Präposition gebraucht, z.B.: Ich interessiere mich für Krimis.

Sätze, Satzglieder, Satzzeichen

Sätze bestehen aus verschiedenen Satzgliedern. Du kannst sie durch die **Umstellprobe** bestimmen: Wörter oder Wortgruppen, die man in einem Satz umstellen kann, sind **Satzglieder**. → S. 208/209

– Das **Prädikat** bildet das Zentrum des Satzes, um das sich die anderen Satzglieder gruppieren: Die Schülerin liest ein Buch.
– Das **Subjekt** erfragt man mit Wer? oder Was? zusammen mit dem Prädikat: Der Hund bellt.
– Das **Akkusativobjekt** erfragt man mit Wen? oder Was?: Ich frage den Lehrer.
– Das **Dativobjekt** erfragt man mit Wem?: Ich helfe meiner Schwester.
– Das **Präpositionalobjekt** steht bei Verben mit festen Präpositionen: Er interessiert sich für Sport. Frage: Wofür interessiert er sich? Antwort: für Sport (= Präpositionalobjekt)
– **Adverbiale Bestimmungen** → S. 65, 208, 212 informieren über
  1. Ort oder Richtung: Er fährt in die Alpen.
  2. Zeit oder Dauer: Sie kommt am Montag.
  3. den Grund: Wegen seiner Krankheit ...
  4. die Art und Weise: Er fährt mit dem Rad ...
– Auch **Adverbien** (Einzahl: Adverb) geben Informationen über Ort, Zeit oder Grund und helfen dir, Textbezüge herzustellen → S. 65, 210: Ich liege im Bett. Dort kann ich gut chillen.

Man unterscheidet **Hauptsätze und Nebensätze** → S. 218/219: **Hauptsätze** sind selbstständig. Das konjugierte Verb steht an zweiter Stelle: Sie kauft Obst.
Nebensätze können nicht allein stehen. Sie werden mit einer Konjunktion, einem Relativpronomen oder einem Fragewort eingeleitet. Das konjugierte Verb steht am Ende.

– Nebensätze mit **Konjunktion** → S. 214/215: Wir essen Obst, weil es gesund ist.
– **Relativsätze** werden mit einem Relativpronomen eingeleitet. Sie erläutern ein Nomen im Hauptsatz genauer → S. 112/113: Seine Familie, die im Wald lebt, muss bald in die Stadt ziehen.
– Nebensätze mit W-Wörtern (Fragewörter wie was, wo, wann, wie, warum) sind **indirekte Fragesätze** → S. 30: Kannst du mir sagen, wann die Schule beginnt?
– **Infinitivsätze** werden mit zu + Infinitiv gebildet → S. 216: Er hofft, bald nach Hause zu kommen.

Es gibt verschiedene **Satzzeichen** → S. 220-223:
– Einen Punkt (.) setzt man, wenn eine Sinneinheit zu Ende ist und ein neuer Gedanke beginnt.
– Eine Frage erkennst du am Fragezeichen (?). Es gibt Ja-Nein-Fragen (**Entscheidungsfragen**: Kommst du mit?) und W-Fragen (**Ergänzungsfragen**: Wer kommt mit?) → S. 45
– Bei Aufforderungen oder Ausrufen steht ein **Ausrufezeichen** (!): Komm sofort mit!
– Ein **Doppelpunkt** (:) kündigt die wörtliche Rede an. Sie steht in Anführungszeichen: Der Vater sagt: „Pssst!" → S. 216
– In Nebensätzen vor Konjunktionen, Relativpronomen oder Fragewörtern → S. 220 steht ein **Komma**: Sie nutzen den Computer, weil sie recherchieren wollen.
– Kommas stehen auch bei der Aufzählung von Wörtern (Jeff mag Bananen, Äpfel, Birnen und Pflaumen.) und der Aufzählung von Sätzen (Sarah geht joggen, sie reitet gern und sie spielt Musik.)

Richtig schreiben

Rechtschreibstrategien

Die Silbenprobe durchführen

Mit der Silbenprobe (‿) gliederst du ein geschriebenes zweisilbiges Wort (Schlüsselwort) in eine betonte und unbetonte Silbe: die Blume, die Pflanze.
An der Silbengrenze erkennst du:
– Endet die erste Silbe (betonte Silbe) mit einem Vokalbuchstaben, ist sie offen. Du sprichst den Vokal lang: die Blume.
– Endet die erste Silbe mit einem Konsonantbuchstaben, ist sie geschlossen. Du sprichst den Vokal kurz: die Pflanze.

Einsilbige Wörter verlängern

Mit der Strategie Wörter verlängern (↷) verlängerst du ein einsilbiges Wort zu einem zweisilbigen Schlüsselwort: der Berg – die Berge, er fing – wir fingen, eng – enger.
Du hörst dann z. B.,
– ob b oder p, d oder t, g oder k geschrieben wird: er raubt – wir rauben,
– ob der stimmlose s-Laut im einsilbigen Wort mit s geschrieben wird:
das Los – die Lose,
– ob der Konsonantbuchstabe verdoppelt werden muss: der Pfiff - die Pfiffe.

Wörter ableiten

Mit der Strategie Wörter ableiten (↓) suchst du in einer Wortfamilie nach dem gemeinsamen Wortstamm, denn er wird immer gleich geschrieben. Z. B. zeigt dir der Wortstamm fahr an, dass in allen Wörtern der Wortfamilie ein h geschrieben wird:
der Fahrer, sie fahren, er fuhr, erfahren, …

Wörter in Wortbausteine zerlegen

Mit der Strategie Wörter zerlegen (⊥) suchst du die einzelnen Bausteine in Wörtern, die aus mehreren Teilen bestehen: die Schiff|fahrt, höf|lich, eil|ig. Oft gibt es z. B. eine Schreibschwierigkeit in einem der Wortbausteine. Dann trennst du diesen Wortbestandteil zunächst ab und kannst dann die Verlängerungs- und Silbenprobe durchführen: sorg|los, sorg mit g, weil: wir sorgen.

Rechtschreibkontrollen nutzen

Mit Rechtschreibkontrollen kannst du Fehler vermeiden und korrigieren. Du kannst dazu die Kontrollfunktion eines Schreibprogramms einschalten. Ein Schreibprogramm hilft dir, indem es Zweifel kennzeichnet und Schreibvorschläge macht. Du musst es aber auch selbst kontrollieren, am besten, indem du im Wörterbuch nachschlägst oder im Internet recherchierst. Du bekommst dort z. B. auch Informationen über die Bedeutung und Aussprache und Vorschläge zur Trennung eines Wortes. → S. 241

Rechtschreibregeln - wortbezogen

Wann ll, mm, nn ...? → S. 226/227

Wörter mit doppeltem Konsonantbuchstaben sind Wörter mit einem Silbengelenk. Manchmal endet bei Wörtern mit geschlossener Silbe die erste Silbe (betonte Silbe) so, wie die zweite beginnt: offen. Du sprichst und hörst nur einen Konsonanten. Er gehört aber zu beiden Silben und bildet ein Silbengelenk, denn er verbindet beide Silben miteinander. Beim Schreiben verdoppelst du diesen Konsonantbuchstaben.

Wann tz, wann ck? → S. 228/229

Wörter mit tz und ck sind Wörter mit einem besonderen Silbengelenk. In Wörtern wie die Witze, die Jacke sprichst und hörst du nur ein z oder k. Das z und das k werden aber nicht verdoppelt, man schreibt dann tz und ck: Witze, Jacke. Tatsächlich gibt es aber Fremdwörter, in denen als Besonderheit zz und kk geschrieben werden: die Skizze, das Akkordeon. → S. 229

Wann s, ss oder ß? → S. 230/231

Das **stimmhafte s** wird immer mit dem Buchstaben s geschrieben: der Besen, böse, wir lesen. Das **stimmlose s** kann mit den Buchstaben s, ss oder ß geschrieben werden: die Gans, der Fluss, der Fuß. Wenn du unsicher bist, führe die Silbenprobe durch. Dazu musst du einsilbige Wörter zunächst verlängern: er liest – wir lesen, blass – ein blasses Gesicht, er grüßt – wir grüßen. In Wörtern mit mehreren Bausteinen musst du den Wortteil mit dem s-Laut zunächst abtrennen: das Schließfach - Schließ|fach → wir schließen.

Die Silbenprobe zeigt dir:

– Hörst du in der zweisilbigen Wortform ein stimmhaftes s, dann schreibe auch in der einsilbigen Wortform ein s: das Los mit s, weil: die Lose.
– Ist die betonte Silbe geschlossen und du hörst nur einen s-Laut (Silbengelenk), schreibe ss: der Fluss, weil: viele Flüsse.
– Ist die betonte Silbe offen und du hörst in der zweisilbigen Wortform weiter ein stimmloses s, schreibe ß: der Fuß, weil: viele Füße.

Wann ä, wann äu? → S. 232

Die meisten Wörter mit ä oder äu haben in ihrer Kurzform in ihrem Wortstamm ein a oder au: die Bänke – die Bank, bläulich - blau. Wenn man nicht sicher ist, ob ein Wort mit ä oder äu geschrieben wird, sucht man also in der Wortfamilie nach einem Wort mit a oder au.

Mit -ig oder -lich? → S. 233

Die Bausteine (Suffixe) -ig und -lich klingen manchmal gleich: höflich, hügelig. Ob man -ig oder -lich schreiben musst, kannst du oft dadurch unterscheiden, ob vor dem i ein l steht: schriftlich. Es gibt aber Wörter, da gehört das l zum Wortstamm. Deshalb schreibt man sie dann mit -ig: hügelig, mehlig.

Mit End-/end- oder Ent-/ent- → S. 232

End-/end- gehört im Wort zum Wortstamm und wird dort immer betont: endlich. Wörter mit End/end haben immer etwas mit Ende zu tun. Ent-/ent- hat als Wortbaustein am Wortanfang (Präfix) nichts mit der Bedeutung „Ende" zu tun und bleibt im Wort unbetont: enttäuschen.

Wörter mit Schreibbesonderheiten → S. 236-238

In manchen Wörtern gibt es Schreibbesonderheiten, die von der normalen Schreibung abweichen. Diese Wörter sind **Merkwörter**. Ihre Schreibweise musst du dir einprägen und mit ihnen besonders üben. → S. 238

– In **Wörtern mit aa, oo, ee** ist der Vokalbuchstabe am Ende der offenen Silbe zur besonderen Kennzeichnung der offenen Silbe verdoppelt: das Haar, das Boot, die Beere. → S. 236/237

- In Wörtern mit **Dehnungs-h** wird das h zur besonderen Kennzeichnung der offenen Silbe verwendet: fahren. Dieses h kann aber nur vor den Buchstaben l, m, n und r stehen: die Höhle, der Rahmen, die Mähne, die Uhren.
- Der **ks-Laut** wird in einigen Wörter mit x und chs geschrieben: die Achse, wir boxen. → S. 237
- Der **f-Laut** wird in einigen Wörtern mit pf/Pf und v/V geschrieben: die Pflanze, der Vater. → S. 237

Fremdwörter → S. 236-239

Fremdwörter haben Buchstaben, Buchstabenverbindungen oder Laute, die es in deutschen Wörtern so nicht gibt: Rhythmus, Show. Ihre besonderen Schreibweisen musst du dir einprägen und besonders üben. → S. 238

Rechtschreibregeln - satzbezogen

Groß oder klein? → S. 242-245

Lassen sich Wörter im Satz mit einem Adjektiv erweitern (Erweiterungsprobe), dann sind es **nominale Kerne**, die großgeschrieben werden. Das Adjektiv erhält beim Einsetzen ein -e, -er, -es, -em oder -en als Endung: das (tolle) Schwimmen, im (kühlen) Meer.

Unbestimmte Zahlwörter als Signale für die Großschreibung → S. 246

Unbestimmte Zahlwörter (Indefinitpronomen) wie etwas, manches, viel, wenig, nichts, alles können darauf hinweisen, dass das folgende Wort großgeschrieben wird. Es hat dann eine Endung. Beim Umstellen bleiben beide als Wortgruppe zusammen:

Ich habe (etwas Neues) gekauft.
(Etwas Neues) habe ich gekauft.

Anredepronomen in der Höflichkeitsform
→ S. 248/249

Die Pronomen sie, ihr, ihnen ... werden als Anredepronomen in der Höflichkeitsform immer großgeschrieben: Sie, Ihr, Ihnen.

Getrennt oder zusammen? → S. 250/251

Wortgruppen werden **getrennt** geschrieben. Du erkennst sie daran, dass du ein oder mehrere Wörter dazwischen einschieben kannst: Wir wollen Brot backen. Wir wollen Brot (heute zusammen) backen.

Zusammensetzungen schreibt man **zusammen**. Das erkennst du z. B. daran, wenn du beim Sprechen feststellst, dass die Betonung nur auf einer Stelle im Wort liegt: Ich freue mich auf das Brotbacken.

Das Wörtchen „dass" → S. 252/253

Mit dass-Sätzen führt man zu Ende, was jemand sagt, meint oder denkt:
Ich meine (was denn?) → , dass wir eine gute Sitzordnung haben.
Vor dass steht ein Komma.
Ein das lässt sich im Satz durch dieses, jenes oder welches ersetzen (Ersatzprobe):
- Ich werde das (dieses/jenes) Buch lesen.
- Ich habe das (dieses/jenes) auch gelesen.
- Es ist ein Buch, das (welches) mir gefällt.
Gelingt es nicht, diese Wörter so einzusetzen, dass es einen verständlichen und sinnvoller Satz ergibt, schreibt man dass.

Gemeinsam lernen

Gemeinsam zu lernen macht Spaß und ist oft auch besonders erfolgreich. Im Kapitel „Aufgaben gemeinsam bearbeiten" lernst du dafür drei neue Methoden kennen:

– **Karussellgespräch** → *Seite 264*
– **Textcheck** → *Seite 265*
– **Portfolio** → *Seite 266*

Die Methoden aus **wortstark 5** und **6** kannst du hier noch einmal nachlesen:

Nachdenken – austauschen – vorstellen

Du hast eine Aufgabe gelöst? Dann kannst du dazu einen Austausch mit anderen suchen. Das machst du so:

1. Nachdenken: Du arbeitest zunächst in Einzelarbeit allein an einer Aufgabe: Du denkst nach und notierst deine Gedanken oder bearbeitest die Aufgaben zu einem Text.

2. Austauschen: Jetzt vergleichst du deine Ergebnisse mit einem Partner. Du kannst Fragen stellen, deine Ergebnisse ergänzen oder auch verbessern.

3. Vorstellen: Schließlich stellt ihr die Ergebnisse aus eurer Austauschphase einer größeren Gruppe oder der gesamten Klasse vor. Dabei lernt ihr die Ergebnisse der anderen kennen. Falsche Ergebnisse werden berichtigt, unvollständige ergänzt.

Lerntempo-Duett

Du möchtest dir selbst einteilen, wie viel Zeit du für eine Aufgabe benötigst? Dann hilft dir das Lerntempo-Duett. Nimm dir dabei so viel vor, wie du schaffen kannst. Das geht so:

1. Aufgaben bearbeiten: Schau dir genau an, was von dir verlangt wird, und beginne dann mit der Arbeit. Arbeite ruhig und konzentriert.

2. Ergebnisse vergleichen: Wenn du eine Aufgabe gelöst hast, suche jemanden, der genauso weit ist wie du. Vergleicht in Partnerarbeit eure Ergebnisse miteinander. Helft euch gegenseitig, wenn etwas ungenau oder fehlerhaft ist.

3. Weiterarbeiten: Arbeite allein an der nächsten Aufgabe weiter. Danach triffst du dich zur Partnerarbeit, jetzt aber mit einem anderen Partner.

Zwischendurch-Gespräche

Du möchtest wissen, ob du so weiterarbeiten kannst, wie du begonnen hast? Du suchst Anregungen für deinen Schreibplan oder einen ersten Textentwurf? Dann hilft dir ein Zwischendurch-Gespräch.
Das machst du so:

1. Gespräche verabreden: Wenn du Anregung oder Hilfe brauchst, unterbrich deine Arbeit. Verabrede dich in kleiner Runde.

2. Fragen stellen – Anregungen bekommen: Nenne den Grund für deinen Gesprächswunsch. Die Teilnehmer geben dir reihum Tipps und Anregungen.

3. Anregungen auswählen und weiterarbeiten: Du wählst aus den Anregungen der Teilnehmer aus und arbeitest damit weiter.

Placemat

Ihr sucht Informationen und Antworten auf bestimmte Fragen? Dann ist es gut, wenn ihr gemeinsam darüber nachdenkt und eure Antworten aufschreibt.
Dabei hilft ein Placemat:

1. Das Placemat vorbereiten: Übertragt das Placemat auf einen großen Bogen Papier.

(Teilnehmer 1)		(Teilnehmer 2)
	(Gemeinschaftsfeld)	
(Teilnehmer 3)		(Teilnehmer 4)

2. Nachdenken: Jeder in der Gruppe denkt zunächst in Stillarbeit über die gestellte Frage zum Placemat nach und macht sich Notizen. Diese Notizen schreibt er in das Feld, das ihm zur Verfügung steht.

3. Austausch in der Gruppe: Alle stellen der Reihe nach ihre Antworten vor. Dabei nutzt jeder seine Notizen. Das Placemat könnt ihr dabei drehen, sodass alle die anderen Ergebnisse gesehen haben. Sprecht nach der Vorstellungsrunde über eure Notizen und entwickelt ein gemeinsames Ergebnis. Füllt mit dem Gesprächsergebnis das Gemeinschaftsfeld aus.

4. Gruppenergebnis vorstellen: Stellt euer Gruppenergebnis den anderen Gruppen vor. Nutzt dafür eure Notizen aus dem Gemeinschaftsfeld.

Textlupe

Du möchtest eine schriftliche Rückmeldung zu deinem Text? Dann arbeite mit der Textlupe. Das machst du so:

1. Die Textlupe vorbereiten: Übertrage die Textlupe auf einen Zettel. Wenn du einen besonderen Wunsch hast, trage ihn ein. Gib die Textlupe an Mitschülerinnen oder Mitschüler weiter, von denen du eine Rückmeldung möchtest.

Textlupe für: _____

Mein Wunsch: _____

Tipps von:	Das gefällt mir an deinem Text:	Hier stört mich etwas:	Meine Tipps:

2. Eine Rückmeldung geben: Lies den Text, zu dem du dich äußern sollst, am besten mehrere Male. Schau nach, was gelungen ist, ob es Fehlerhaftes oder Störendes gibt. Trage deine Kommentare und Tipps in die Spalten der Textlupe ein.

3. Die Textlupe nutzen: Lies die Kommentare zu deinem Text. Frage nach, wenn du etwas nicht verstehst. Entscheide, welche Tipps und Anregungen du bei einer Überarbeitung nutzen möchtest.

Stuhlwechsel

Ihr habt eine Aufgabe gelöst und wollt euch untereinander eure Ergebnisse zeigen oder auch für eine Weiterarbeit Anregungen holen? Dann hilft euch der Stuhlwechsel:

1. Jeder legt das Ergebnis seiner Arbeit am Platz aus. Wer eine schriftliche Rückmeldung möchte, legt einen Rückmeldebogen dazu.

2. Jeder gibt seinen Platz frei und sucht sich einen freien Stuhl oder rückt einfach einen Stuhl weiter. Dort liest er die ausgelegten Lösungen und macht sich Notizen, wenn er möchte.

Dieser Stuhlwechsel sollte mehrere Male erfolgen, damit jeder möglichst viele Lösungen sieht. Das Kommando zum Platzwechsel übernimmt am besten die Lehrerin oder der Lehrer.

Autoren- und Quellenverzeichnis

Allens, Susann
Heul doch!   S. 107
Originalbeitrag.

Auer, Martin
Herr Balaban war zu einer Hochzeit eingeladen ...   S. 107
„Und was bedeutet eigentlich Balaban in Ihrer Sprache?"
...   S. 107
Aus: Martin Auer. Herr Balaban und seine Tochter Selda. 222
Geschichten. Mit Bildern von Linda Wolfsgruber. Weinheim und
Basel: Beltz und Gelberg 2002. S. 13, 142

Blacker, Terence
Die Mutprobe   S. 146
Aus: Terence Blacker. Boy2Girl. Übersetzt von Heike Brandt.
Weinheim und Basel: Beltz & Gelberg 2006. S. 47-49

Brecht, Bertolt
Der Rauch   S. 166
Aus: Das Bertolt Brecht Buch. Zusammengestellt von Karsten
Dittrich. Frankfurt/M.: Suhrkamp Verlag 1972. S. 634

Brender, Irmela
Kein Held   S. 165
Aus: Irmela Brender. War mal ein Lama in Alabama. Allerhand
Reime und Geschichten in Gedichten. Hamburg :Oetinger
Verlag 2001. S. 90

Bröger, Achim
Ich mag dich   S. 144, 145
Aus: Achim Bröger. Ich mag dich. Stuttgart und Wien: K. Thiene-
manns Verlag 1986, S. 13f, 22f.

Busch, Wilhelm
Eine Nachtgeschichte   S. 108
Aus: Wilhelm Busch. Sämtliche Werke in zwei Bänden. Hrsg. v.
Rolf Hochhuth. Gütersloh: Bertelsmann Verlag 1982

Fontane, Theodor
John Maynard   S. 151
Aus: Theodor Fontane. Sämtliche Werke. Bd. 20: Balladen und
Gedichte. München: Nymphenburger Verlagshandlung 1962

Goethe, Johann Wolfgang von
Erlkönig   S. 156
Aus: Goethes Werke. Bd. 1: Gedichte und Epen. Hrsg. v. Erich
Trunz. München: Beck Verlag 1981.

Hacks, Peter
Das Pflaumenhuhn   S. 105
Aus: Peter Hacks. Der Flohmarkt. Gedichte für Kinder
© 2017 Eulenspiegel Kinderbuchverlag, Berlin

Hohler,Franz
Die Reinigung   S. 131
Aus: Franz Hohler. Ein eigenartiger Tag. Frankfurt a.M.: Luchter-
hand Verlag 1989
Die Kleider des Herrn Zogg   S. 134
Aus: Franz Hohler. Der Granitblock im Kino. Darmstadt/Neu-
wied: Luchterhand Verlag 1981

Hub, Ulrich
Der Fuchs schlägt die Augen auf und gähnt ...   S. 54
Auszug aus dem Zweiten Akt des Kinder- und Jugendtheater-
stücks „Animal Lounge" von Ulrich Hub. In: Spielplatz 25
© Verlag der Autoren, Frankfurt am Main 2012. S. 23-27

Jacobson, Sid/Ernie Colon
Das Leben von Anne Frank   S. 169, 170-176
Aus: Sid Jacobson/Ernie Colon. Das Leben von Anne Frank.
Eine grafische Biografie. Hamburg: Carlsen Verlag 2018. S. 10,
63, 122, 84, 48, 44, 6882, 115

Kötter, Ingrid
Nasen kann man so und so sehen   S. 142
Aus: Augenaufmachen. Siebtes Jahrbuch der Kinderliteratur.
Hrsg. V. Hans Joachim Gelberg. Weinheim und Basel: Beltz &
Gelberg 1981. S. 84f.

Kraus, Hans-Peter
Beim Zahnarzt   S. 160
Hans-Peter Kraus, Essen
www.lyrikmond.de/gedichte-thema-6-130.php#917
(16.09.2020)

Manz, Hans
Fünf Freundinnen   S. 160
Der Stuhl   S. 162
Aus: Großer Ozean. Gedichte für alle. Hrsg. v. Hans Joachim
Gelberg. Weinheim/Basel: Beltz&Gelberg 2000, S. 175, 179
Wiedersehen   S. 167
Aus: Überall und neben dir. Gedichte für Kinder. Hrsg. v. Hans-
Joachim Gelberg. Weinheim und Basel: Beltz & Gelberg 1986.
S.70

Nöstlinger, Christine
Die weite Welt   S. 136
Von mir aus   S. 164
Aus: Christine Nöstlinger, Jutta Bauer: Ein und alles. Ein Jah-
resbuch mit Geschichten, Bildern, Texten, Sprüchen, Märchen
und einem Tagebuch-Roman. Weinheim, Basel, Berlin: Beltz &
Gelberg 2002, S. 182, 104

Schneider, Simone
Luises Tagebuch oder die Geschichte vom Ei   S. 140, 141
Aus: Hans Joachim Gelberg (Hrsg.): Wie man Berge versetzt.
Sechstes Jahrbuch der Kinderliteratur. Weinheim und Basel:
Beltz & Gelberg 1981

Silverstein, Shel
Auf dem Sprungbrett   S. 160
Aus: Shel Silverstein. Raufgefallen. Gedichte und Zeichnungen.
Aus dem Amerikanischen von Harry Rowohlt. Zürich: Haffmans
Verlag 1998. S. 24

Thenior, Ralf
Der Fall   S. 139
Aus: Literaturmagazin 3. Reinbek beim Hamburg: Rowohlt
Verlag 1975

Ruschkowski, Katharina von
Äpfel: Unser heimisches Superfood   S. 111
Aus: Geolino Nr. 10/2019 - Fette Brummer: Braunbären

**Texte ohne Verfasserangabe und Texte
unbekannter Verfasser**

Alexander Gerst: Ein Glücksfall für die Raumfahrt   S. 129
Tagesspiegel, Berlin 2018

„Alle Flüge sind ersatzlos gestrichen ..."   S. 51
Klappentext des Buchs: Ulrich Hub. Füchse lügen nicht. Illust-
riert von Heike Drewelow. Hamburg: Carlsen Verlag 2016

Alles klar auf dem Boot   S. 211
Aus: Geolino extra 27/2011. S. 54

Als ich 14 war ...   S. 47
Aus: Kriminalinspektore gibt es nur im Krimi.
Ein Interview mit Kriminalhauptkommissarin Birgit Spier.
© Grand méchant loup | Böser Wolf – 2011

Amalia Earhart   S. 120
https://geboren.am/person/amelia-earhart (16.09.2020)
Hrsg: Daniel Korioth, Wiesbaden

Amalia Earhart - Vom Fliegen besessen   S. 120
wasistwas.de, © 2020Tessloff Verlag, Nürnberg (19.09.2020)

Aus der Großküche auf deinen Teller   S. 47
Aus: Kölner Stadt-Anzeiger, 06. November 2018
wgr/©dpa

Das Mittagessen im Hof   S. 101
Nacherzählt nach der Kalendergeschichte von Johann Peter
Hebel

Der Himmel auf Erden   S. 75
Aus: Dein Spiegel 1/2015. S. 9

Der Klimawandel wird riechbar   S. 181
TAZ , Berlin 09.07.2019

Der Schneider von Ulm   S. 122
Text von Solvejg Hoffmann
GEOlino, G + J Medien GmbH, Hamburg

Die Geschichte der Satzzeichen   S. 222
Text von Heiko Kammhoff. Aus: GEOlino 10/2020. S. 36-37

Gefangen!   S. 220
Aus: GEOlino 11/2009. S. 49

Hoch auf dem Ross   S. 211
Aus: Geolino extra 27/2011. S. 57

Mossa: Ich lebe in der Wüste   S. 218
Text von Herbert Schmon. Aus: Spick. Die schlaue Kinderzeit-
schrift aus der Schweiz 9/1992

Normalerweise beginnt der Unterricht ...   S. 12
aus: Geolino Extra Nr. 76 - Zeit. S. 60

Nur keine Panik!   S. 220
Aus: GEOlino 5/2009. S. 63

Riesen-Waldbrand bei Berlin   S. 181
dpa/Hessische/Niedersächsische Allgemeine, 23.08.2018

Schüler pflanzen 600 Bäume fürs Klima   S. 181
Bericht von Ove Bornholt. Kreiszeitung Verlagsgesellschaft,
Syke, 02.12.2019

Ungewöhnliche Kundschaft ...   S. 204
dpa/Süddeutsche Zeitung. 05.05.2014

Waldbrand wütet unweit von Berlin   S. 180
Bericht von Jens Blankennagel.
Stuttgarter Zeitung, 24.08.2018

Was ist „Forschendes Lernen"   S. 42
Verein für stadtteilbezogene milieunahe Erziehungshilfen e.V,
SME e.V./, Hamburg, 28.07.2017

Weltraumtourismus   S. 127
Hans-Peter Willig, München

Wenn sich Tiere begegnen   S. 257
Aus: Dein Spiegel 1/2015. S. 44-46

Bildquellenverzeichnis

|akg-images GmbH, Berlin: 223.2. |Alamy Stock Photo, Abingdon/Oxfordshire: Aflo Co. Ltd. 127.4; Aurora Photos 34.3; Forster, Stuart 75.2; freestyle_images 6.2, 124.4; Kiyoshi Takahase Segundo 124.2; The NASA Library 127.2; UrbanImages 120.4. |Alamy Stock Photo (RMB), Abingdon/Oxfordshire: Pictorial Press Ltd 6.3, 120.2. |alimdi.net, Deisenhofen: Auth, Stefan 218.2. |ASTERIX®-OBELIX®-IDEFIX®/LES EDITIONS ALBERT RENE/GOSCINNY-UDERZO/www.asterix.com, Vanves Cedex: 74.1. |Bicker, Kathrin, Hannover: 1.1. |Borkener Zeitung, Borken: 84.1. |Bornholt, Ove, Wildeshausen: 188.2. |bpk-Bildagentur, Berlin: 122.2. |Carlsen Verlag GmbH, München: Jacobson, Sid / Colon, Ernie: Das Leben von Anne Frank. Eine Biografie © Carlsen Verlag GmbH, Hamburg 2010 7.1, 168.1, 169.1, 172.1, 173.1, 173.2, 173.3, 174.1, 175.1, 175.2, 176.1, 176.2; Ulrich Hub, Füchse lügen nicht. Mit Illustrationen von Heike Drewelow © Carlsen Verlag GmbH, Hamburg 2014. 50.1. |Diaz, Danae, Stuttgart: 3.2, 3.3, 3.4, 5.3, 11.1, 13.4, 13.5, 15.1, 15.2, 15.3, 17.1, 41.1, 56.1, 56.2, 67.2, 67.3, 67.4, 68.1, 69.1, 92.3, 94.1, 94.2, 94.3, 99.1, 99.2, 110.1, 131.2, 132.1, 132.2, 138.1, 140.2, 142.1, 143.1, 144.1, 145.1, 148.1, 157.1, 177.3, 191.1, 198.1, 203.1, 204.1, 205.1, 210.1, 210.2, 216.1, 220.2, 254.2, 256.3. |Dr. Wartchow, Hannover: Damkier, Mikael 207.6; Mainka, Markus 207.4. |Druwe & Polastri, Cremlingen/Weddel: 4.4, 59.4. |fotolia.com, New York: baibaz 199.2; Dagmar Gärtner 34.4; Dron 183.3; erectus - 179.2; finecki 183.5; Kneschke, Robert 10.2; maconga 90.1; mariesacha 215.2; Picture-Factory 10.3; RTimages 224.1; Schwier, Christian 43.2; spiral media 38.3; Stolt, Matthias 48.1; tomm - 34.1; toolklickit 60.2. |Gemini Film & Library GmbH, Köln: Szenenbilder aus: 199 Kleine Helden - Mongolei 3.5, 26.1; Szenenbilder aus: 199 Kleine Helden - Schweden 3.4, 26.2, 27.1, 27.2, 27.3, 27.4, 27.5, 27.6, 28.1, 28.2, 28.3, 30.1, 31.1, 31.2, 31.3, 32.1, 33.1, 33.2. |Getty Images, München: AFP / Philippe Francois 16.1; AFP / TIMUR MATAHARI 80.1. |Heimrich, Heike, Berlin: 160.1. |hgm-press - Agentur & Redaktion, Berlin: 259.1, 260.1, 263.1. |Hoth, Katharina, Erfurt: 37.1. |Imago, Berlin: Wölk, Rüdiger 77.1. |Interfoto, München: Bildarchiv Hansmann 156.1. |iStockphoto.com, Calgary: brown54486 82.1; DarthArt 63.4; fotolinchen 34.2; kkgas 63.2; Ottó Kálmán (136948175 Junge mit Rastazöpfen), Xurzon (929055068 Hintergrund); Shutterstock.com, New York: Beatriz Vera (548504926 Junge mit gelber Mütze) Titel; SolStock 117.1; SoopySue 183.11. |Karto-Grafik Heidolph, Dachau: 150.3. |Kompetenzzentrum Technik-Diversity-Chancengleichheit e.V., Bielefeld: kompetenzz. de, www.girls-day.de 4.3, 58.2, 59.1, 59.2, 59.3. |Kronfeldner, Hans, Nittendorf: 65.1. |laif, Köln: Hoyn, Sandra 212.1. |Löschmann, Torsten, Lachendorf: 18.1, 21.1, 95.2. |mauritius images GmbH, Mittenwald: Filmplakat „Wadjda". Artwork from „Wadjda" appears courtesy of Sony Pictures Classics Inc. 190.2; imageBROKER 95.3. |NASA, Washington: 129.3. |PantherMedia GmbH (panthermedia.net), München: Martysiuk, Artsem 206.2; Pixelchaos 183.7. |Picture-Alliance GmbH, Frankfurt/M.: AAP / David Mariuz 186.1; Arco Images 34.5, 36.2; dpa-Zentralbild/Meinhardt, Olaf/Transit 211.2; dpa/Arne Dedert 125.4; dpa/Boris Roessler 91.2, 92.2; dpa/Marc Tirl 47.2; Kappeler, Michael 180.2; Uwe Zucchi 10.1. |Razor Film Produktion GmbH, Berlin: Szenenbild aus dem Film „Das Mädchen Wadjda" 7.2, 7.3, 192.1, 192.2, 193.1, 193.2, 193.3, 193.4, 193.5, 193.6, 194.1, 194.2, 194.3, 194.4, 195.1, 197.1. |Schilling, Benjamin, Dortmund: 211.4. |Schwarz, Thies, Hannover: 3.7, 5.1, 9.1, 9.3, 9.4, 9.5, 45.1, 45.2, 46.2, 78.1, 78.2, 78.3, 78.4, 81.1, 81.2, 86.1, 87.2, 88.2, 89.1, 89.2, 160.2, 162.1, 163.2, 163.3, 163.4, 225.4, 228.1, 230.1, 236.1, 242.2, 244.1, 245.1, 245.2, 246.2, 247.2, 247.3, 248.2, 248.4, 249.2, 251.1, 251.2, 251.3, 251.4, 251.5, 251.6, 253.2, 258.1, 264.1, 265.2, 265.3, 265.4, 266.1, 266.2, 266.3. |Schwarzbach, Hartmut /argus, Hamburg: 186.2. |Schwarzstein, Yaroslav, Hannover: 4.1, 4.5, 5.2, 6.4, 6.5, 6.6, 6.7, 6.8, 6.9, 22.1, 25.1, 52.1, 54.1, 72.1, 73.1, 73.2, 73.3, 76.1, 100.1, 101.1, 108.2, 130.1, 130.2, 130.3, 130.4, 130.5, 131.1, 134.1, 134.2, 135.2, 136.1, 139.1, 150.1, 150.2, 150.4, 153.1, 155.1, 155.2, 155.3, 155.4, 158.1, 158.2, 158.3, 158.4, 213.1, 213.3. |Shutterstock.com, New York: Almeida, Helder 178.1; Florida Stock 183.2; Photo-Ann 184.2. |stock.adobe.com, Dublin: 201.2; Atkins, Peter 215.3; BUEHNER, MATTHIAS 200.1; currahee_shutter 49.2; danleap 34.7, 34.10; Eddie 71.1; Erika Wehde 90.2, 98.2; GrafKoks 183.1; hosphotos 49.1; Knopp-Pictures 118.3; leremy 34.8, 34.9, 38.2, 38.6; Lucky Dragon 118.4; Maksim 38.5; martialred 183.8, 183.10, 183.12; mdworschak 202.2, 202.4; ogressie 34.6; olgasiv 38.4; Poirier, Francois 183.4, 183.6, 183.9; Schwier, Christian 43.1; Seybert, Gerhard 62.2; Steidi 111.2; Syda Productions 49.3. |StockFood, München: Lehmann, Herbert 207.1. |Studio Hamburg Enterprises GmbH, Hamburg: DVD-Cover des Films „Elly Beinhorn – Alleinflug" 125.2. |Süddeutsche Zeitung - Photo, München: 208.1. |Thomas Schlück GmbH, Hannover: © From FALLING UP by Shel Silverstein,(c)1996, Evil Eye Music, Inc and (c)2015 Evil Eye , LLC. 160.3. |ullstein bild, Berlin: Heritage Images / The Print Collector 222.2. |Verlagsgruppe Beltz, Weinheim: Cover: Terence Blacker: boy2girl 147.2. |Zotter Schokolade GmbH, Riegersburg: Herbert Lehmann 207.2, 207.3, 207.5. |© 2018 Radiofüchse / Kinderglück e.V., Hamburg: 42.2, 42.3.

Wir arbeiten sehr sorgfältig daran, für alle verwendeten Abbildungen die Rechteinhaberinnen und Rechteinhaber zu ermitteln. Sollte uns dies im Einzelfall nicht vollständig gelungen sein, werden berechtigte Ansprüche selbstverständlich im Rahmen der üblichen Vereinbarungen abgegolten.

Textsortenverzeichnis

Stichwortverzeichnis

Auf einen Blick: Grundbegriffe der Grammatik

Fachbegriff	Beispiel	Erklärung
Adjektiv, das	rot, dick, dünn, hübsch	Eigenschaftswort, steigerbar
Adverb, das	heute, dort, vielleicht, gern(e)	Umstandswort, nicht flektierbar
adverbiale Bestimmung, die	in der Stadt (Ort), am Morgen (Zeit), mit Bleistift (Art und Weise), aus Angst (Grund)	Umstandsbestimmung; Satzglieder, die Angaben z.B. zu Ort, Zeit, Art und Weise oder Grund geben
Akkusativ, der	ihn, den kleinen Hasen	Fall (Kasus), Wen-Fall, 4. Fall
Akkusativobjekt, das	Er singt ein Lied. (Was singt er?)	Satzglied, antwortet auf die Frage wen? oder auf die Frage was?
Aktiv, das	Der Computer fragt mich nach dem Passwort.	Tätigkeitsform des Verbs, übliche Personalform, Gegensatz zu Passiv
Artikel, der	der Tisch, die Lampe, das Bett; ein Tisch, eine Lampe, ein Bett	Begleiter des Nomens, bestimmter und unbestimmter Artikel
Attribut, das	der runde Tisch, der Tisch im Garten	Erweiterungen oder Satzgliedteile, ergänzen ein Nomen
Dativ, der	ihm, dem kleinen Hund	Fall (Kasus), Wem-Fall, 3. Fall
Dativobjekt, das	Sie gibt dem Kaninchen Futter.	Satzglied, antwortet auf die Frage wem?
deklinieren	der Hund (Nominativ), des Hundes (Genitiv), dem Hund (Dativ), den Hund (Akkusativ)	Veränderung (Beugung) von Nomen, Artikeln, Adjektiven, Pronomen
Demonstrativpronomen, das	Dieses Buch gefällt mir. Das ist aber lieb.	weisen auf Gegenstände oder Personen hin; hinweisendes Fürwort
direkte Rede, die	Anna sagt: „Ich esse gerne Äpfel."	wörtliche Rede
Fragesatz, der	Kommst du mit zum Fußballspiel? Wie komme ich zum Sekretariat?	Satz, der gebraucht wird, wenn man etwas wissen will
Futur I, das	Sie wird morgen kommen. Ich werde mich freuen.	Zeitform des Verbs, gebildet aus Hilfsverb werden und dem Infinitiv des Verbs
Genitiv, der	des kleinen Hundes	Fall (Kasus), Wessen-Fall, 2. Fall
Genitivobjekt, das	Er wurde des Diebstahls beschuldigt.	Satzglied, antwortet auf die Frage wessen?
Hauptsatz, der	Wir treffen uns an der Bushaltestelle.	selbstständiger, vollständiger Satz, der allein stehen kann; Prädikat steht an zweiter Position
Hilfsverb, das	haben, sein, werden	Verben, die z.B. zur Bildung der Zeiten (z.B. Perfekt) oder des Passivs verwendet werden
Infinitiv, der	gehen, spielen, sein	Grundform des Verbs
Kasus, der	der Hund, des Hundes, dem Hund(e), den Hund	Im Deutschen gibt es vier Fälle: Nominativ, Genitiv, Dativ, Akkusativ
Komparativ, der	groß – größer – am größten	1. Steigerungsstufe, Vergleichsstufe
konjugieren	ich gehe, du gehst, er/sie/es geht, wir gehen, ihr geht, sie gehen	Jedes Verb kommt in verschiedenen Formen vor, es wird gebeugt